2025 年度版 教員採用試験

資格試験研究会◎編 実務教育出版

面接試験 場面指導の 必修テーマ100

本書の特長

本書は4章構成で、元試験官・面接官であった方々の視点で、教員採用試験における面接試験・場面指導についての攻略法を具体的に解説している。

第1章
問われているのは「実践的な指導力」だ!!

多くの受験生を見てきて感じる、面接試験・場面指導における勘違い・思い違いについて解説している。

一般の就職活動とはまったく違う、教員採用試験独自の視点に目を向け、攻めの姿勢で対策に取り組もう!

第2章
場面指導の基礎知識

場面指導とはどういうものなのか、普通の面接試験とどう違い、何が求められているのかといった基礎の基礎を解説している。

また、2つの形式の場面指導の流れ全体を収録した「実況中継」も掲載している。

ここでしっかりと全体像をつかんでおこう!

第3章
こんなときどうする？ポイントはここだ!

面接試験・場面指導において問われることの多い典型的な場面を100テーマ選び、それぞれ詳細に解説している。

ポイントを押さえた的確な回答ができるように、自分なりにしっかりと考えをまとめておこう!

なお、ページの見方については、次ページをご覧いただきたい。

第4章
さらなるレベルアップのために

繰り返しその重要性を訴えてきた「実践的な指導力」にスポットを当て、どうしたら実践的な指導力が身に付くのか、実践的な指導力を発揮するためにはどうしたらいいのかというところをまとめている。

生徒指導──いじめ・不登校

★★★

場面
54

いじめを見て見ぬ振りをしている！

➡見ていたでしょう？　聞いていたでしょう？
　見て見ぬ振りをするにも、いろいろな要因がある

質問例　いじめが発生していても見て見ぬ振りをする児童生徒に対して、あなたはどのように指導しますか？

いじめの四層構造

いじめは、児童生徒の人格の発達を阻害するばかりでなく、人権尊重の精神の育成の上からも、それに相応しい指導が求められる。

いじめは、被害者と加害者の間の単純な問題ではない。被害者と加害者を中心に、実際に手出しはしないが周りではやし立てたりして見て見ぬ振りをするいわゆる傍観者も多い（いじめの四層構造）。いじめを認め助長している傍観者の存在がいじめ問題を長期化・複雑化させる要因である。いじめの傍観者もまた間接的ないじめの加害者なのである。

全教育活動を通じて、いじめは人間として許されない行為であることをしっかりと理解させ、傍観者もいじめ問題の解決に立ち向かう力を与えていくことが重要である。

見て見ぬ振りをする心理

子どもたちはいつも「見て見ぬ振り」をしているわけではない。「見て見ぬ振り」をせざるをえない背景にある心理を考察しておくことが大切である。

①無力感にとらわれている
②自分がいじめの対象になることを恐れている
③いじめかるだけか分け分けがつかない
④いじめにかかわりたくない
⑤いじめられる子どもが悪いから仕方がないと思っている
⑥いじめている子どもと仲良しなので止められない
⑦おもしろいと思って見ている

●いじめと発達段階
子どもの発達段階によっていじめの特徴が異なり、それに相応しい指導が求められる。
●小学校
・小学校低学年では
いじめられたときに「やめて」と言えたり、教員や教師、いじめを訴えたり、いじめを見て止める者が小学生を通して最も多い。
・中学生では、発達によ
になりなかったり、正しと異なる等の発達が見える集団を採用すると傾向にある。
高学年では、特に女子のいじめが多くなり、特定の友人関係を維持したする的傾向が強い。集団内の規律さを競う争いや対抗意識などとらいつの間に上に隔離しやすい。
●中学生
思春期は自我の目覚め、性の成長などと思春期を指導するうえて必要不可欠となる。精神的に不安定な時期であるため、また人間関係が拡大し、友人間の関係を深まる一方で、友人間の葛藤も生じやすい。

傍観者の動きが鍵

傍観者はいじめを成り立たせる必要不可欠な存在で、傍観者がいなくなればいじめはなくなる。いじめ問題の解決の大きな鍵を握っているのは傍観者の動きなのである。

傍観者は学級（ホームルーム）の大勢の子どもたちである。学級の多くいじめは人間として決して許されないこと、人権侵害問題であることを、社会を中心とした教科指導で明確に理解させるとともに、学級活動や道徳の時間、総合的な学習の時間などを活用して一層理解を深めさせることが大切である。

その上で、学級活動の時間に、学級の児童生徒をいじめの四層構造に従った役割を与えてロールプレイングを行い、いじめられることのつらさや悲しさを、また、いじめることの不当性や人権侵害問題であることの理解力を高めることも大切である。担任の、いじめを決して許さない、「見て見ぬ振り」を許さない学級づくりへの全力投球の姿勢が、いじめを許さない児童生徒をつくっていくことになる。

いじめを許さない全校的な取組み

担任によるいじめを許さない学級づくりと並行して、全校の児童生徒が保護者や地域社会を巻き込んだいじめ防止の取組みを実践していく必要もある。東京都教委は、「中学校生徒会長サミット～いじめ防止に向けた取り組みの推進」を開催し、滋賀県教委は「県イジメ撲滅サミット」を開き、「いじめ防止のための滋賀宣言」をまとめた。また、文科省は「全国いじめ子供サミット」を開いている。

そのため、いじめの認知率の減少、いじめる子どもといじめられる子どもにいたりにすることへの対する考え方の変化、いじめの発生の増加、傍観者の割合の減少、また傍観者の割合が増えてきたことのいじめを積極的に介入する手だてとしたのに役立つ取り組まれた例も報告されている。

●東京都の研究所「いじめの過と構造を踏まえた解決の方策」の中で示された考え方で、「⑧は、過去にいじめを見たときにあめたが、何回目ているうちにそういうことが繰り返され、何事もなかったかのように振る舞われたりしているため、自分だけが諦める気くしても何も変わらないとと諦めがみが積まれさいますだけでは、いじめられた子どもの心の痛みをまた無関心さを増大さ恨に、個々の子どもおりという自然な行為、いじめに正面きって取り組もおうという自然なり組みに出てしまう。」

●生徒会活動のいじめ撲滅の取組みとしては、千葉県A中学校での「オレンジリボンキャンペーン」等がある。

POINT

◎いじめ問題は当事者だけでなく、周囲にいる傍観者の問題でもある
◎傍観者の立ち上がりがいじめ問題解決への鍵である
◎いじめを絶対に認めない、許さない学級づくりを推進する
×いじめ問題を当事者だけの問題にしてはいけない

158　　159

第**3**学　こんなときどうする？　ポイントはここだ！

教員採用試験 面接試験・場面指導の必修テーマ100 目次

第1章
問われているのは「実践的な指導力」だ!!

第2章
場面指導の基礎知識

第3章
こんなときどうする？　ポイントはここだ！

第4章
さらなるレベルアップのために

― 注 記 ―

本書では、文字数等の関係から、以下のような省略表現を用いている場合がある。

文科省	文部科学省
厚労省	厚生労働省
中教審	中央教育審議会
小中学校	小学校・中学校
高校	高等学校
学級	学級・ホームルーム
学活	学級活動
担任	学級担任・クラス担任・ホームルーム担任
道徳科	特別の教科　道徳

第1章

問われているのは「実践的な指導力」だ!!

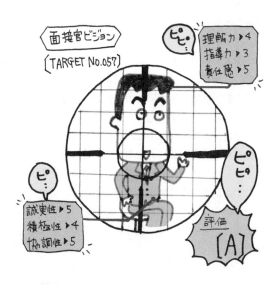

① そんなことでは 採用されない！

 ## 「なんとかなる」では、なんともならない！

「一般教養も教職教養も択一式だし、二次試験だってそんなに準備なんてしなくても なんとかなるよ‼」「面接だって、意外と話すことは不得意じゃないし、聞かれたことに 真面目に答えればいいだけだからだいじょうぶ‼」「最近は試験の倍率も低下してきてい るから合格しやすくなったんだよ‼」といったような教職志望の学生を見かけることが ある。

また、その逆に、「教育法規をはじめ教育原理・教育史・教科指導・生徒指導、それ に一般教養なんかも完璧にやったし、暗記すべきところはしっかりと覚えたから自信あ るよ！　模擬試験も結構スラスラ解けたし、イケると思う‼」などといった知識暗記型 の勉強のみで安心し切っている学生もいる。

しかし、軽い気持ちや、知識だけでなんとかなるといった考えがまったく通じないの が教員採用選考試験の世界なのである。

教員採用選考試験は、正確には「教員採用候補者選考」という語を用いており、よく 使われている「教員採用試験」とは本来はいわない。そう、単に点数のみで合否が決ま る「試験」とは大きく違うのである。

「選考」とは、『広辞苑』（岩波書店）には「採用などに際し、人物・才能などを詳し く調べて考えること」とある。また『大辞林』（三省堂）には「多くのものの中から適・ 不適などを考えて選ぶこと」とある。単に、できた・できなかったではなく、人物や才 能、適・不適を詳しく調べ、さらに、その結果をもち帰り、選考会議などで慎重に「考 えて選ぶ」のである。

特に、面接試験では、人物や才能、適・不適を詳しく調べられる。その面接において 最近重要視されるようになってきたのが「こんな場面であなたはどう対応するか」とい うところを問う「場面指導」なのである。実践的な指導力が問われるので、付け焼刃の 知識では、到底太刀打ちできないだろう。

教員採用選考試験に対する甘い気持ちは捨て、勘違いなどは正し、教員採用選考試験 に正対した対応が何よりも必要なのである。教員採用選考試験に正対した対策を取るこ とこそが最終的な勝利につながるわけで、それに向けた準備やトレーニングの量や質が ものをいうことになる。

まずは、受験生によく見られる「勘違い」をいくつか示すので、しっかりととらえて ほしい。

第1章　問われているのは「実践的な指導力」だ!!

勘違い事例 1

面接の準備なんて、筆記が終わってからで十分でしょ？

オレ筆記試験には自信あるんだ！だから面接なんてテキトーテキトー

聞かれたことに答えりゃいいだけだろ？

そーそー面接なんてなんとかなるよねー

できるだけ早いうちから準備を始めたい

　教員採用選考試験は、これまでは一次試験に合格した者に対して面接試験が実施されてきたが、最近では一次試験に位置づけて、面接試験が実施されるところもみられるようになった。ペーパーテストの点数のみで一次合格者を出すのではなく、最初の段階から面接を重視し、総合的な評価がなされるのである。そのため、そのような試験が実施されるところでは、**一般教養・教職教養・専門教養・論作文などの試験の準備ととも**に、面接試験への対応や準備なども同時に並行して進める必要がある。

　しかし、面接が二次試験以降に課されるところであっても、一次試験に合格してから面接試験などの二次対策をと思っていては合格はおぼつかない。というのは、一次試験の合否の発表後から二次試験までの時間はそんなにないので、**「場面指導」など要求水準の高い試験に対応するのは難しいからである。**したがって、結局は一次試験と並行して面接試験などの対策を講じておく必要があることになる。

　なお、面接試験には、個人面接・集団面接・集団討論・模擬授業・場面指導などの形態があり、これらをすべて面接で実施するところも多い。できるだけ早くから、面接試験対策をやっておくことが必要である。

勘違い事例 2

模範回答をそのままパクっちゃえばOKでしょ？

 人の考えなのか自分の考えなのか、面接官はお見通し！

「面接マニュアル」などを見ると、合格面接答案や模範回答などが数多く示されている。これらを見ると「これは使える！」というものに出くわすことも少なくないだろう。しかし、だからといってこれをそのまま使って、あたかも自分の考えや意見のように言ってしまうと、必ず失敗の原因になることを肝に銘じておくことだ。

面接官は、教職のベテラン、面接のプロであり、「自分の考えなのか、そうではないのか」は、簡単に見破ってしまうものなのだ。

面接では、答えたことに関して追加質問がされることもある。もちろんパクった模範回答には追加質問の部分はないわけだから、シドロモドロの状態に陥り、前後のつじつまの合わない回答となってしまうこともある。もっとも「パクった意見」では、面接の当日にきちんと話せるかどうかも疑問である。自分の体験や自らの考えであれば、緊張はするにしても「まったく話せない」ということはないと思うが、パクった意見だと、頭が真っ白になって「言葉が出てこない」というケースはよくある。

やはり大切なことは、自分の考えや意見をまとめ、きちんと自分の言葉で話せるように準備やトレーニングを重ねることなのである。

勘違い事例 3

なんとなく教員がいいかなって思っただけなんですぅ〜

教員に求められる能力や適性がある

　いざ、「あなたは教員としてやっていく自信がありますか」と問われたときに、自信をもって「はい！」と答えられる人は多くはない。それは、教員に求められている資質や能力あるいは適性などが、自分のどこに見いだせるのかといったことを十分に分析や理解がなされていないためでもある。そのため、「なんとなく教員に」「教職はいい職業だから」「不景気の時代でも安定しているから」などといった思いがクローズアップされてしまうのである。このような意識ではとても面接には望めない。

　教職は、子どもたちが将来の夢や希望を抱くなどして人間として成長していく上で、とても重大な影響を及ぼす職業である。**教職に関する確かな専門的な知識を身に付けた上で、その知識を実践できる人物かどうか、その「人となり」が教職に本当に向いているのかどうかが重要になってくる。**面接においては、まずこのことが、多面的にかつ多角的に確かめられるのである。そのため、教員に求められている基礎的・基本的な資質能力に関連したことはきちんと押さえておく必要がある。そして、そのことについて、自分の考えやこれまでの経験や体験を織り交ぜながら、あなた自身の言葉で語ることが必要である。

自己PRのときにガンガン攻めなきゃ！

 ## 売り込むのはいいが、教育活動との関連が必要

　面接で、自己PRの時間を設定しているところも少なくない。その時間は、短いところでは1分程度から長くても4〜5分程度であり、決して長い時間があてられるというわけではない。

　PRは、public relationsの頭文字で、売り込み、宣伝広告活動という意味である。ここではしっかりと自分を売り込むことが必要である。「待ってました！」とばかりに、準備してきた自己PRを得意げに延々と話す人もいるが、これは面接官の心証を害するばかりか、得点には結び付かず、むしろ減点の対象となる。

　時間も限られているので「あれもこれも」売り込むのは無謀だ。重要度を踏まえてあらかじめ順序を付けて「あれかこれか」に絞り込む必要がある。教職を前提にしての自分の強みや特技あるいは取得している資格、地域活動やボランティアなどの経験や体験などを述べることが重要である。

　繰り返すが、大切なのは「教職や教員を前提としてのPR」であり、それらを「教育活動に生かしていく上でのPR」でないといけないということだ。

勘違い事例 5

知識だけは誰にも負けません！

知識よりも求められているのは教育の現場における実践力！

　今日の学校教育には、学力低下問題や学力差の拡大、健全育成や青少年の非行問題、いじめや不登校あるいは中途退学問題など教育上の課題が山積している。教員にはこれらの課題解決に向けた課題解決能力や対応能力が求められているのである。だから、単なる知識よりも教育の実践力が求められており、教員採用選考試験では、知識を背景として、それを実際に行動に移せる人物なのかどうかが確かめられるといってもよい。

　大切なことは、子どもへの対応力であり、指導力である。例えば、「宿泊行事に出かけましたが、A君がどうしてもグループに入れず、一人で行動してしまいます。あなたがこのクラスの担任であったらどのようにA君に対応しますか」といったことが面接・場面指導で問われることがある。これは、「あなたがどう行動するか、具体的に説明できるか」が問われているのである。つまり、実践的な指導力の資質や能力などを見定めているのである。

　このように、近年の面接は、知識の有無を問う場ではなく、その知識を踏まえてどう指導するのか、どう子どもとかかわろうとするのかといった、実践的な指導力が確かめられる場であるともいえる。

2 教育現場が求めているのは 「実践的な指導力」 だ!!

 ## 新任だからといって、甘えは許されない

　現在の学校では、児童生徒の興味・関心、能力・適性、進路希望などはきわめて多様化しているとともに、規範意識の低下や高まる自己中心化傾向、学力低下問題、学力格差の拡大、低年齢化する青少年の非行問題、医療的ケア児やヤングケアラー（幼き介護者）の問題、いじめや不登校問題、あるいは中途退学問題など、教育上の課題が山積している。さらに、保護者や地域社会からも学校教育に対する要望や苦情も後を絶たない。

　このことともかかわって、教員採用選考試験というかなりハードルの高い競争試験を突破し、念願の教壇に立てたものの、採用後1年以内に退職してしまう教員が少なくないという。

　この理由としては、前述のような教育課題に適切に対応することができず、「思っていたように子どもをうまく指導できない」「学級をきちんとまとめられない」「授業中に子どもが騒ぎ出してしまい授業が成立しない」「問題が起きてもどうしていいのかわからない」といったことなどが挙げられる。さらに、保護者からもそのような教員に対して「指導力不足」などといった苦情が来ることも少なくない。このため、新任の教員はすっかり自信を失ってしまうのである。

　教員として採用されてしまえば、児童生徒や保護者あるいは地域の人々から見れば、全員同じ「先生」なのである。決して「１年目だから」とか「新任だから」という甘えは許されない。

　児童生徒から見れば、自分たちの指導をしてくれるのが「先生」であり、先生に対しては尊敬の念や信頼感や期待感などを胸いっぱい抱いているのである。また、保護者からしてみれば、かけがえのない我が子の教育をその教員に託したのだから、ぜひともその期待に応えてもらいたいという強い願いをもっているのである。甘えがあってはこれらの期待などに応えられないばかりか、切なる願いを裏切ってしまうことにもなりかねないのである。

 ## 「実践的な指導力」の有無を確かめるのが「場面指導」

　このようなことを踏まえ、教員を採用する教育委員会は、教育に関する知識が豊富であればそれでいいとか、真面目に言われたことだけはきちんとやれるとか、マニュアルに示されたとおりにしか授業を進めることができないといったタイプの教員は求めていない。

　大学で学んだ知識などを実際の教育の場面で、しっかりと指導や対応に生かすことのできる人物、言い換えれば「実践的な指導力」がある人物を求めているのである。その「実践的な指導力」の有無を確かめるべく導入が広がってきたのが「場面指導」であり、面接における場面指導的な内容の質問なのである。

　こうした質問に場当たり的に答えることもできなくはないが、面接官が求めているのはそんなレベルではない。受験者に求められているのは、冷静に現状を把握し、学習指導要領はもちろん、各種の答申や法律的な背景などもしっかりと押さえた上での、具体的な話なのだ。単なる知識を問うているのではなく、実践的な指導力の資質や能力などを見定めているのである。

　そのためには、実際に教員となったときに遭遇するであろう様々な場面に応じて、こんなときはどう対処すればいいのか、自分ならどう指導するかということを、きちんと事前に考えて、しっかりと準備をしておく必要があるのだ。

「指導が不適切である」教諭等の定義
① 教科に関する専門的知識、技術等が不足しているため、学習指導を適切に行うことができない場合（教える内容に誤りが多かったり、児童等の質問に正確に答えることができない等）
② 指導方法が不適切であるため、学習指導を適切に行うことができない場合（ほとんど授業内容を板書するだけで、児童等の質問を受け付けない等）
③ 児童等の心を理解する能力や意欲に欠け、学級経営や生徒指導を適切に行うことができない場合（児童等の意見を全く聞かず、対話もしないなど、児童等とのコミュニケーションをとろうとしない等）（文科省通知第541号）

3 「実践的な指導力」を支える4つの基盤

「実践的な指導力」は、それだけが独立して存在するものではなく、それを支えている基盤がある。以下に示した4つの基盤を十分身に付けておくことが、「実践的な指導力」を確かなものにしていく上で欠かせないことである。

 ## 基盤その1 ―教育に対する熱意と使命感―

自分なりに目指す教員像をしっかりと描くことができていることが必要である。そこには、教員としてのあふれる使命感や責任感が不可欠で、場面指導の面接などを通して、「しっかりした先生」「頼もしい先生」「子どもを託すことのできる先生」といった印象を与えることが重要である。熱意と意欲をもって一生懸命にかつ誠実に取り組む姿勢が感じられなければならない。

このような態度は、急ごしらえでできるものではない。早くから「絶対に教員になる」という目的意識をもち、それに向けての努力の継続がそのような態度を生み出していくものと考えられる。

基盤その2 ―豊かな人間性と思いやりのある温かな心―

　教員の仕事の対象となる児童生徒は、教員から見れば、はるか年下の子どもなのである。このように、大人が子どもに接するわけであるから、当然といえば当然のことであるが、温かな心や思いやりがあり、心が豊かでなくては、教育するという営みは成り立たないのである。

　また、児童生徒のみならず、保護者や地域の方々は、多様な見方や考え方などを有している。

　このような多様な人々とかかわる教員は、**豊かな人間性と思いやりのある温かな心に満ちあふれ、多様で柔軟で、開放的な態度で対応することができなければならない**のである。

基盤その3 ―児童生徒のよさや可能性を引き出す力―

　児童生徒の現在の顕在化した能力や適性などは、児童生徒が有している能力や適性などの一部分でしかない。

　よく、氷山の一角といわれるが、海面上に姿を現している氷山は氷山全体の7分の1から10分の1でしかない。その大部分は、海面下にあって隠れているのである。児童生徒の能力や適性なども、これと同様なのである。

　だからこそ、教育の目的の一つは、子どもたちのこの潜在化した能力や適性などを顕在化させることであり、**教員の役割は、この子どもたちが有しているすばらしい能力や適性などを引き出すことにある**ともいえる。

基盤その4 ―組織人としての責任感と協調力や協働力―

　企業などには、社長のもとに副社長や部課長、係長などの職層があり、社長の示した経営目標や経営方針などに基づいて、各社員は様々な業務に専念して活動を行っている。

　学校も基本的には同様で、校長（東京都では6級職）をトップに、副校長（教頭を兼務、同5級職）、主幹教諭・指導教諭（同4級職）、主任教諭（同3級職）、教諭（同2級職）などの職層がある。このように、校長をトップとしたラインが明確になっている。

　一人ひとりの教員は、各部（教務部や生徒部等）、各委員会（教育課程検討委員会や生徒指導委員会等）の校内分掌を分担して校務を進めている。各教員は組織の一員（スタッフ）を構成し、各教員は、ラインとスタッフの中で**組織人としての責任感**と、他の教員と協力・協調しつつ業務を推進するという**協働力**が求められる。

4 教員採用選考試験のヤマ場は面接・場面指導だ!!

 ## 最終的には面接で決まる

　教員採用選考試験は、一般教養・教職教養・専門教養・論作文・面接などの試験から成っている。多くの受験者の中から教員として採用することが好ましいと考えられる候補者を絞り込むのが一次試験である。そしてさらに丁寧な選考を行い、真に教員としてふさわしい受験者を選ぶのが面接試験であり二次試験なのである。

　いずれにしても、単純にペーパーテストの点数の上位者から選んでいるのではなく、最終的には面接に基づいて選ばれるのだ。このことを踏まえると、**面接試験への対応なくして、教員採用選考試験への合格は考えられない**といえる。

　面接試験には以下に挙げるような多様な形態があり、近年ではこれらのいくつかを組み合わせて実施するところがかなり見られるようになっている。これらの特徴をしっかりと押さえて、それぞれの試験に臨むことが重要である（詳しくは姉妹版の『面接試験の攻略ポイント』を参照のこと）。

●個人面接

　個人面接は、2〜3人の面接官によって20〜30分間行われることが多い。

　個人面接では、受験者の教職に対する熱意や意欲とともに基本的な適性の可否が見極められる。ここでは教職に対する熱い思いを語ることも必要であるし、礼儀作法といった接遇の態度まで評価されることも十分留意しておくことが必要である。

　ここで問われることの一つは、事前に提出した書類に記載した、志望の動機や目指す教員像あるいは自分の長所や短所などである。記載した内容をさらに膨らませ、自己をPRするといった観点も忘れずに、それらを簡潔に述べることが重要である。

　次に問われることは、現在の子ども像をはじめとした児童生徒の特性、学習指導や生徒指導や進路指導上の課題、学校改革や教育改革、最近の教育時事など、幅広い側面からの具体的な教育課題である。最近は「こんな場面で、あなたはどう指導しますか」とか「こんな場面でどう対応しますか」といった実践的な指導力や対応力の有無を見るための「場面指導」的な内容が問われることが多くなっている。

●集団面接

　集団面接（グループ面接）は、2〜3人の面接官によって、受験生6〜8人のグループ単位で実施されることが多い。時間は1チームの人数にもよるが30分程度実施され

る。

　ここで問われるのは、個人面接と同様に幅広い分野からの内容である。また、学力低下問題、確かな学力、ボランティア活動、説明責任、学校力といったキーワードのみが示される場合や、少人数指導を行う際の留意事項、人間関係を構築していく上で大切なことといった具体的な内容が示され、それらについて意見や考えを述べる場合もある。

　一般的な集団面接は、まず全員に共通の課題が与えられ、それについて３分間ほどの考えをまとめる時間が与えられる。次に考えのまとまった人から挙手を行い考えを発表する。発表した内容については、そのつどまたは全員が一通り発表したのちに質問される。出題されるテーマは複数あると思っていたほうがよい。

●集団討論

　集団討論（グループディスカッション）も集団面接と同じように、２～３人の面接官によって、受験生６～８人のグループ単位で実施されることが多い。時間は１チームの人数にもよるが50～60分程度実施される。

　ここでも、児童生徒の実態、学習指導、生徒指導、進路指導、教育改革・学校改革、家庭や地域とのかかわりなどに関する課題など、幅広い分野から問われる。しかし、集団面接での問われ方と異なるのは、例えば、「基本的生活習慣を身に付けることは、社会生活を送る上で大切です。子どもの望ましい基本的生活習慣を形成するため、学校においてどのような取組みが必要か話し合ってください」といったように討論のテーマが具体的に示されるところだ。

　討論の進行は面接官が行う場合もあるが、グループの中で決めてくださいと指示されることもあるし、まったく司会進行役を決めずに実施されることもある。討論に入る前に考えをまとめる時間を３分程度与えられ、挙手をして討論に入る。時間が来ると討論の途中でも終了となることが多い。必ずしも発言が多ければいいというわけではなく、実態を踏まえて見方や考え方を論理的、体系的に述べることが必要である。

　他にも、グループワークやプレゼンテーション試験等を行う自治体がある。

●模擬授業

　模擬授業の実施は最近多く見られるようになった。模擬授業の実施形態はさまざまである。あらかじめ受験教科の学習指導案や指導計画を当日持参（面接官のためを含め５～６部準備）し、そして当日模擬授業を実施する個所が指定される場合もあるし、実施する教科や単元などが事前に決まっているところもある。模擬授業は、必ずしも教科・科目とは限らず、道徳科や学級活動（ホームルーム活動）などの場合もある。

　時間は５～６分から実際の授業時間に近い時間実施するところもある。また、板書を必ず行うことなどの条件が付いているところもある。もちろん、そこには児童生徒はいないが、面接官が児童生徒役を演じることになる。その場合はその児童生徒役からの質

問もある。質問や発問の仕方やそれへの対応（受験生の動き）などを含めた、実践的な授業の内容や方法などを面接官は観察している。

●場面指導

　場面指導では、具体的な場面が設定され、その設定場面でどのように対応するかが問われる。例えば、「清掃中花瓶を割ってしまった生徒がいる。その場合、どのように対応するか」「バレーボール部の部長であるＡさんが部をやめたいと言ってきた。どのように対応するか」のような場面での指導である。

　場面指導は、個人面接タイプとロールプレイングタイプに分けられるが、ロールプレイングタイプの場合はどうするかといった対応の内容を聞いているのではない。実際に子どもにどのような声かけをしたり、相談したり指導したりするのか、その実際を演じることが必要なのである。まさに、子ども（ここでは面接官）を前にした、実践的な指導の内容や方法などが問われるのである。

 ## 優れた実践的な指導力を有している人のみに「合格の切符」

　採用された人と教科指導や生徒指導などについて話し合ってみると、まだ経験が不足しているために説得力にやや欠けるといったことは感じるものの、「私は教育実習でこんなふうにやってみた」とか、「こんなときはこうしたらうまくいった」とか、実践につなげた体験や経験を語ってくれることが多い。単に知識として知っているだけではなく、実践的な指導力がうかがえるのである。子どもたちを前にしたときの様子の話を聞くと、何か頼もしい感じを受ける。これから教員を目指す人は、教育実習のみならず、教育ボランティアなどにも積極的に参加し、子どもたちと共に過ごす中で、実践的な指導力を培っておく必要がある。

　というのは、前述のように、面接試験の形態は多様であるが、これらの試験を通して、面接官が最も重視していることの一つは、この受験者に子どもの教育をゆだねることができるか、この受験者は子どもを実際に指導する実践的な指導力があるのかないのかといったことだからである。

　「教員採用は人物本位で」という言葉を聞いたことのある人も少なくないはずである。特に教職は、子どもたちにかかわり、子どもたちが将来の夢や希望を抱くなどして、人間として成長していく上でとても重要な役割を果たしている職業である。教職に関する確かな専門的な知識を身に付けた上で、その「人となり」が教職に本当に向いているのかどうか、本当に子どもたちへの指導力があるのかどうかが重要になってくる。

　面接においては、前述の「実践的指導力」を支える４つの基盤とともに、「実践的な指導力」が身に付いているかどうかが、面接官によって多面的にかつ多角的に確かめられるのである。

第2章
場面指導の基礎知識

僕たちの肩には、子どもたちの未来が！日本の未来が！いいや、地球の未来がかかっているんだ！

さあ！一緒に立ち上がろう！

1 単なる知識より実践力が 確かめられる「場面指導」

場面指導とは？

最近の面接では、次のような質問形態がよく見られるようになった。

> 「あなたは自分の授業中に、Ａさんが机の下でスマホを隠しながらメールをしているのを見つけました。あなたはＡさんに対してどのような指導や対応をしますか？」

> 「夏休みが終わり２学期を迎えましたが、Ｂ君は学校を休みがちになっていて、特に最近はその休みが長期化しているようです。あなたは担任として、Ｂ君に対してどのような指導や対応をしますか？」

> 「あなたが帰宅する途中で、公園でたばこを吸っている何人かの自校の生徒がいるのを目撃しました。あなたはどのような指導や対応をしますか？」

このように、現実に起こりうる場面を想定し、その場面において受験者が教員として実際にどのような指導や対応をするかを問うような面接試験の一形式を「場面指導」と呼んでいる。「場面指導」は、教員採用選考試験において年々重要度を増してきているのである。

場面指導の意味

児童生徒は、授業中、休憩時間中、放課後あるいは地域や家庭で様々な活動をしている。「場面指導」は、そのような子どもの様々な活動場面への教員のかかわりであり、そのかかわりは専門職としての教職に携わる教員に求められるプロフェッショナルとしての指導力であり、対応力を見るための試験項目であるといえる。

子どもの様々な活動は、いつどのような場面に遭遇するかは想定しにくいことも多い。また、その対応も一定のマニュアルが用意されていて、そのマニュアルに従って動けばいいというものでもない。想定しにくい子どもの様々な活動場面に遭遇したときに、いかに適切に対応できるかということは、まさにプロとしての教員の力量が問われることになる。

場面指導は、単なる知識を問うているのではなく、実践的な指導力の資質や能力などを見定めているのである。このようなことを踏まえると、面接の位置づけが、場面指導を通して、様々な知識を踏まえて、実際にどう子どもを指導するのか、実際にどう子ど

もとかかわろうとするのかといった、実践的な指導力や対応力を確かめる場へと変わってきているともいえるだろう。

児童生徒への対応だけが場面指導の対象ではない

　教員の職務を考えると、この「こんなとき」という場面は、児童生徒にかかわったことばかりではない。

　教育活動は、保護者をはじめ地域や関係諸機関の方々などとも様々な場面でかかわりをもっている。例えば、保護者の方々の学校教育や毎日の指導の在り方に対する要望や地域の方々からの学校に対する苦情なども寄せられる。また、関係諸機関との連携を推進していく上で、関係諸機関の方々と様々な場面で交渉したり依頼したり話し合ったりすることも少なくない。当然、校内では校長や副校長（教頭）をはじめとしたほかの教員とも様々な場面でかかわりをもつことになる。

　このような方々との様々な場面でのかかわりにおいても、適切に対応していくことのできる「実践的な指導力」や「実践的な対応力」が必要なのである。

　実際に「場面指導」で取り上げられる内容は、授業に関した場面、生徒指導に関した場面、進路指導に関した場面、保護者や地域の人々のかかわりに関した場面、教員相互や校務分掌や学校経営などに関した場面などがある。本書では、第3章「こんなときどうする？ポイントはここだ」で、これらの分野のすべてにわたっての場面指導の事例を100テーマ取り上げている。それぞれのテーマにおいて、自分ならどのような指導をするのか、どのような対応をするのか、教員になったつもりでチャレンジしてみよう。より具体的な場面指導力や対応力が培われるはずである。

場面指導の２つのタイプ

「場面指導」といっても、今のところは個人面接や口頭試問と同様のタイプが最もオーソドックスである。

普通の面接と同様の流れで、面接官から「○○といった児童生徒を、あなたはどのように指導しますか？」「○○といったことに対して、あなたはどのように対応しますか？」といったことが質問され、受験者はその場面に適切に対応した指導内容や方法などについて、その場で答えるというものである。「場面指導」を課しているところでは、これらの質疑応答を中心に展開することになるわけである。

なお、これらの質問は、従来の個人面接などでもときおり出題されているものなので、「場面指導」という試験項目を課していないところであっても、抜かりなく準備しておきたい。

〈個人面接・口頭試問形式の会場レイアウト例〉

※部屋を移動して複数回行われるパターン

最近では、個人面接や口頭試問と同様の形式だけではなく、**新たな形式として、「ロールプレイング」を導入するところも増えてきている**。

「ロールプレイング」は、「役割演技」と訳されているが、演技すること自体が目的なわけではない。その役割やその立場に立ったときに、どのような内容の言葉かけなどをして指導したり対応したりするか、いわば実演を行うわけである。**教員になったら、教員だったらどのような指導や対応をするのかをその場で演じてみせ、実証してみせるのである**。教員らしく、先生らしく振る舞い、教員としてふさわしい指導力や対応力（ここでは実践的な指導力）を発揮して、教員としての資質や能力があることを面接官に証明しなければならないのである。

〈ロールプレイング形式の会場レイアウト例〉

※いずれも、授業中の場面指導をしているパターン

　これら2つの形式が実際にどのように行われているかは、後ほど「実況中継」のところでじっくりと見てもらいたい。どちらの形式も「なんとなくやってみたらうまくいった」というようなレベルではないことがわかってもらえると思う。

 ## 場面指導を左右するポイント

　いずれの形態の「場面指導」であっても、前述の「実践的な指導力を支える4つの基盤」を踏まえた指導や対応をすることが原則である。

（その1）―教育に対する熱意と使命感にあふれた指導や対応―

（その2）―豊かな人間性と思いやりのある温かな心を感じることのできる指導や対応―

（その3）―児童生徒のよさや可能性を引き出す力が認められる指導や対応―

（その4）―組織人としての責任感と協調力や協働力が認められる指導や対応―

　具体的な指導や対応で必要なことは次の項目でまとめるが、場面指導での指導や対応の内容や方法は、何でもいいわけではないし、思いついたことを述べたり、適当に演じたりすればいいわけでもない。**ポイントをしっかり押さえているかどうかが、場面指導の評価を大きく左右する**のである。

第2章 場面指導の基礎知識

2 場面指導で押さえておくべきポイント

ポイント1「即指導！即対応！」

かつてある市役所に「すぐやる課」という課が設けられ、市民から好評であった。依頼されたことにすぐに対応することは、いろいろな業務を抱えた市役所では難しいことであると思うが、この課では、サービス精神豊かに、即対応するのである。市民にとってはとてもありがたいことである。

学校教育においても、教科指導や生徒指導上の問題をはじめ、子どもたちからの願いや保護者や地域の人々からの相談事や依頼されることばかりでなく、最近は学校の教育や授業の在り方などに対する苦情などにも、できたら避けたいなどと逃げ腰になったりすることなく、すぐに対応することが重要である。

その場面を逃がしてしまったら、指導の機会や対応の機会を失ってしまうこともある。児童生徒をはじめ保護者や地域の方々などとの絆を深める絶好のチャンスでもある。そのチャンスをみすみす失うことはその子どもなどに対する教育上の大きなマイナスにもなり、「どうしてあのとき指導しておかなかったのか」、「どうしてあの場面で声をかけなかったのか」といった後悔が後日生じることもある。

「場面指導」では、即指導、即対応といったフットワークの軽さが必要であると同時に、子どもの様子やその微妙な変化にも十分着目しつつ、機敏に指導したり対応したりすることがまず必要である。

ポイント2「一方的でなく子どもの立場に立った指導」

「場面指導」で取り上げられる場面は、とっさに起こった事象に対する指導や対応であることが多い。それはなんの前触れも予告もなく起こることが多い。そんなときには、教員の先入観や思い込みなどがまず頭に浮かんでしまい、それに基づいて指導したり対応したりしてしまうことが多い。これでは、一方的な命令・指示的な指導になったり、注意・叱責といった管理的発想や訓育的発想に基づいた指導や対応になりがちになり、ときとして事実に基づかない誤った指導を行ってしまうこともある。

たとえとっさに起こったことであっても、決して一方的な指導になることのないように、正確な状況や実態に基づいて、多面的に児童生徒を理解し、子どもの立場に立った指導や対応が求められる。

例えば、校外学習の日にバスで出発する際に、クラスのA君が遅刻してきた場面を想定してみよう。

 ：コラ！ 昨日あれほど注意したのに遅れてくるとは一体何を聞いていたんだ？ みんなに大変な迷惑をかけてお前はどうしようもない奴だな。本来なら置いていくところだぞ！ とにかく早くバスに乗れ‼

　このような指導や対応では、A君はただ謝るだけで、今日の校外学習は、先生から頭ごなしに怒鳴られて気の重い一日になったに違いないし、みんなの前であんなに叱りつけなくてもいいじゃないかといった教員への反発心が起こったかもしれない。

　教員にしてみれば、「遅刻厳禁」などと厳重に注意したはずなのに、遅れてくるなんてとんでもない、ほかの教員からどんな指導をしているのか疑いの目で見られたり指導力不足と思われてしまうなどと考えると、ますます感情的になり、叱り飛ばしてしまったのではないだろうか。そこには、A君の立場はまったく考慮されていない。

　児童生徒一人ひとりはかけがえのない存在であり、よりよく成長していく可能性を有している存在なのである。そうであるなら、**まずは、子どもの立場に立ち、子どもの側に立ち、子どもの声に耳を傾ける、その上での指導や対応が必要なのである。**

 ポイント3「現象面にとらわれた指導ではなくその要因に迫る指導」

　児童生徒の様々な活動、特に問題行動の背景には必ずそれを発生させている要因があるはずである。子どもの様々な活動は目に見える部分であるが、その活動を引き起こしている要因などは目には見えない部分といえる。問題行動等も、その行動は顕在化した目に見える部分である。「場面指導」では、とっさにその場面を伝えられることもあって、顕在化した問題行動のみに指導や対応の目が奪われがちである。

　児童生徒の問題行動は、氷山にたとえると、海面上に浮かんで見える氷山が顕在化した問題行動である。しかし前述のように、氷山は海面下に隠れた部分が海面上に見える部分よりもはるかに大きいのである。この海面下に隠された、目には見えない潜在化した部分は、その問題行動を起こさせたいわば要因なのである。「場面指導」においては、**この潜在化した問題行動を起こさせている要因に迫っていく指導や対応が必要である。**

第2章 場面指導の基礎知識

問題行動を起こさせている要因に迫っていく指導や対応を行うためには、教員の一方的な指導ではなく、子どもの立場に立ち、子どもの声に耳を傾けてよく聴き、ともにその問題を解決していこうとする教員の姿勢が必要である。

　このような立場に立つと、前述のバスの出発時間に遅れてきた生徒への指導や対応は、次のようになる。

：あーA君、間に合ってよかったね。みんな心配していたんだよ。

：みんなに迷惑かけちゃってすみませんでした。

：きっと、遅れた理由が何かあったんだよね。それは後から話してね。

：はぁい！

：さあーこれでみんなそろって出かけられるぞ！よかったね！

　この後、教員とA君との面談が行われ、遅刻した理由を教員は聴くことになる。場合によっては、A君が家を出るときに体調を悪くして遅れたのかもしれないし、弟を保育園に急に連れて行かなくてはならなくなって遅れたのかもしれない。このようなことは、A君からじっくりと時間をかけて聴いてみなければわからないことである。教員の先入観で、A君が寝坊したり、怠けていたりして遅れたと判断して叱り飛ばしたとしたら、決して適切な指導や対応とはいえないのである。

 ## ポイント４「場面指導といえども継続的指導や保護者との連携が必要」

　場面指導は確かに「その場面での指導」であるが、その場面だけの指導で事が解決するということはむしろ少ない。

　「授業中に机に顔を伏せて眠っている生徒がいる場合あなたはどう指導しますか？」といったときに、その場での注意はもちろん必要であるが、それだけで授業態度が改善するかというと、必ずしもそうとはいえない。ポイント３で述べたように、「授業中に眠っている」という現象面のみに対して指導したとしても、「なぜ授業中に眠くなるのか」といった要因に対してはなんら指導や対応をしていないためである。問題行動の要因を探ってそこから解決していかないと、根本的な解決にはならないのである。

　そのため、「場面指導」では、その場だけの指導や対応ではすべてが解決するわけではないということを押さえておきたい。当然のこととして、その後の計画的・継続的な個別対応型の指導が欠かせないのである。

　様々な場面で対応したり指導したりする時には、「特別の教科　道徳」（道徳科）や学

級活動等の時間を活用することである。

　道徳教育は、「人間としての生き方を考え、主体的な判断の下に行動し、自立した人間として他者と共によりよく生きるための基盤となる道徳性を養うこと（中学校学習指導要領「総則」）」を目標としている。学校における道徳教育は道徳科を要として学校の教育活動全体を通じて行われるが、道徳科では、「道徳的諸価値についての理解を基に」「自己を見つめ、物事を幅広い視野から多面的に考え、人間としての生き方についての考えを深め」「道徳的な判断力、心情、実践意欲と態度を育てる」ことをねらいとしている。そのため、小中学校においては、道徳科の活用が欠かせない。なお、道徳教育の推進に当たっては、児童生徒相互の好ましい人間関係や児童生徒と教員との信頼関係の構築や家庭・地域会等との連携にも留意する必要がある。

　学級活動は、「学級や学校での生活をよりよくするための課題を見いだし、解決するために話し合い、合意形成し、役割を分担して協力して実践したり、学級での話し合いを生かして自己の課題の解決及び将来の生き方を描くために意思決定して、実践したりすることに、自主的、実践的に取り組む」（中学校学習指導要領「特別活動」）活動を行う場である。まさに生徒指導の中核の場であるといえる。

　場面指導においては、これらの指導の場を活用する視点が必要である。また、指導内容によっては家庭との連携や協力を依頼することもある。「授業中に眠っている」ということの要因が、家庭との関わりの中で生じていることもあるからである。

 ポイント5「連携を図り組織人としての指導や対応が必要」

　学校は、校長をトップに、副校長（教頭）・主幹教諭・指導教諭・主任教諭・教諭などの職層があり、校長をトップとしたラインが明確になっている。また、一人ひとりの教員は、校務分掌のいずれかに属し、部長や科長あるいは主任のもとにスタッフの一人として校務を行っている。それぞれの教員は、学校経営組織の中で、組織人の一人として職務を遂行しているのである。

　そのため、様々な場面で指導したり対応したりした内容については、その組織の中でも報告などを行い、教職員間で共通理解を図る必要があるし、必要な場合には、ほかの教員の力も借りるということが生じる。

　例えば、教科指導上の課題であれば教科担任との連携は欠かせないし、生徒指導上の課題であれば生徒指導部との緊密な連携のもとに指導や対応をする必要がある。特に、保護者や地域や関係機関の方々との対応については、校長をはじめとした管理職にも伝えておくことや了解を得て対応することも必要である。

　「場面指導」といえども、すべて自分一人で対応しないといけないものではないし、自分一人で抱え込んでいい問題や課題とは限らないということである。最終的には組織人として指導や対応をしていることを忘れてはいけない。その意味でも、よくいわれるホウ・レン・ソウ（報告・連絡・相談）が大切である。

「場面指導」が導入されている個人面接・口頭試問が、実際にどのように行われているのか、その実際の場面をのぞいてみることにしよう。

実川教子 さんの場合

22歳・女性

受験番号：214

受験教科：中学校国語

　面接に備えて、「場面指導」対策もしっかりと練ってきた実川さん。特に「いじめ」については質問されることを想定して、自分なりの考えと対応のポイントをノートにまとめている。

：では、次は受験番号214番の実川さんです。面接会場に案内します。

：ハイ、よろしくお願いいたします。

（荷物をもって移動する）

> 面接会場でかばんなどの中から探して出すといったことのないように、受験票などは手にもって移動しよう。

：こちらが会場です。では、どうぞお入りください。

：ハイ、ありがとうございました。

> 案内者に軽く頭を下げてお礼の言葉を述べよう。

　「トントン」

：どうぞお入り下さい。

：失礼します。

> ドアを開けて会場に入ったら、すぐにドアを閉める。一歩入ったところで面接官に正対し、「失礼します」と元気よく言い、お辞儀をする。

：荷物はそこの机の上に置いて、どうぞこちらにおいでください。

：ハイ。

> 指定された机の上にかばんなどの荷物を置く。そのとき、受験票などの必要な書類は必ず手にすること。

（指定された場所に落ち着いて移動する。椅子の左側に立ち、再びお辞儀をする）

：受験番号214番の実川教子です。よろしくお願いいたします。

：どうぞ、お座りください。

：失礼します。

（着席する）

：では、これから個人面接を始めます。少し緊張されているようですが、どうぞ肩の力を抜いて、答えてくださいね。

：ありがとうございます。

：最初に、**受験番号・氏名・受験教科**をどうぞ。

> 話してくださった面接官に向かって、少し笑顔を浮かべながら言おう。

：ハイ。受験番号214番の実川教子です。
受験教科は中学校国語です。

：では、実川さんの**自己紹介を簡潔**にどうぞ。

：ハイ。私は本県出身で、将来はぜひ教員になりたいとの思いが強く、○○大学の教育学部に進学し、来年3月に卒業の予定です。大学では「日本の戦後教育史」についてゼミで研究してきました。

　また、中学校以来剣道をやっていましたので、大学でも剣道部で剣道を続けてきました。教員になれましたら、**中学校での部活動でもぜひ剣道部の顧問として生徒に武道の意義や剣道の楽しさを伝えていきたい**と願っています。

　私は、「継続は力なり」という言葉を大切にし、それを実践できる人間になりたいと思っています。そのことは、剣道部の活動を通じても学びました。

　私は、子どもたちと一緒に過ごすことがとても好きで、大学では1年生の頃から**児童館でボランティア活動**もさせていただきましたし、3年生になってからは○○中学校の

教育ボランティアに入れていただき、剣道部のお手伝いをしています。 この活動をさせてもらっている中でも、教員になりたいという気持ちはますます高まりました。

「簡潔に」と指示されているので、1〜2分で終わるように配慮する。ここで長々と話さないことが大切。

：実川さん、**本県の教員採用候補者選考を受けられた理由**は何ですか。

：ハイ。私の生まれ育ったのはこの県ですし、高等学校も本県の××高校を卒業しました。この間、多くのすばらしい人と出会いましたが、私の育った故郷でもある本県で、教員としてがんばっていきたいと思っているからです。また、本県では、**「子どもたち一人ひとりを大切にする」**教育改革や学校教育を推進されていることにとても感銘を受けたからということもあります。

：あなたが教員になることを目指されたきっかけは何かあったのですか。

：ハイ。私は中学校2年生の頃から将来はぜひ教員になりたいと思うようになりました。

と言いますのは、その頃の私は、気の弱い自信のもてないおとなしい生徒だったのですが、担任の先生はそんな私を気にかけてくださいまして、特に夏休みの課題でつくった模型地図をとてもほめてくださいました。それ以来、学習をはじめ学級会などでも積極的に活動できるようなになりました。

このような**先生との出会いの中**で、将来は私もあの先生のようになりたいと思うようになり、それ以降もその気持ちがだんだんと強まりました。

大学も、将来教員になることをめざし、○○大学の教育学部に進学しました。**教育実習**にも6月に行ってまいりましたが、その思いは一段と高まり、現在は教員にぜひなりたいと思っています。

：なるほどわかりました。

さて、現在の学校では**「いじめ」問題**が大きな課題になっています。**クラスで「いじめ」が起こっているかどうかを把握**することはとても大切なことですが、あなたがクラス担任であったら、このことについてどのような対応をしますか？

ここから「場面指導」に質問が切り替わっている。

：ハイ。「いじめ」は突然発生するものではなく、人間関係の変化の中で徐々に起こってくるものだと考えています。そこで私は、特に**子どもたちの人間関係に着目してその変化を見逃さないように**していきます。

「いじめ」は段々とエスカレートしていくので、**初期の段階で「いじめ」を見抜くことが重要**だと思います。「いじめ」の被害者は必ず**サイン**を発しているはずなので、このサインを見落とさないことも必要です。例えば、ワイシャツが汚れていたり破れていたりボタンが引きちぎられていたり、表情もこれまでの活発さが見られなくなったり、授業中の発言などに冷やかしの声が上がったり、忘れ物が多くなったり、一人でいることが多くなったりすることなどはそのサインだと思います。この**サインを見落とさないように注意**します。

「いじめ」が起こってから対応するのではなく、事前にあるいは初期段階で発見することの大切さや、いじめのサインを具体的に指摘しているところはよい。ただ、いじめのサインを見落とさないためには、普段から児童・生徒理解を深めておかないとできないので、児童・生徒理解をどのようにして普段から深めておくかの説明があればなおよかった。

：では、あなたのクラスのA君から、**「B君たちからいじめられている。最近はクラスの友達がいないところだけでなく、みんなのいるところでもいじめられる」**という訴えがあったとしたら、あなたはどのような対応しますか？

：ハイ。まず、A君との面談を行い、具体的に、誰と誰から、いつ頃から、どこで、どのようないじめを受けてきたのかについて**時間をかけて少しずつ話してもらうようにします**。そして、**私はいかなる理由があっても「いじめ」は絶対に許さないという確固たる思いをA君に伝え**、これからはB君たちのいじめから**A君を絶対に守ると約束**しようと思います。

早速、A君との面談の機会をもつことや、事実を丁寧に確認していること、そして、「いじめは絶対に許さない」と述べ、A君を安心させたことはよい優れた対応といえる。

　次に、加害者のB君たちを一人ひとり時間をずらして呼び、一人ひとりからA君への「いじめ」の事実を確認します。たぶん最初は、B君たちはA君をいじめているという認識をもっていないかもしれませんが、これまでにテレビのニュースや新聞報道にあったような、いじめが原因で尊い生命が失われた事件などを例にして、いじめられている人が負っている心の傷などについて具体的に話しま

第**2**章　場面指導の基礎知識

す。Ａ君が負った心の傷をよく理解できるようにとことん話し合います。そして、**いじめは人権問題であり、命にかかわる問題でもあり、絶対に許すことのできない問題であることを理解できるように、時間をかけて話し合います**。その過程で、Ｂ君たちの行っているＡ君への言動について考えさせます。相手の立場に立って考えさせるのです。

最終的には、Ｂ君たちがＡ君に謝りたいという気持ちをもつまで指導を続けたいと思います。また、Ａ君とＢ君たちとのよりよい人間関係を構築していくサポートもしていきたいです。

また、Ａ君も言っているようにクラスの友達のいないところだけでなく、友達のいるところでもいじめが起こっているというところも問題です。ですから、**クラスのみんなにも、「いじめ」や「いじめ問題」について考えてもらう機会を学級活動の時間にもちます**。クラスのみんなも、Ａ君がＢ君たちにい

じめられているということを知らないわけではありません。だから、このことについてクラスのみんなにもはっきりと説明して、話し合ってみるというのも大切だと思います。

Ａ君の保護者には、いじめがあったことを隠さずに伝えることもしたいと思います。教員としては、正直なところ今全国の学校で問題になっている「いじめ」が本校や自分のクラスで起こったということは話しづらいところもありますが、ここはきちんと対応する必要があると思います。そして、保護者には、今、Ａ君と話し合っている内容やＢ君たちを指導している内容についても伝え、担任としていじめは絶対に許さないという方針だということや、今後はＡ君が安心して学校に来られるようにすることを、保護者にも約束します。

もちろん、**学年主任などの了解やご指導**を得て行います。これには時間もかかると思いますし、保護者の方に学校に来ていただくこともありますので、指導や対応の途中経過なども、学年主任や生徒指導部の先生にもお話しし、**指導上のアドバイス**をいただきたいと思います。

：「いじめ」への指導や対応、よくわかりました。

ところで、先ほど**「よりよい人間関係を構築する」**と話されましたが、あなたは具体的にどのような指導を行ってそのような人間関係を形成していくつもりですか。

 ：ハイ。私は、A君とB君たちとの間でも、二度といじめたり、結果としていじめにつながるようなことも絶対にしないと約束させて、お互いが心から握手ができるようにする場をまずつくります。

学級づくりやグループ活動などにおいては、温かな思いやりのある人間関係を育むことを重視していきたいと考えています。このことを実現していく上で必要なことは、生徒が互いに協力してかかわるといった場面を意図的・計画的・継続的に教育活動の中で実施することです。そのためには、お互いが協力・協調して「人と人とがかかわる」場面を重視した、クラスでのサッカーやバレーボールなどのスポーツや合唱などの体験的活動を学級活動で積極的に取り入れていくことが必要だと考えます。そこから、**お互いが一人ひとりの個性を理解し尊重し合い、一緒に行うことの大切さや必要性を学ばせていきたい**と思います。

このことを通して、よりよい人間関係が構築されていくものと考えます。このようにお互いを尊重し合ったり助け合ったりすることのできるオープンな学級やクラスをつくっていくのです。またこれらのことを実施していく上では、諸先生方のご意見やご指導も受けたいと考えております。

> 追加質問にも動揺することなく、具体的にビジョンを話している点が好印象。
> 「人間関係の形成」「生き方についての考え」などはは特別活動の目標であることに触れるとさらによかった。

 ：なるほど、よくわかりました。

さて話は少し変わり、次のような授業中の場面を想定してください。**授業が始まっても教科書やノートなどを準備せず、隣の人とおしゃべりに夢中になっている生徒**がいます。その時、あなたはどのように対応しますか。

 ：ハイ。まず全体に、「さぁー授業が始まったよ!!」「教科書の○○ページ開けたかなー」と声をかけ、心身ともに授業への準備に向かっているかどうかの確認をします。

その際には、**教壇の上から話すのではなく、机間指導をしながら話します**。特に、準備ができていなかったり話をしていたりする生徒のところを巡回して、その生徒のところで立ち止まって「いいかなー？今日は○○ページからだよー」などと言って、本人に教科書やノートを開かせるようにします。

> 再度の全体への確認、それでもさらに私語を続けている生徒に対しては机間指導と二段構えになっている指導法はよいポイントである。生徒への声かけも、決して怒鳴ったり叱りつけたりせず、生徒の気持ちを優しく授業に向かわせている。

そして、きちんと開けたら、「そう！今日はここからだね」と会話の機会をもって、例えば「○○さん、前回の内容はノートにきちんと書かれているね！」などと**何かほめることを見つけ出し、「今日も頑張ろうね」と励まします**。そうすることによって、落ち着かない気持ちを授業に向けさせていきます。

：うん、きっとそんな対応をしたら、夢中になってしていた私語もやめるでしょうね。でも、またしばらくするとペチャクチャおしゃべりが始まることもありますよね。さて、そうなったらあなたはどのような指導や対応をしますか？

：ハイ。実は、**教育実習**で私が授業をしているときに、似たようなことがありました。何度も注意を繰り返したのですが、生徒2人がそれを無視しているような態度だったので、こちらも真剣だったということもあって「○○さんと××さん！いい加減にしなさい！何度言ったらわかるの！」と大きな声を出して注意しました。

ようやく静かにはなりましたが、私自身、その後もずーっと、すっきりしない、モヤモヤしたものを抱えていましたし、おしゃべりをして注意をされた生徒とも冷たい関係になった感じだったので、放課後に話し合う機会をつくりました。そうしたら「授業がよくわからないんだ」と話してくれました。

そこで私は、ハッと気がついたんですが、そのような**生徒の表面的なことだけに着目して叱りつけてしまいましたが、そういう対応は間違っていた**なと思ったんです。なぜおしゃべりを続けているのかといった**要因や背景を理解して対応することの大切さを実感**しました。

このような経験がありますので、おしゃべりしている生徒との面談の機会をもって、時間をかけてどうしてそのような態度をとるのか話し合ってみます。そして、その要因や背景を把握し、2人を指導するだけでなく、自分の授業の改善も進めていきます。

> 学習意欲を高めるために「ほめる」といったことも忘れずに行っている。このような指導では、きっと生徒の側も教員に対する反発などを起こすことはない。

> 教育実習での体験を踏まえた話をしているが、この内容にはかなり説得力があり、実践的な指導力とも深くかかわっている。このような、自らの経験や体験を織り込んで話すと大変ポイントが高い。
> 追加質問として、どのような授業改善を行ったのかを聞かれることもあるので、この対応についても準備しておく必要がある。

：なるほど、そのような対応は大切ですね。
では、これで個人面接を終了します。お疲れ様でした。

（起立して、面接官にきちんと向かって正対する）

：ありがとうございました。

（向きを変えて出口に落ち着いて向かう）
（入室の際置いた荷物をもち、再度面接官に正対する）

「ありがとうございました」と明るく元気よく、丁寧にお辞儀をする。

 ：失礼いたします。

（会場から一歩出たところで向きを変えてドアを静かに閉める）

「失礼いたします」と元気よく言い、再度丁寧にお辞儀をする。

控室や廊下にいる係官に「ありがとうございました」と伝えて、指示を待つ。多くの場合、このまま本日は終了となるが、係官の指示をきちんと聞いてから行動するようにする。

個人面接・口頭試問形式の実況中継の講評

　前半部分の内容は、一般の個人面接でも取り上げられることであるが、「場面指導」が導入された個人面接・口頭試問でも、いきなり、「場面指導」に関する質問になることは少ない。多くの場合、このような流れの中で、次第に「場面指導」の問いに移行していくのである。

　実川さんは、毎回、面接官の質問に対して、「ハイ」と返事をしてから回答していることや、「失礼します」「ありがとうございます」などの言葉も、ごく自然に発せられている。謙虚さや素直さや明るさといったことも感じられ、これは大変よい印象を面接官に与えることになる。

　また、場面指導の内容も非常によかった。「いじめ」を見逃さない指導、いじめの訴えに対する担任としてのしっかりした考え方や対応、「いじめ」をクラス全体の問題として受け止めているところもいいし、生徒のことを第一に考える姿勢がみられる点、具体例や実体験などのエピソードにも実践的な指導力がうかがえる点なども申し分なく、かなりの高評価が期待できるだろう。

　マイナスポイントは、回答が少し長いことである。面接では手短に答えて、次々と質問回答が繰り返されるようにすると、しゃべりすぎのイメージを与えない。一気にすべてを話そうとせずに、長くなりそうな場合はポイントのみを答えるなど工夫すれば、もっとよくなるだろう。

4 ロールプレイング形式におけるポイント

リアルな実践力が問われるロールプレイング

　場面指導の中でも、「ロールプレイング」と呼ばれる形式を教員採用選考試験に取り入れているところが最近は増えている。

　ロールプレイングでは、具体的な場面が設定され、その設定場面で**受験者が教員の役割を演じる**ことになる。児童生徒や保護者あるいは地域の人々の役は面接官やほかの受験者が演じることになる。

　前述の個人面接的な場面指導とは異なり、目の前に児童生徒や保護者あるいは地域の方々がいる（実際は面接官が役割を演じている）わけであり、その場で双方向的なやり取りが行われるのである。その意味では、**実際の場面により近い形での指導や対応の在り方が問われる**ことになる。そして、面接官は、課題への対応を通じて、受験生の実践的な指導力を評価しようとしているのである。

　そのため、ロールプレイング形式の試験では、教員としての役割を教育的な考え方をもとに、より教員になり切って演じることが必要である。

自ら正しく判断し行動できる力を育成することを目指す

　生徒指導を行う場合は、まず「児童生徒の声に耳を傾ける」ことが必要である。これは特別なことを除いてどのような事例でも応用できる。「傾聴」「受容」「共感」を基本とする**カウンセリング・マインドの立場に立っての指導方法**を身に付けておくとよい。

　学習指導に関する課題への対応でも、このカウンセリング・マインドの立場に立って対応する必要がある。これは、多様な児童生徒一人ひとりを大切にした指導であり、**児童生徒自らが考え、判断し、正しく行動できる力（自律心や自立心）を培う**ことをねらいとしているのである。

学校内での連携の視点を見落とさないようにする

　ロールプレイングでは、具体的な対応策を即座に行動に移すことが求められるが、忘れてはいけない視点の一つは、**校内での協力や支援を求めるなど、組織で業務を推進すること**の必要性である。

　例えば、上司への連絡や相談あるいは上司の指示を求めることや、教務部や生徒指導部あるいは進路指導部といった各分掌組織との連携や協力の依頼、同じ学年やほかの学年の主任の教員や担任との連携や協力の依頼などがある。

さまざまな課題をすべて一人で抱え込んだり、一人で解決しなければならないと思い込まないことである。**学校は組織で業務を推進しているところだ**ということをよく認識して、対応することが必要である。

保護者や関係諸機関との連携も視野に入れる

学校内での連携のほかにも、**保護者への連絡や保護者との連携、地域や関係諸機関との連携なども必要**なことがある。

例えば、児童生徒が学校でけがをしたケースでは、保護者に連絡する必要がある。その場合、どのような状態で、どのようなけがをしたのか、学校ではどのような処置をしたのか、病院には連れて行ったのか、今後家庭ではどのような処置が必要なのか、といったように、できるだけ詳しい内容を伝えることが重要である。けがの状態にもよるが、本人を一人で自宅に帰すよりは、保護者に学校に来ていただくことが必要になる。

事件事故等が起きた場合には、**警察などの関係諸機関との連携も必要**になってくる。このようなことを頭に入れて、対応するとよい評価が得られる。

ロールプレイングには「練習」が必要

まずは、実際にロールプレイングはどのように実施されているのかを知ることが必要である。次ページからは、ロールプレイング形式の「実況中継」を掲載しているので、それを参考にして実際に対応してみるとよい。また、252ページに過去に行われた場面例をまとめてあるので、そちらも参考にしてほしい。

「実況中継」を見てもらえればわかると思うが、面接官を前にして突然「教員になり切って一人芝居をやれ」と言われても、なかなかできることではない。なんといっても恥ずかしいし、慌ててしまって、場当たり的な対応になってしまいがちである。

多面的な視点を忘れずに的確に行動するためには、事前準備は欠かせない。特に、このロールプレイングの練習のためには、児童生徒役や保護者あるいは地域の方々の役をしてくれる人が必要になってくる。相手役を在学する大学の教員や友人などにやってもらって、実践的な練習をしておくことが必要である。

実際に何度か練習してみると、だんだんと恥ずかしさや慌てる気持ちも少なくなり、教員としての立場で冷静に対応できるようになってくるものだ。

　ロールプレイング形式の場面指導が実際にどのように行われているのか、その実際の場面をのぞいてみることにしよう。

●ロールプレイングの実況中継1 ―生徒指導上の問題が起こった場合―

出山 務 さんの場合

23歳・男性

受験番号：170

受験教科：中学校理科

　ロールプレイング形式の場面指導が課されるとあって、大学で何回かロールプレイングの練習をしてきた出山さん。カウンセリング・マインドでの対応を心がけている。

　：あなたが職員室にいるとき、自分のクラスのある**生徒が慌てて駆け込んできて、体育館の脇でクラスの3人がけんかをしていると言っています。** そのときの場面指導を行ってください。

　生徒役は面接官が行いますので、あなたは担任の教員になったつもりで、実際にこの生徒に対応してみてください。では、これから始めます。

●場面1　職員室での対応

　（生徒B役）：先生！先生！大変大変！今、体育館の脇で、A君がX君とY君に囲まれて、けんかしてるんです！

　：えっ！体育館の脇でA君がX君とY君に囲まれてけんかしてるって？　**わかった！すぐ行くよ！**

> 生徒からの緊迫した状況報告に即対応しており、フットワークも軽く行動的であるところは評価できる。「どんな理由でけんかしてるの？」「3人以外には誰がいるの？」などと報告に来てくれた生徒に詳しく状況を聞くなどして、結果として現場に行く時間が遅くなってしまってはいけない。対応が遅れると事態が悪化して殴り合いに発展してしまうかもしれないからだ。
> また「ただ話しているだけじゃないの？」「ふざけて遊んでるだけってことはない？」などと事態を過小評価しないことも大切である。問題行動が発生した場合には、むしろ過大評価して「放っておくと大変なことになるぞ」と思って行動したい。

：……それでは、**もう体育館脇の現場に移動するということでよろしいですか？**

：はい。

：では、体育館脇での生徒どうしのけんかの場面を想定してのロールプレイングを続けます。

出山さんからは言及がなかったが、緊急対応をする前には、職員室にいる先生方に状況を端的に伝えておいてから行動する配慮も必要である。また、一言、連絡してくれた生徒に「連絡ありがとう」という言葉が欲しかった。

●場面２　体育館脇での対応
（Ａ君をＸ君とＹ君が責めている現場）

（生徒Ｘ役）：お前！何でオレたちの悪口をペラペラしゃべってんだよ！

（生徒Ｙ役）：おい！言いたいことがあるなら言ってみろよ！

：**こんなところで、何をしてるんだ？**

：あっ先生！　Ａ君がオレたちの悪口を言いふらしてんですよ！　だから、今そのわけを聞いてたとこです！

（生徒Ａ役）：だから悪口ってなんだよ？そんなのオレいつ言ったよ？

：はぁ？こっちは全部知ってんだよ！

：よしよし！わかったわかった。
　ここじゃなんだから、**会議室で両方の言い分を聞くよ**。とにかくここから移動しよう。いいね？

（移動する途中で、隣のクラスの担任に連絡して会議室に来てもらうことに）

緊迫した現場だと「コラ何やってんだ！」「暴力はやめろ！」などと威圧的・感情的な対応したり、「またお前たちか!!」などとつい先入観や思い込みで対応や指導をしがちであるが、出山さんは、生徒たちに冷静に対応し、状況を確認している。また、生徒の言い分をまず聴こうとしており、誰が悪いとか、とんでもないことをしているなどといった、教員の一方的な判断に基づいた言動は見られない。これは問題行動の初期対応として重要なことである。ここでボタンを掛け違うと、後々まで問題がこじれて解決を遅らせることが多い。

：あ、**Ｃ先生、コレコレこういう状況ですので、申し訳ありませんがＸ君とＹ君からどのようなことがあったのか事情を聴取していただけますか**。隣の第二会議室があいているのでよろしくお願いします。

出山さんは移動する前に、とっさにほかの教員に連絡し、会議室に来てもらう働きかけをして適切な指示を出している。指導対象の生徒も複数いるので、一人で抱え込まずに、ほかの教員の協力を求め、連携プレーで対応しようとしている点は評価が高い。

：なるほど。Ａ君とＸ君・Ｙ君とを分けて事情を聞くわけですね。ではまずは第一会議室でのＡ君との面談場面を想定してのロールプレイングを続けることにします。

> ３人一緒といった状況だと、いつまでも険悪な状況が続くおそれがある。教員と生徒が落ち着いて心を開いて話し合う状況をこのようにしてつくり出すことも必要である。

●場面３ 第一会議室での対応

 ：Ｘ君やＹ君はとても怒っていたようだけど、何があったの？

 （生徒Ａ役）：僕はＸ君やＹ君の悪口なんか言った覚えがないのに、あいつらが勝手に言いがかりをつけてきたんです！

 ：そうかあ。じゃあどうして、Ｘ君やＹ君は怒ってるのかな？ **何か、思い当たることはない？**

 ：……そういえば、卓球部の先輩たちがＸやＹって最近生意気なんだよなって話してたとき、近くに僕もいたんで、それでかなあ？ でも、ただ近くにいただけで僕はそんなこと言ってないし、僕から先輩に２人が生意気だってチクったってわけでもないし、僕自身、２人が生意気だなんて全然思ってないんです！

 ：なるほど。じゃ誤解なんだね。そしたら丁寧に話し合えばわかってくれるよ、きっと。**Ａ君は、どうしたらいいと思う？**

 ：うーん、誤解されてるところもあるんで、じゃ、僕、Ｘ君とＹ君に、このことをきちんと説明してみます。

 ：そうか、それはいいことだと思うよ。丁寧に説明すれば、きっとＸ君やＹ君もわかってくれるよ。

> 教員はＡ君からとにかく話を聴こうとしている。また、Ａ君に対して、「ああしなさい」「こうしなさい」といった指示はしていない。「Ａ君は、どうしたらいいと思う？」といったように生徒自らの考えや行動などを引き出そうとしている点はよい方法である。

 ：はい！

 ：じゃ、先生は今から**Ｘ君とＹ君と話してみるから、ちょっと待っててくれる？**

 ：では続けて第二会議室でのＸ君とＹ君との面談場面を想定してのロールプレイングに移りたいと思います。

●場面４ 第二会議室での対応

 （生徒Ｙ役）：さっきＣ先生にも言ったんだけどさ、オレたちなんにも悪いことなんかしてねーよ！ なあ？

（生徒X役）：そうだよ‼ アイツが、オレたちのこと悪く言ってるから、どういうつもりなんだって聞いてただけだよなぁ？なのにつっかかってきやがってよお！ 先生！悪いのはアイツのほうだって！

：そうか。ところで君たちは**実際A君に何て言われたんだ？**

：直接言われたわけじゃなくて友達から聞いたんだけど、アイツさあ、陰でオレたちのことを生意気だとか、態度がデカいとか、ウザいとかって言ってるらしいんだ。

：A君から直接悪口を言われたわけでも、自分たちで直接A君が悪口を言ってるのを聞いたわけでもないんだね？

：まあそうだけど……。でもでも陰で悪口言ってんだもん、ひどくないスか？ だから、少し締めようっつーか、注意してやろうと思っただけですよ。

：それで体育館の脇に呼び出したのか？
　先生、さっきA君にも今回のことについて話を聞いたんだけど、A君は、君たちのことをそんなふうには思ってなんかいないみたいだよ。先輩たちがそんな話をしているときにたまたまA君が一緒にいたから、それを誰かに見られて誤解されたんじゃないかって言ってたぞ。

：えっ？ マジで？

：単なるうわさや又聞きの話を信じて誤解して呼び出して「締めよう」なんて、**相手はどんな気持ちになると思う？** ましてや、事実でもないことに対して、そんなふうにされたら、どうだろう？

教員はここでもX君やY君を責めたり、叱ったりはしていない。自分たちの行動を冷静に振り返らせている指導法は生徒指導上大変優れた方法である。

：うーん、事実でないんだとしたら、A君に悪いことをしたことになるけどさあ……。

：そうだよ‼　**相手の立場に立って考えてみることは大切なことだよ。** それにしても、体育館の脇に呼び出すという行為はどうなんだ？それも2対1でだぞ？

：うーん、俺も一人で誰かに呼び出されたら、ビビると思う！

：A君に、悪いことしたかなぁー。脅迫したことになるのかなあ？

：同じクラスの仲間にこんなことしたのはよくなかったよなぁー。

：今回のことは、事実かどうかもわからないし、体育館脇に呼び出したこともよくなかったと思うんで、オレたち、できたらもう一回、A君と話したいと思います。そして、**悪いことしたって、謝りたいと思います。**

：そうか、そうしてみたらいいよ。じゃあ、早速第一会議室にいるA君のところに行ってみようか？　**先生も立ち会うから、話し合ってみようよ。**

：はい。

：じゃー行こう！

ロールプレイングの実況中継1の講評

　それぞれ別室で時間をかけて事情を聴いており、決して教員が叱ったり、怒鳴ったり、命令したり、指示したりといった指導や対応は見られない。これは、教員が生徒自らに問題点や今後のよりよい在り方などを考えさせて、それを生徒自らが行っていくことを期待しているのである。

　生徒自らの考えや行動を大切にしている様子もうかがえるし、教員の働きかけによって、生徒自らが行動を振り返って反省できる状況がつくられているところもよい。

　このように、教員に叱られたから、教員に注意されたから、教員に指示されたからなどという理由ではなく、生徒自らが気づいている、あるいは気づくような指導や対応は生徒指導の基本であると同時に、生徒指導が目指すところでもある。

　出山さんは、初期対応に少々残念なところはあったものの、対応に関しては大きな問題はなかったので、高評価が期待できるだろう。

●ロールプレイングの実況中継2 ―授業中に問題が起こった場合―

版沢育美 さんの場合

22歳・女性

受験番号：109

受験教科：高等学校英語

　特にロールプレイング形式の場面指導の練習はしていない版沢さん。元来真面目だが、気弱なところがあるので、生徒になめられないように、毅然とした対応をしなければと思っている。

第2章 場面指導の基礎知識

：授業が始まっているにもかかわらず、**教室の後ろの席に座っている3人の生徒がペチャクチャとおしゃべりを続けています**。注意をすると静かになるものの、すぐにまた私語を始めるという状況でのロールプレイングを行ってください。

　おしゃべりをしている3人の生徒役は面接官が行います。あなたは、先生役をお願いします。英語の授業を行いながら実際に生徒への対応を行ってください。では、教科書36ページの英文を読んで生徒に聞かせている状況からお願いします。

（版沢さん、黒板の前で英文を読み始める）

（生徒A役）：……なんかさー、かったるくね？　やる気なんてゼロだよ、ゼロ。

（生徒B役）：……オレもー。だいたい英語なんてオレ大っ嫌いだしよ。

（生徒C役）：……オレもだるいー、っつーか眠いー。オレさあー、昨日さあ、「△△」っていうアクションゲームにハマってー、気づいたらもう朝5時でよお！鬼の連続10時間プレーよ。

> 版沢さんはいきなり教科書を読み始めてしまったが、まずは生徒に「はーい、教科書の36ページは開いたかな？」などと声をかけ、授業の準備ができているかどうかの確認が必要である。
> また、私語の場面指導ということもあるので、黒板の前ではなく、机間指導（巡視）をしながら英文を読み上げるほうが効果的である。

：うっそ！マジで？　「△△」ってそんないいの？

：あ、じゃあクリアしたら貸すわ。

：えー！オレにも貸してくれって！

：わかったわかった！つーか買えよ、お前ら（笑）

 ：はいはい、そこー、うるさいよー、授業始まってるよー！

（しばらく静かになるが、再び私語が始まる）

 ：……そういえば昨日の「○○○○」見た？

 ：あ、オレ見た見た！　あいつらチョーおもしれーよな！

 ：うそ？　え、それ録画とかしてねーの？何て番組？何て番組？

 ：え？お前本気で知らねーの？　Ｘチャンネルで12時からやってるやつ。

 ：あー、オレその時間、いつも△チャンネル見てるわ……。

 ：うそ！マジであんなの見てんの？　バカじゃねーの？

 ：フツー「○○○○」見るでしょ？

 ：マジで引くわー！

 ：なんだよ！もう「△△」貸さねーかんな！ぜってー貸さねー！

 ：おしゃべりやめなさい！　この列の後ろの3人!!

（静かになったところで、少し間を置いて）

 ：何度注意したらわかるの？　いい加減にしなさい!!

 ：だってさあ、先生の授業、よくわかんねーんだもんよー。

 ：そうだそうだ！　難しすぎてついていけねーし。

児童生徒を呼ぶ場合は、できるだけ名前を呼ぶようにする。児童生徒との信頼関係を築く意味もあるし、指導しやすくなる面もあるからである。児童生徒一人ひとりを人格をもった一人の人間として尊重しながら接していく必要がある。
なお、厳しく注意する場合、ほかの生徒がいる前で名指しで叱責するようなことはあってはならない。

実際の学校でもこのような指導のパターンは見られがちではあるが、注意をされ、叱りつけられた生徒の立場に立つと、決して本心から注意を受け入れて静かにしようという気持ちにはなれないものなのだ。みんなの前で大きな声で注意され叱られた3人の生徒にしてみれば、自分たちの気持ちもわからずに、あるいはわかろうともせずに、ただうるさいから静かにしなさいと言われて、むしろ先生に対する反発心や反抗心などを高めたとも思われる。その抵抗の表れとして、注意を受けた後、しばらくは静かにしているが、再び3人の生徒は私語を始めている。3人の生徒は先生の指導に対して納得してはいないのである。このような、3人の生徒の実態を踏まえずに、一方的に叱っているという指導の在り方や対応の在り方はよいとはいえない。

48

 ：マジで、さっぱりわかんないでーす（笑）

 ：そんな態度じゃあ、そこの3人には単位なんてあげられないよ？

 ：えーじゃあさあ、授業もっと易しくしてくれない？

 ：そしたらオレらだって授業受ける気になるよな！

 ：**だいたいそんなふうに授業中におしゃべりばっかりしてるから、授業がわからなくなるんでしょ。**とにかく、静かに授業を聴きなさい。

生徒が「先生の授業はよくわからない」「授業を易しくしてほしい」と言っている生徒の声に対して、授業がわからないのは授業をきちんと聞かないせいだと、悪いのは生徒だと決めつけている。

 ：だからぁ、聴いてたって全然わかんねーっつーの！

　これだから先生の授業やる気出ないんだよなあ。

 ：どうせ俺たち出来が悪いんだからさぁ。授業なんて聞いても聞かなくても同じじゃね？　だいたい聞いたところでわかんねーんだし（笑）

 ：ハハハ。そうだよな（笑）

：もう、**そんな態度だったら単位は出さない**
からね！ じゃあ**留年も覚悟しておいてよね？**
それでいいのね？

：なんだよー、わかったよ!! 留年は勘弁し
てよ!!

：だったらほら！ ちゃんと教科書を開いて！

（しばらく静かになるが、再び私語が始まる）

：（ヒソヒソ話）……留年ちらつかせなくた
っていいじゃんなあ？

：（ヒソヒソ話）……もう見つからないように静かに寝てようぜ。

：（ヒソヒソ話）……そうだな。

「単位を出さない」「留年を覚悟しろ」と生徒をある意味では脅かしている。さすがの生徒も、単位の不認定や留年は怖いことなので静かにはしているが、授業に参加しようという気持ちはどこにも起こっていない。「静かに寝てよう」などと言っており、教員の指導上の教育的な効果は見られていないのである。
このような脅迫的な力での指導や対応は誤っているといわざるをえない。

ロールプレイングの実況中継2の講評

　こういった場面では脅迫的な力での指導ではなく、3人の生徒はなぜ授業中に一度注意を受けたにもかかわらず私語を続けるのかといった、要因や背景を踏まえた指導や対応が必要である。そして、みんなの前で「この列の後ろの3人」などと特定した指導の仕方も、決していい方法とはいえない。

　机間指導（巡視）などをして、「何かあったの？」とか、「今日の学習はここからだけどわかるかな」「前回の授業ではなかなかいい質問をしていたよね」「今日も一緒に頑張ってみようよ」「わからないところは遠慮なく質問して」などと、もっと生徒に寄り添って、少しでもほめることがあればほめて、自信をもたせ、優しく対応すべきである。

　版沢さんの対応でさらに見直さなければならない点は、生徒が、「授業が難しくてわからない」「全然やる気が出ない」と言ったときに、授業の改善の必要性を考えることが重要であるにもかかわらず、悪いのは生徒として切り捨てている点である。

　教員には、高い授業力が求められる。この授業力で問われているのは「わかる授業」「わかるまで指導する授業」のプロフェッショナルとしての力量である。

　このロールプレイングでは、放課後などに3人の生徒との面談の機会をもつなどして、授業に対して興味や関心をもたせ、意欲的に参加できるようにするためにはどのようなことが必要か話し合ってみる必要があるだろう。また、生徒による授業評価の活用などに触れてもよい。

第3章

こんなときどうする？
ポイントはここだ！

うんうん、なるほどボクならこう答えるな、こうするな。

本書 →

場面 1

宿題などの提出物を出さない！

➡たまたま忘れたのか、よく忘れてくるのかでは対応が異なる

質問例 宿題やレポートなどを忘れたといって提出しない児童生徒がいます。あなたはどう指導しますか？

 ## ついうっかりは誰にでもあるが……

　学校でも毎日何人かは教科書やノート、定規やコンパスなどの文房具や色鉛筆などの筆記具、体操服や運動靴、あるいは宿題やレポート、家庭からの連絡文書や通知文などの返事などを忘れてくる子どもがおり、担任を悩ませている。そして、教材などを忘れてくると、ときには授業が予定通り進行できないこともある。

　かつては、忘れ物をすると、その罰として教室の後ろに立たされたりしたこともあったが、そのような指導は、体罰とかかわってくることもあって見られなくなった。最近は、子どもが携帯電話等を使って保護者に忘れ物を届けてもらうケースもよく見かけるという。

 ## 忘れ物対策の必要性

　小学校の低学年などでは「連絡帳」を活用し、忘れ物対策を講じている学校もある。保護者に児童にもたせている「連絡帳」を見ながら翌日持参するものを子どもと一緒に確認してもらい、翌日持参するものを全部そろえ終えたら、確認のサインをしてもらう。また、忘れ物があった場合には、担任は子どもに「連絡帳」の忘れ物の欄に記入させ、それを確認してもらうのである。

　そうすることによって、子どもの注意力も高まり、何度も繰り返し忘れることが少なくなるという。このような「連絡帳」の活用によって、徐々に保護者の手を借りなくても子ども一人でも事前の準備ができるようにしていく習慣を身に付けさせるのである。

1 忘れ物を防ぐには、「連絡帳」などを使い、自らが確認する習慣を身に付けることが必要である。ある意味では約束事をしっかり守ることでもあり、責任感を育てることでもある。

　最近ではタブレット等を活用したスマート連絡帳もある。教員の働き方改革やコロナ禍を背景に、欠席や休校といった学校と保護者のやりとりはこれまでの連絡帳や電話から、メールやアプリなどに移行するなどデジタル化が進んでいる。

●忘れ物調査表
　ときとして教室の掲示板などに、忘れ物調査表（グラフ）などが掲示してあることがある。1つ忘れ物をすると氏名の上や横にシールを貼っていくものである。一度に3つも4つも忘れ物をすると一気にシールの数は増えてしまう。たいていの場合、特定の子どもが突出していることが多

忘れ物を防ぐには、提出物の締め切りの1日前にもってこさせたり、日頃から机の中やロッカーなどに家庭へもち帰る配布物などが残っていないか、かばんの中がきちんと整理整頓されているかなどを確認させるといった指導も必要である。というのは、忘れ物の多い児童生徒の中には、身の回りの整頓が苦手な子もいるからである。

 ### 宿題やレポートなどの提出が遅れる場合の指導

ついうっかり忘れるということはありがちなことではあるが、宿題やレポートなどを何度注意しても忘れましたと言ってなかなか提出しない児童生徒もいる。

このケースは、前述のようなことでは解決にならない。「なぜその子どもは宿題をやらないのか、やれないのか」「どうしてレポートなどの提出物を提出できないのか」といった個別的な対応や指導が求められる。

家庭での学習習慣が身に付いていないと、そのようなことが起こりがちである。家庭でも一定の学習の時間を定めさせて、それを日課にしていくという基本的な生活習慣をきちんと身に付けさせることが大切である。

それには、当該児童生徒とともに、毎日の家庭での過ごし方や時間の使い方などを考えて日課表などを作成する。そして無理のないこと、できることなどから始め、毎日規則正しい生活を送らせるようにする。それには、日課表を保護者にも渡し、家庭の協力を得ながら継続的に指導することが必要である。そして、その計画は「無理のないこと、できるところ」から、徐々にステップアップしていくことが大切である。

い。

子どもは毎日登校してきてこれを見るわけだし、多くの児童生徒の目にさらされるわけである。担当教員は、なんとか忘れ物をさせないようにとの願いがあるのかもしれないが、当該児童生徒はそのような気持ちになるよりも、毎日恥ずかしい思いを繰り返し、心に傷を受けているに違いない。心の傷は見えないだけに、教員もそのことに気づきにくい。結果的に心の傷を負わせるような安易な指導はあってはならないのである。

必要なのは、基本的生活習慣の確立であり、計画的で継続的な指導である。それには、準備がきちんとできるようにしたり、約束事などをきちんと守ることの大切さを自覚することができるような基本的生活習慣を育てる手立てが必要である。
家庭学習の習慣化については p.60参照。

家庭学習の習慣化については p.60参照。

第3章 こんなときどうする？ ポイントはここだ！

👉 POINT

◎「忘れ物をしないように」といった指導だけではなく、「連絡帳」など具体的な対策を講じてみる

◎何度も忘れ物をする子どもには、その要因があるはず。それを解明し、そこから直していくことが必要

×罰則や「忘れ物調査表」は、子どもの心を傷つけかねない

朝の読書活動を始めます!

➡ 読書の楽しみや必要性などの説明が必要
子どもにとって楽しい時間にすることが大切

質問例 「朝の読書活動」を毎日10分間、新たに始めることになりました。このことを児童生徒に伝える必要があります。あなたはどう指導しますか?

活字離れと読書指導

活字離れが指摘されて久しい。読書に喜びや楽しみを見いだす児童生徒よりもゲームやスマホ等に熱中する子どもが多く、読書に抵抗感をもつ子どもも少なくない。

新小学校学習指導要領「国語」では、各学年の「読むこと」に関する指導について、「読書意欲を高め、日常生活において読書活動を活発に行うようにするとともに、他教科等の学習における読書の指導や学校図書館における指導との関連を考えて行うこと」、学校図書館の活用に際しては、「本などの種類や配置、探し方について指導するなど、児童が必要な本などを選ぶことができるよう配慮すること」などと示されている。

読書の楽しみや喜びの発見と読書指導

楽しみや喜びを発見したりして子どもの感性を育て、表現力や想像力などを高め、人生をよりよく生きる上で、読書活動や読書指導はきわめて重要な役割を有している。

新小学校学習指導要領「国語」では、「読むこと」の目標を、第1・2学年では「言葉がもつよさを感じるとともに、楽しんで読書をし、国語を大切にして、思いや考えを伝え合おうとする態度を養う」、第3・4学年では「言葉がもつよさに気付くとともに、幅広く読書をし、国語を大切にし、思いや考えを伝え合おうとする態度を養う」、第5・6学年では「言葉がもつよさを認識するとともに、進んで読書をし、国語の大切さを自覚して、思いや考えを伝え合おうとする態度を養う」としている。

 活動の導入に当たっては、全校での指導をどう展開するかについて周到な事前準備が必要である。特に指導の在り方、読書の方法や場所、本の選定やその確保、読書後の指導や方法などのほかに、読書への抵抗感のある児童生徒の指導などについても対応策をいくつも想定しておく必要がある。なお、学校教育法の教育の目標(第21条5号)でも「読書に親しませ、生活に必要な国語を正しく理解し、使用する基礎的な能力を養うこと」と、読書の必要性や重要性を示している。

●学校司書

近年学校司書を配置する公立小中学校が増加しているが(令和2年度現在小学校69.1%、中学校65.9%)、児童生徒と本をつなぐ役割を果たす学校司書の必要性が高まっている。

発達段階により、多少「読むことの指導目標は異なるものの低学年の目標に示されているように、年少の時から楽しんで読書をすることや思いや考えを伝え合おうとする態度を、読書指導を通して身に付けさせるよう、子どもに読書習慣を育てていくことが大切である。

 ## 読書の楽しみとその重要性を伝える

読書活動のねらいや方法等については、学校全体で共通理解を図る。学級ごとに任せておくと内容によって温度差が生じることもあるので、学年会等で説明し調整を図る。また、説明には配布資料なども作成して丁寧かつ具体的に説明し、子どもたちが読書活動をイメージできるよう工夫することが大切である。

実施に当たっては、「読書嫌いの子」などもいることを前提に、きめ細かい配慮と指導が必要である。さらに、読書活動は国語の授業との関連があるものの、教科の授業とは異なることも説明しておきたい。学校教育法や「子どもの読書活動の推進に関する法律」及び「第四次子供の読書活動の推進に関する基本的な計画」等に触れることがあってもよい。

当然のことではあるが、授業前に行ったり、時には授業時間などの教育課程を一部変更したりする場合もあるので、ねらいや目標、具体的な方法、本の選定、図書館（室）の利用等について、事前に保護者会などで保護者にも説明しておくことが大切である。小学校などでは、教育ボランティアによる「読み聞かせ」などを導入している学校も増えている。将来そうした計画がある場合には、保護者会等であらかじめ依頼しておくことも考えられる。

2 読書活動では、子どもたちが、楽しみながら読書するといった活動になることが必要である。それにはこの活動に変化をもたせ、発展させていくことも必要である。朝の一斉読書のほかに、例えば図書委員などが中心となっての読書会の開催、ビブリオバトル、季節などのテーマを設けた図書コーナーの設置、読書感想文集の発行、感想文コンクールの実施、学級文庫の設置、読み聞かせ会の実施、親子読書会の実施などがある。

3 図書館との連携も必要である。学校図書館では、これまで以上に本の貸出しが円滑にいくように配慮したり、図書委員などの活動を活発化させる工夫も必要である。また、学校図書館の蔵書は限られており、子どもたちの読書ニーズに対応することは予算上も困難であることを考えると、地域の図書館や公民館等に学校への貸出しなどの協力をお願いすることも必要である。

第3章　こんなときどうする？　ポイントはここだ！

👉 POINT

◎「朝の読書活動」のねらいや方法などをしっかりと定めて継続することが必要

◎好きな本を選んで読書できるようにするなど、子どもにとって楽しい読書の時間にすることが大切

受験に向けた授業を!

➡ 学校教育の目指していることと、
塾や予備校のそれとは異なることを説明する

質問例
先生の授業は受験に役立ちません。もっと受験に対応した授業をしてくださいと児童生徒から要望がありました。あなたはどう対応しますか?

大学全入時代でも受験勉強

　大学は全入時代を迎えたとはいえ、有名国公私立大学などでは依然として競争倍率が高かったり、入学試験においてもレベルの高い問題が出題されたりするなど、全入とは程遠い状態にある大学も少なくない。「入りたい大学」に入るためには、受験のための勉強も欠かせないだろう。

　このようなことは大学ばかりでなく、有名国公私立の小中学校や高等学校などにもみられることである。そうなると、児童生徒はもちろんのこと、保護者の中にも受験に役立つ授業の実施を求める声が出てくることになる。

塾や予備校の教育と学校教育の違いを説明

　「もっと受験に対応した授業を」といった保護者や児童生徒からの要望を無視するわけにはいかないが、学校は塾や予備校のような受験のための授業に終始するわけにはいかない。

　多くの塾や予備校は受験勉強をすることが、有名国公私立の小中学校や高等学校あるいは大学に合格させることが目的である。しかし学校教育は、教育基本法に定められた教育の目的「教育は、人格の完成を目指し、平和で民主的な国家及び社会の形成者として必要な資質を備えた心身ともに健康な国民の育成を期して行われなければならない」（第１条）や教育の目標（第２条）の達成を目指して行われる。➡ さらに詳しくいえば、学校教育法にも教育の目的や目標が校種ごとに示されているので、これらの内容も踏まえて、学校が行う教育と受験勉強を目的とする塾や予備校

▶ 教育基本法第２条では、次のような教育の目標が示されている。追加質問では、教育の目的や目標、学校教育の目的や目標が問われることもある。

① 幅広い知識と教養を身に付け、真理を求める態度を養い、豊かな情操と道徳心を培うとともに、健やかな身体を養うこと

② 個人の価値を尊重して、その能力を伸ばし、創造性を培い、自主及び自律の精神を養うとともに、職業及び生活との関連を重視し、勤労を重んずる態度を養うこと

③ 正義と責任、男女の平等、自他の敬愛と協力を重んずるとともに、公共の精神に基づき、主体的に社会の形成に参画し、その発展に寄与する態度を養うこと

④ 生命を尊び、自然を大切にし、環境の保全に寄与する態度を養うこと

⑤ 伝統と文化を尊重し、それらをはぐくんできた我が国と郷土を

の教育との違いを押さえて回答すべきである。

児童生徒の特性や進路等に応じた指導も必要

　学校教育の目的や目標を踏まえ、多様な児童生徒の特性や進路希望等に応じた教育活動を推進していきたい。教育は本来、個々の子どもの特性を的確にとらえ、その発達や伸長を期し、進路などの自己実現を図る上での指導・援助を行うことが必要である。そのためには、例えば、多様な教科・科目を設け、生徒の特性や進路等に応じた適切な教科・科目の履修ができるようにすることである。

　また、高校の場合、多様な教科・科目を設置し、生徒が自由に選択・履修できるようにすることである。さらに、教科・科目の授業では、学習指導要領に示されていない内容を生徒の実態を踏まえ、付加して指導することも可能である。その際、教科・科目等の目標や内容の趣旨を逸脱したり、生徒の学習上の負担が過重にならないよう十分配慮する必要がある。

　なお、最近の大学入試問題は学習指導要領を大幅に逸脱した問題が減り、学習指導要領や教科書の内容を踏まえた「良問」が多い。したがって、特に受験のための授業を行わなくても、学習指導要領や教科書に準拠した授業を徹底すれば、それほど心配はないともいえる。しかし、今後は共通テスト問題に見られるような思考力・判断力・表現力等を発揮して解くことが求められる問題が重視されることから探究型の授業を心がける必要がある。

愛するとともに、他国を尊重し、国際社会の平和と発展に寄与する態度を養うこと

●ダメな考え方・対処法
　「そんなことは塾や予備校で勉強してきなさい」とか「学校は塾や予備校とは違うんだ」などと頭ごなしに言ったりしてはいけない。また保護者には、例えば、習熟度クラス編成や多様な選択科目の設置、進路実現に向けたガイダンス機能、進路指導部の取組みなど、児童生徒の進路希望実現に向けて学校が行っている様々な取組みについて説明する必要もある。

2 最近は、予備校とタイアップして、予備校の授業を学校内で実施している学校や、予備校へ教員が研修に出かけ、受験指導などを研修している学校もある。

📖 POINT

◎本来、学校教育と塾や予備校の教育の目的や目標は異なっていることをきちんと説明する

◎児童生徒の授業に対する要望に耳を傾け、授業を改善していくことも必要

◎児童生徒の進路実現に向けた指導も重要であるので、このことに配慮した指導も必要

×「学校は塾や予備校とは違うんだ」などと、頭ごなしに否定しない

第3章　こんなときどうする？　ポイントはここだ！

年度末までに教科書が終わらない！

➡ 今からでも目標到達できるよう努力を
授業実施の計画性の必要性や重要性も指摘する

質問例 丁寧に授業をしてきたこともあって、年度末までに教科書が終わりそうにない状況になったとしたら、あなたはどう対応しますか？

教科用図書を使用した授業展開

教科書とは「小学校、中学校、高等学校、中等教育学校及びこれらに準ずる学校において、教育課程の構成に応じて組織排列された教科の主たる教材として、教授の用に供せられる児童又は生徒用図書」とされている。また、学校教育法（第34条）では「小学校においては、文部科学大臣の検定を経た教科用図書又は文部科学省が著作の名義を有する教科用図書を使用しなければならない」とされ、この規定は、中学校・高等学校・義務教育学校・中等教育学校及び特別支援学校においても準用される。▶

当然のことながら、普段の授業は学習指導要領に基づいて実施されているため、学習指導要領に示された教科・科目の内容は、定められた年度に修了することになるから、学習指導要領に基づいて作成された教科書の内容も原則として完結することが必要である。

学習指導計画の作成と確認

年度末になり、授業時間が不足して教科書が全部終わらないといったことを耳にすることもないわけではない。もちろん程度の問題はあるが、「授業時間が足りない」からといって、教科書の内容が学習されなかったということは許されないことである。▶

というのは、教科書の内容をすべて修了しないということは、学習指導要領に定められた内容を学習しなかったことを意味する。授業は「教科書を教える」のではなく「教科書で教える」ともいわれるが、教科書の内容が多く残っ

1 ▶ **デジタル教科書**は、パソコンやタブレット端末で利用する。学校教育法の改正で2019年度から使用が可能となり、2021年度から各教科の授業時数の2分の1未満とされていた制限が撤廃されたが、文科相は当面、紙の教科書との併用となるとした。

2 ▶ 授業の実施に当たっては、学習指導要領に示された内容をもとに、児童生徒の実態、学校の実態、地域の実態などを踏まえることも必要である。そしてこれらの内容をもとに、年間指導計画・学期間指導計画・月間指導計画・週間指導計画を作成し、これらの進行計画を踏まえて本時の指導計画が作成され、授業の実施となる。このように、毎日毎日の授業はきわめて計画的に実施されることが必要である。

3 ▶ 教員には子どもたちに、授業の量的保障と

たままになるといったことは決してよいことではない。[3]

そもそも、授業は、その内容や配当時間などを十分配慮して年間指導計画を作成する。それをもとに、学期や月間の指導計画が作成され、最終的には週案や日案が作成されて授業が実施されるものである。質問例の場合は、このような計画的な授業がなされていなかった結果といえる。計画性のなさを「時間が足りない」といって弁解することは許されないことである。

実際には、年度の最後の最後にならないと気がつかないわけではない。ある程度のところまで来れば、残余の授業時間から見通しがつくはずである。途中からでも、授業の進行を工夫して、最終目標まで到達するように努力する必要がある。それでも最後まで終わらない場合には、ワークシートなど作成して課題として残った部分の学習を進めたり、補習等の時間が取れればそこで学習を補うことも考える。その一方で、終わらなかった理由やその対応策などをきちんと児童生徒や保護者に説明する「説明責任」も果たさなければならない。

教科書検定への理解

我が国では、教科書は検定制度のもとに作成され、実際の学校で使用されている。この制度のねらいは、正確で客観的で公正さが保たれているか、教育的な配慮がなされているかなどを調査し、学校教育の全国的な水準を維持し、教育の機会均等を保障し、教育の中立性を保持し、適正な教育内容を維持していくことなどにある。[4]この趣旨も十分に踏まえ、計画的な年間指導をする必要がある。

質的保証をしていく責務がある。「丁寧に授業を実施したから時間が不足して教科書の最後まで到達しなかった」というのは、授業の量的保証をしなかったことになる。当然授業を実施しなかった内容についての質的保証もできなかったことになり、教員としての十分な責務を果たさなかったことになる。

[4] 本文にあるような教科書の検定制度についても理解しておくことが必要であるが、授業でよく使用されている補充教材・補助教材などについても問われることがある。教科書以外に使用する補充教材・補助教材は、学校教育法第34条第4項で「教科書及び第2項に規定する教材以外の教材で、有益適切なものは、これを使用することができる」としている。なお、その購入に当たっては、保護者の経済的な負担についても十分配慮する必要がある。

第**3**章 こんなときどうする？ ポイントはここだ！

POINT

◎今からでも最終目標まで到達できるように努力する
◎年間指導計画や学期・月間指導計画、さらには週案や日案などの作成に触れ、授業実施の計画性の必要性や重要性を指摘
◎学習指導要領と教科書検定制度に基づいて教科書の重要性を指摘
×努力もせずにあきらめてそのままにしておいてはいけない

家庭での学習習慣が身に付いていない！

➡ 家庭での過ごし方を
保護者の協力のもとに改めて見直してみる

質問例　あなたの学級には家庭での学習習慣が身に付いていない児童生徒がいます。あなたはどう指導しますか？

ゲームやスマホに熱中する子どもたち

　帰宅しても、すぐにスマホやゲームや漫画などに熱中したり、部活動を遅くまでやって帰宅すると何もせずにすぐ寝てしまったり、休日も机に向かおうとせずにぶらぶら過ごしたりするなどして、家庭での学習に取り組まない児童生徒も少なくない。このままでは心配だという保護者も多い。また、宿題や課題などを出してもきちんとやってこなくて困っている教員も多いのが現実だ。

　学習は学校だけで完結するものではない。家庭などでも予習や復習をはじめ、宿題や課題などに取り組んだり、興味や関心のあることを探求したりするなど、家庭学習の習慣を身に付けることは必要なことである。❶

子どもたちの実態の説明が必要

　宿題をきちんとやってこないと実感していたら、保護者に児童生徒の実態を話すことも必要である。放課後に塾や予備校に通ったり習い事などをしたりして帰宅がいつも遅くなる子どもたちの場合は、勉強しているのだという安心感があるが、机に向かうことなくゲームや漫画などに熱中している子どもの保護者の心配は大きいかもしれない。

　ある教育研究機関の調査によると、家庭での学習について、学校で出された宿題をきちんとやる子どもや、嫌いな科目の勉強も一生懸命する子どものほうが、テストの正答率は高くなるという。

　テスト結果だけが学力とは言い難いところもあるが、家庭学習の習慣化は学力向上に無関係ではなさそうだ。家庭

❶　家庭での学習の習慣化を目指し、子ども用の「家庭学習の手引き」を作成して配布している学校もある。そこには、低学年の子どもでもわかるように、大きな字で「宿題がある時はまず宿題を済ませましょう」「毎日30～40分勉強をしましょう」などと記されている。また、そこには具体的に毎日取り組むべき学習内容も示されている。「宿題をやってこなくて困る」と嘆くのではなく、このような具体的な手立てを講じることも必要である。

●ダメな対処法・考え方
　家庭学習は家庭の責任だなどといって片づけてはいけない。家庭学習については、保護者の協力も得ながら、その習慣化を図っていく努力をすることが教員にも求められている。家庭学習の課題や宿題などについてはそのねらいなども含め、保護者会などで方針や保護

学習の計画的で意欲的な取組みの必要性が見いだせる。

 家庭学習の習慣化を図る取組み

　文部科学省が発表した全国学力・学習状況調査の結果（令和5年度）では、学校が休みの日に、1日当たりの勉強時間（学習塾で勉強している時間や家庭教師の先生に教わっている時間、インターネットを活用して学ぶ時間も含む）が長い児童生徒ほど、教科の平均正答率が高い傾向が見られた。また小学校では、学校の授業時間以外に、普段（月曜日から金曜日）の1日当たりの勉強時間が長い児童ほど、教科の平均正答率が高い傾向が見られた。このようなことを踏まえると、**家庭での学習の習慣化を図ることは重要だといえる。**🅱️そうすることによって、学校で学んできたことをより広く、より深く、より高く学習していこうとする意欲が高まっていくことが期待されるのである。その意味では、教員がこのようなことについて、保護者会などで説明をして、家庭での協力をお願いすることも必要である。

　なお、平成29年（高等学校は平成30年）告示の学習指導要領「総則」では、学習習慣を確立することの重要性が指摘され、家庭との連携を図り宿題や予習・復習など家庭での学習課題を適切に課すなど家庭学習も視野に入れた指導を行う必要があるとしている（小中学校も同様）。

者の役割などを説明しておく必要がある。

🅱️ 家庭学習の結果などについても、保護者も教員もまずは「よくできたね」「よく頑張ったね」「ここはすごいね」などと、その成果をほめたり認めたりすることが大切である。子どもに達成感や成就感を味わわせることで、学習への意欲や関心なども高まるはずである。

●こんな質問が来る！

　子どもの放課後や休日などの塾や予備校通いについての考え方を問われることもある。

　今や、塾や予備校の存在は無視できない状態であることを踏まえて、学校での学習を何より大切にすることの必要性や、塾や予備校での学習がその子どもの実態に本当に合っているかどうか、塾や予備校での学習や通うこと自体が過重な負担になっていないかなどのアドバイスや指摘が大切である。

第3章　こんなときどうする？　ポイントはここだ！

📌 POINT

◎家庭学習の習慣化が学力向上につながるなど、保護者にもその重要性を理解してもらい、協力を依頼する

◎学校での様子について話し合う機会を増やすなど、家庭で子どもとのコミュニケーションの機会を増やすよう促す

×子どもに単に「家でも勉強しなさい」と言うだけでは効果はない

★ ★ ★

場面 6 授業に遅刻して入ってきた！

➡ 時間を守ることの大切さを
児童生徒自らが納得したり理解したりする指導を

質問例 授業中に遅刻をして教室に入ってきた児童生徒がいました。あなたはどう対応しますか？

多くの学校で抱える遅刻指導

遅刻防止などを目指し、児童生徒の登校時に校門や昇降口などに教員が立って、児童生徒に笑顔で元気に声をかけてあいさつをしている姿も見受けられる。[1]

このような取組みの継続が、遅刻してくる児童生徒を減少させていることも事実ではあるが、毎日のように数名の子どもが遅れて登校してくる学校も少なくない。中には、遅刻の常連もいたりする。すでに授業などは始まっており、遅刻してきた児童生徒は教室に遅れて入っていくことになる。

遅刻の理由に基づく対応

遅刻して教室に入ってきた児童生徒がいたら、まずは声をかけて理由を聞くことである。[2]授業はもう始まっているため詳しく理由を聞いている時間はないが、例えば「電車の信号トラブルで20分も遅れてしまった」というように、登校途中で何らかのトラブルに巻き込まれたり、出がけに家庭の都合で弟や妹を保育園に連れて行かなければならなくなったなど、どうしても登校前に用を足さなければならなくなることもある。

ここで大切なことは、**遅刻してきたその理由に基づいて適切に対応する**ことである。[3]そして、避けなければならないことは、**教員の思い込みや先入観**などで、児童生徒が寝坊したりするなど怠けて遅刻したと判断し、一方的に叱ったり怒鳴りつけたりすることである。

[1] 校門や昇降口での教員による遅刻指導は、今日一日の始まりの子どもたちへのあいさつや一人ひとりの児童生徒の体調などを把握するといった役割もある。しかし、十分配慮しなくてはならないのは、子どもたちへの安全確保の視点である。先生が校門に立っているからと慌てて走り出して交通事故に遭ってしまうこともある。かつて遅刻者を取り締まろうとして、教員が校門を閉鎖しようとしたところ、そこをくぐり抜けようとした生徒が校門の壁と門扉とに挟まれて死亡するといった事故もあった。

[2] まずは児童生徒の声に耳を傾けるという態度が必要である。先入観などで一方的に叱り飛ばしたり、「また遅刻か!!」などと子どもの立場に立たない配慮に欠ける言動にも、十分注意したい。

時間にルーズな者や遅刻常習者への対応

　問題なのはたびたび遅刻してくる児童生徒や、時間の観念が乏しく時間をきちんと守ることのできない子どもたちへの対応である。

　このような児童生徒は、授業が始まっている教室へも悪びれずに入ってきて、近くの席の児童生徒に話しかけるなど、授業にも熱心に参加してこないことも多い。

　そのような子どもであっても、遅刻してきた理由をきちんと聞くことが必要である。たびたび寝坊で遅刻してくる児童生徒であっても、その日はやむにやまれぬ理由である場合もあるからだ。

　しかし、**遅刻の理由**が、時間を守ることにルーズであったり、学校生活全般にいい加減なところが目立ったり、日頃から学業が不振で学習意欲に欠けているといった場合には、当然対応は異なってくる。もちろん遅刻してきたその授業中に時間をかけて指導することは困難であるから、授業が終わった後の休憩時間や昼休みあるいは放課後に当該児童生徒を呼び出して**個別指導**を行うことになる。中学校や高等学校の場合は特に担任とも連携して行うことが大切である。

　個別指導では、**学校の遅刻指導の規定や時間を守ることの大切さ**などを指導することも必要であるが、遅刻を多くさせている要因の解決に向けた指導がきわめて重要であり、本人としっかりと話し合う時間をもつことである。[4]さらに、この課題の解決のためには**家庭との連携**も必要であり、家庭での生活の様子や保護者の対応の在り方についても、保護者と話し合う必要がある。

[3] 「校則にあるから」「規則だから」といった画一的な指導や対応は避けなければならない。校則や規則は最終的なよりどころである。むしろこの校則や規則などが定められている理由やそのねらいなどを児童生徒が十分納得したり理解したりする丁寧な指導を重視する必要がある。

●遅刻指導の例

　ある学校では、授業の開始のチャイムだけでなく、その前に予鈴を流したりしている。うっかり防止や授業の準備などにも効果的だという。

　また、一切校内のチャイムを鳴らさずに時間管理の意識を喚起する取組みもある。

[4] 学習意欲に欠けたり、授業がわからないなどによって授業から徐々に遠ざかろうとする気持ちが遅刻を生み出す要因になっていることもある。このことを踏まえると、わかる授業・楽しい授業へと授業を改善していくことも必要である。

第**3**章　こんなときどうする?　ポイントはここだ!

👉 POINT

◎遅刻してきた児童生徒には、その場で遅刻の理由を聞く。理由によって指導や対応は異なってくる

◎寝坊などの理由であれば、個別指導が必要

×理由も聞かずに先入観で叱り飛ばしてはいけない

場面 7

授業中に寝ている！

➡ 体調不良？　学習意欲の喪失？
児童生徒に声をかけて体調を確認

質問例　授業が始まっても、うなだれたように机に顔を伏せたままの児童生徒がいます。あなたは担任としてどう対応しますか？

中高校生の3割が「昼間からウトウト」

昼間の眠気は、学習効率を下げ、健康にも悪い影響を与えることが指摘されている。「昼間からウトウト」の背景には、「わからない授業」「楽しくない授業」や、部活動の疲れ、夜更かしなどによる就寝時間の遅れ、不規則な食生活等日常の生活習慣の乱れなども考えられるが、これらを含めた健康生活や健康教育の見直しも必要である。[1]

それにしても、授業が始まってもうなだれるように机に顔を伏せたままの児童生徒がいたら、それを無視して授業を続けるわけにはいかない。[2] 前述のようなこととかかわっているのか、あるいは授業に興味や関心がもてないのか、学習内容がわからないのか、様々な要因が考えられる。まずは、机間指導（巡視）などして声をかけてみることだ。

机間指導で体調をチェック

児童生徒の管理責任のある教員として、まず配慮しなければならないことは、この児童生徒の健康状態である。机間指導（巡視）を行い、「Aさんどうした？」「体の具合の悪いところでもあるの？」といった具合に声をかけることがまず必要である。[3]

もし、体調が不良であれば、保健委員に保健室に連れて行ってもらい養護教諭に診てもらうことだ。この場合は、授業終了後、養護教諭にこの児童生徒への対応の結果を聞くとともに、担任にも状況を話し、取られた措置について連絡することは不可欠である。養護教諭の報告によっては家庭に連絡し、校医や医者に診てもらうこともある。

[1] ある調査報告によると、高校生が居眠りをしてしまうのは授業中で（80.0%）、「現代文」「数学」（ともに37.7%）などの時間が多く、「お昼の後の授業」（78.7%）、「嫌いな科目の授業」（52.7%）のある時に眠くなるという。

[2] 授業が始まってもうなだれるように机に顔を伏せたままの児童生徒がいたら、それを無視しないこと。また、そのような態度をとる要因がいくつか考えられることを指摘する。

[3] 児童生徒の健康・安全が第一であることを踏まえ、体調を気遣うことをまず述べる。

[4] 多くの場合は、学習意欲の喪失が背景にあることを指摘する。まずは「授業規律」を守らせる指導を行うとともに、多様な児童生徒がいることを前提に、指導内容や方法の改善などを図り、「授業力」を高める努力が教員に

「授業規律」は厳しく指導

体調が悪いわけでもないのに授業が始まってもうなだれるように机に顔を伏せたままの児童生徒には、姿勢を正させ、教科書やノートを開くなど、授業を受ける際の基本的な態度をきちんととらせるなど、「授業規律」を指導すべきである。**授業のもつ厳しさや緊張感あるいはルールやマナーなどの指導が必要である。**④

厳しく指導することが必要ではあるが、その対応は丁寧にすることが大切である。「指導は厳しく、対応は優しく」が原則である。そして、授業への参加のきっかけを与えるようにする。例えば、その児童生徒のいる列の一番前に座っている人から順番に教科書や配布したプリントなどを読んでもらったり、資料からわかったことを発表してもらったりすることだ。机に顔を伏せたままの児童生徒も起きざるをえない状況をつくり出すのである。

学習意欲の低下や学業不振への対応

授業への参加意欲が低い児童生徒については、その要因を明らかにして対応することが必要である。授業への興味や関心が低かったり、学習内容が十分理解できずに学業不振に陥っていることが要因になっていることも多い。**授業への興味・関心や学習意欲が高まらないことの要因については、その児童生徒から話を聴く機会をもつことである。**そして、自己実現に向けて、今しっかりと学習に取り組むことの必要性を児童生徒自らに気づかせ、授業に積極的に参加する態度を育んでいくことが必要である。⑤

は常に求められていることも押さえておきたい。

●こんな質問が来る！
「授業力」を高めるための具体的な方策を問われることもある。
- 多様化した児童生徒に対応した多様な授業方法の導入
- 能力などに応じた複数のワークシートなどの教材準備
- 「わかるまで指導する授業」の必要性

⑤ またその一方で、「教員は授業で勝負する」「授業は教員の命」ともいわれているように、授業は教員にとってきわめて重要な職務である。多様化した児童生徒への「授業力」を高めるために、児童生徒による授業評価などをも踏まえ、指導内容・方法の創意工夫や授業改善を図ることは欠かせないことである。「昼間からウトウト」の背景には「わからない授業」「楽しくない授業」への反発があるのかもしれない。

POINT

◎特段のことがなければ「授業規律」を指導
◎学習意欲などの低下の場合は、児童生徒との話し合いの機会をもつとともに学習意欲を高めるような授業内容や方法などの改善を図り、指導の個別化を図る
×理由も聞かずに、頭ごなしに怒鳴りつけたり怒ったりしない

授業中にスマホをいじっている！

場面 8

★ ★ ★

➡ 見逃すことなく発見したら直ちに注意！
授業終了後に改めて個別指導する

質問例　授業中にスマートフォンや携帯電話をいじっている児童生徒を見つけました。あなたはどう対応しますか？

 ### 様々な問題が生じている子どものスマホ利用

　最近では、子どもたちの間にもスマートフォン（スマホ）が急速に普及している[1]。

　それに伴って、授業中に着信音を鳴り響かせてほかの児童生徒にも迷惑をかけたり、頻繁にメッセージを送受信するなどして学習に集中しなかったり、出会い系サイトにアクセスして氏名や住所などの個人情報を知らせたり、有害サイトにアクセスし不当な利用金を請求されたり、代金が払えなくて恐喝や強盗などの犯罪を犯したり、SNSによるいじめに加わったりするなど、児童生徒の健全育成を阻害する様々な問題が生じている[2]。

 ### 発見したら直ちに注意を

　授業中にスマホ等をもちだしていることを発見したら、見過ごすことなく、直ちに注意をする必要がある。

　スマホ等を学校にもってくることを禁止している学校や学校での使用を認めていない学校では、それに関する規則やルールを定めている学校がほとんどであるから、その規則やルールに従った対応を毅然とした態度で行うことだ[3]。規則に規定されていれば、当然その場で一時預かることもある。「ダメなことはダメ」と、「授業規律」を厳しく指導することが重要である。

　また、当該児童生徒は、授業に集中するどころか、ほとんど参加していない状態であることも考えられる。授業に合わせて教科書のページが開かれているか、ノートの準備ができているかといったことにも合わせて着目し、授業へ

[1] 日本スマートフォンセキュリティ協会の2022年「中高生スマホ利用傾向調査レポート」による各端末の利用状況によると、小学生（6年生）・中学生（3年生）・高校生（3年生）の順に、スマホ64%・83%・96%、ガラケー（フィーチャーフォン）12%・9%・7%、タブレット17%・25%・19%、いずれも利用していない23%・9%・1%となっている。

[2] インターネットの利用も急速に進んでおり、保護者や教員の知らない世界が子どもたちの間で広がっている。最近のニュースなどでも、ネット上の誹謗や中傷によるトラブル、SNSいじめやSNSを通じた誘拐等が大きな問題となっている。
　面接では、学校はこうした課題や問題から一人ひとりの児童生徒の安全を確保し、健全育成に努めることの必要性を述べることも質問によっては必要である。

の参加を促す指導も必要である。その際、「指導は厳しく、対応は優しく」の指導原則を忘れてはいけない。

スマホ等利用の規則やルールを丁寧に指導

その場だけでは時間も限られており、ほかの児童生徒もいたりすることを踏まえると十分な指導はできない。そのため、当該児童生徒と授業終了後の休憩時間や放課後に面談を行うことが必要である。それは、教員からの指導に対する本人の十分な理解や納得が欠かせないためである。

この面談は、授業中にメールをしていたことを叱責することが目的ではない。学校でのスマホ等利用の規則やルールを丁寧に指導し、規則やルールを守ることの必要性や重要性を本人自らが納得し理解をすることが大切なのである。しかし、これだけでは指導としては不十分である。児童生徒個人が抱える問題もあるはずであり、**個別的な課題への対応も必要**なのだ。

それには、本人から「なぜ授業中にスマホを使っていたのか」といったことについて、教員はよく聴くことである。教員が想定していない背景や要因などがあることも少なくない。

スマホを使っていた要因として、たとえば、授業に興味や関心がもてない、授業がわからない、メッセージの送受信を友達から強要されているなどといったことも考えられる。このようなことになると、注意して終わりとはいかなくなる。それらの課題に向けた対応策を時間をかけて、本腰を入れて練っていく必要がある。[4] (P.235参照)

[3] スマホ等の利用方法などについての規則やルールの策定に当たっては、児童生徒自身にも学級活動や道徳科等の時間を活用して話し合わせる機会を設けるとともに、保護者などの意見を十分に聴くことが必要である。

●こんな質問が来る！
スマホ等の着信音が授業中に鳴った場合の対応や、スマホ等を学校にもち込むことの是非についての質問が予想される。

[4] 学校は保護者などとも連携し、「出会い系サイト」などによる、児童買春等の犯罪から子どもたちを守るために、取り締まりや法的規制の強化などを関係諸機関に要請することも必要である。なお、「出会い系サイト規制法」は平成20年に改正され、事業者に対する規制が強化された。

☞ POINT

◎「発見したら直ちに注意」といった見逃さない指導が必要
◎授業中にスマホを使っていた理由を探るため、授業終了後の個別指導が不可欠
◎スマホ等利用の規則やルールを丁寧に指導
×多くの児童生徒の前で怒鳴ったり叱りつけたりしないこと

場面 9 授業中のおしゃべりが止まらない！

➡ 特定の子どもなら個別指導を
クラス全体の場合は、教員の指導力不足

> **質問例**
>
> 授業中おしゃべりをしている児童生徒がいます。注意をすると
> しばらくは静かになりますが、またすぐにおしゃべりが始まり
> ます。このような状況で、あなたはどう対応しますか？

モラルの低下だけでは済まされない

授業中の私語は、小中高校のみならず、大学においても問題になっている。[1] この質問例の場合、教員が何度も注意をしていることを踏まえると、児童生徒は授業に集中どころか参加もせず、まったく周りが見えなくなっており、おしゃべりに熱中している状況である。公と私の区別なく、他人のことなどまったく気にせずに自分たちの世界にどっぷりとつかっているようである。モラルの低下だと嘆いてるだけでは、事態の解決には至らない。[2]

優しく声かけをして「学習モード」への転換を図る

授業中のおしゃべりを大きく分けると、特定の児童生徒がいつも行っている場合と、誰ということなくクラス全体のあちらこちらでおしゃべりが続いている場合とがある。

前者の場合は、当該児童生徒に対して、大きな声で怒鳴ったり、授業を受ける気持ちがないなら出て行きなさいと叱りつけたりする対応では、根本的な解決になることはない。といっても、今は授業中であり、この子どもにだけかかわっているわけにもいかない。

まずはおしゃべりをし続けている児童生徒の席に行って、「A君、Bさん、今日の授業はどこからわかってるかな？」などと声をかけつつ、本時の授業の内容に関連した教科書のページが開いているか板書事項がノートにきちんと書かれているかなどの確認を行い、もしそれがなされていないようであれば、一緒に確認しながら、教科書を開かせたりノートを取らせたりするようにするなどして、

---

[1] 授業中のおしゃべりは教員にとって不愉快なことだが、授業に熱心に取り組んでいるほかの児童生徒にとっても迷惑なことである。

厳粛な式典などでも、来賓のあいさつなどを聞こうともせずにおしゃべりを続けて会場が騒然となっている学校もあるが、社会性に欠け自己中心的な態度が本人の自覚のないままに身に付いてしまっているようである。モラルや道徳心などを育む教育を、一層重視していくことも重要である。

[2] 授業中の「私語」が生じる背景には、「個人内要因」と「環境的要因」がある。

「個人内要因」に対しては前述のようにカウンセリング・マインドの視点に立った個別指導が必要である。

「環境的要因」に対しては、「ダメなことはダメ」といった厳しい授業規律を確立することや席替え等を行うことも必要である。

「さあー、少し頑張ってみようね」などと話しかけ、「おしゃべりモード」から「学習モード」へと切り替えさせる指導をすることが必要である。さらに、授業の進行中も、A君やBさんへの質問をしたり、教科書を読んでもらったりする。答えられたり、きちんと教科書が読めたりしたら、ほめたり励ましたりすることも忘れてはいけない。

おしゃべりを続ける要因の把握と解決が必要

　さらに、授業中のおしゃべりの要因や背景を把握しその根本的な解決を図るために、放課後の時間などを利用して、当該児童生徒と話し合ってみることが必要である。「先生の授業はわかりにくい」「授業がつまらない」といったことであれば、このことを謙虚に受け止めて授業改善を考える必要がある。また「なんとなく勉強する気持ちがわいてこない」「なんのために勉強するのかわからない」といったことについては、じっくりと時間をかけて、学習や進路の目標などをもつことができるように継続的な指導が必要になってくる。**❸**

クラス全体が騒々しい場合は「指導力不足」

　授業中あちらこちらでおしゃべりが見られる場合は、教員の指導力が問題である。おそらくこの教員は、おしゃべりなどを無視して授業を進めており、また、子どもたちも教員の「指導力」を甘く見ている（教員が甘く見られている）と考えられる。児童生徒不在の授業であり、指導力不足の教員といわざるをえない。こうなると「指導力」を改善していく具体的な研修などが必要になってくる。**❹**

❸ 特定の子どもがおしゃべりを続けている場合は、その児童生徒固有の課題があるはずである。授業に対する子どもの気持ちや思いを改めてしっかりと聞いてみると、児童生徒の本心が出てくることも多い。それを真摯に受け止め、授業内容や方法の改善を図っていくことが必要である。なお一層、児童生徒のニーズに合った授業の展開が求められるのである。

❹ 「指導力不足の教員」は「授業力不足」でもある。授業力は、教員の統率力、使命感や意欲や熱意、児童・生徒理解を基盤として、教材開発力、指導技術力、指導計画や評価計画作成力などに支えられている（p.255参照）。おしゃべりが続く授業は、これらの要素が欠けているためである。自らもこのことを踏まえて「授業力」向上を目指す意気込みを面接で語ることも必要である。

第**3**章　こんなときどうする？　ポイントはここだ！

👉 POINT

◎そっと近づき、優しく声かけをして「学習モード」へ転換を図る

◎個人面談を行い、要因や背景を明確にして解決を図る

◎クラス全体が騒々しい場合は、教員の「指導力不足」が問題

◎いずれの場合も「授業改善」が必要

×叱ったり、怒鳴ったりの繰り返しだけでの解決は困難

授業中にまつ毛の手入れに熱中！

➡ 見逃すことなく、何気なく近づいて注意をすることが必要

質問例 授業中にまつ毛の手入れに熱中している生徒がいました。あなたはどう対応しますか？

モラルやマナーの低下

最近の若者、特に女子高校生は、電車などの公共の乗り物の中で、大きな鏡を取り出して一生懸命アイラインやまつげの修正などをしていることがある。しかしこれは、女子高校生に限ったことではなく、OLなどの姿もよく見かけるようになった。今や、電車内での化粧はある意味では特異な現象ではなく、見慣れた一般的な光景になりつつあるともいえる。▶

このような電車内での化粧のほかにも、電車の床へ座り込んだり、スマホの大きな着信音が鳴り響いたり、大きな声で通話したりするなど、**電車内でのマナーやモラルや規範意識の低下**が見られる。「ウチ」と「ソト」、「私」と「公」の区別がなくなりつつあると指摘する人も多い。

このような現象が見られる社会で生活する若者が中学校や高校に通ってくるわけであるから、授業中に手鏡を出し、まつ毛の手入れに熱中する生徒がいることも十分予測されることである。

何気なく近づいて注意

電車の中での化粧には賛否両論があるが、それが、**電車の中ではなく授業中に行われていたとしたら、モラルやマナーの低下だけでは済まされない**。というのは、授業は一定の目標やねらいのもとに行われている活動であり、そこから離脱することは原則として許されないのである。また、教員にはすべての児童生徒に授業の目標やねらいに到達させる責務があるのである。

1 公共の場は私的な自室とは異なり、そこにはルールやマナーあるいはモラルといった観点から自由な行為にいくらかのブレーキがかかる。しかし、最近の若者は、「ウチ」と「ソト」との区別がつかなくなった結果として、一向に周りを気にすることなく平気で電車内でも化粧をする。しかしその一方で、最近の若者の化粧そのものについての考え方が変化してきていると指摘する人もいる。

●学級活動を利用して

電車内でのマナーやモラルについては、学級活動（ホームルーム活動）や道徳科等の時間で生徒同士で話し合わせてみてもよい。

2 その場での注意を行う際には、決して大声を出すなどして「そこのＡさん！何してるの？そんなことしたってキレイにはならないよ」などと相手の心を傷つけるようなことを言ってはいけない。む

授業中にそのような行為が行われているのを見つけたら、教員はまずはやめるように注意することが必要である。電車の中で見慣れた行為であるからといって見逃すわけにはいかない。

できれば授業中に当該生徒のところに何気なく近づいて注意するとよい。[5]そして、授業終了後の機会をとらえて、まつ毛の手入れなど化粧に熱中して授業に集中できないことについて、当該生徒と**時間をかけて話し合う機会をもつ**ようにする。

 授業に集中できない要因の解明とその解決

個人面談の時間を設け、授業に集中できない要因を聴くわけだが、そこでは、「もっときちんとした態度で授業を受けるべきだ」とか、「授業中にまつ毛の手入れをするなどもってのほかだ」などと叱責するのではなく、これまでの授業をはじめとした学校生活や家庭での生活あるいは友人関係や将来の進路希望など様々な側面からの生徒の声を聴くことが必要である。[3]そして、**生徒自らが授業を大切にすることの重要性や学習への意欲的な取組みの必要性を自覚する**ことができるようにしていくことである。

決して表面的な見える部分だけの指導に終始することなく、むしろ見えない部分を見えるようにしていくこと（見える化）が求められる。ここでは、「授業中にまつ毛の手入れをしている」ところは見える部分であるが、「なぜ授業中にそのようなことをするのか」といったところは見えない部分である。この見えない部分について話し合い、それを明らかにしていくことが必要である。

しろ、さりげなく注意するほうがよい。だからといって、それだけにしておくのではなく、授業終了後にさらに指導を継続していく必要がある。というのは、本文にも示してあるように、そのような行為をする要因や背景が必ずあるから、それを見つけ出して解決していくことが大切だからである。

[3] 個人面談では、カウンセリング・マインドの観点に立って、生徒の話に耳を傾けることが必要である。ここでは、教員が話すことよりも、生徒に話させることが重要であり、そこから生徒自らが解決の糸口を見つけ出し、授業にしっかりと参加していくことの大切さを自覚することが重要なのである。

第**3**章 こんなときどうする？ ポイントはここだ！

POINT

◎授業に集中していない状態であるが、そこには必ずそうさせている要因がある
◎授業に集中できない要因を面談などを通して解明
×その場で化粧をやめさせるだけでは根本的な解決にはならない

★★

場面 11 授業中に立ち歩いている！

➡ まずは声をかけて着席させ、教科書などを開かせ
その後、授業に集中できない要因や背景を探る

> **質問例** 授業中に落ち着かずキョロキョロしたり立ち歩いたりする児童
> 生徒がいます。あなたはどう対応しますか？

 授業に欠かせない集中力と授業の改善

　学習活動が展開される上で欠かせないことの一つが「児童生徒一人ひとりの授業への集中力」である。❶

　集中力を高めるには、児童生徒の実態を十分踏まえ、児童生徒の興味や関心を高める教材の工夫や準備、指導内容や方法の常なる改善が必要である。特に今日の児童生徒の興味・関心、能力・適性、進路希望などがきわめて多様化していることを踏まえると、画一的で硬直的な授業や、**教員中心の教え込む授業**などは、もはや今日的な授業のスタイルでないことは明らかである。❷

　児童生徒が課題を発見し、その解決に向けて自ら学び自ら考える**アクティブ・ラーニング（主体的・対話的で、深い学び）**を導入するなど、自己の存在感や成就感などを実感できるような授業を展開していくことが大切である。❸

 まずは着席させて学習への参加を促す

　授業中にキョロキョロとよそ見をしたり、立ち歩いたりする児童生徒は、授業に興味や関心を示さず、授業以外のことに目が向いており、授業への集中力は欠如してしまっている。❹このような児童生徒には、まずは着席させ、授業に参加するように促すことが必要だ。

　そして、授業に参加するように、**教科書を開かせたりノートを取らせたりする**などの丁寧な指導を心がけたい。できれば、「ノート、きれいに書けているね」「おっ！教科書の大切なところをちゃんとマーカーしてあるなあ、よくわかっているじゃないか！」などと、何かほめてあげられる

❶ 多くの学校では、児童生徒は静かに授業に参加し、授業中に立ち歩くといったことはあまり見られないことであるが、児童生徒への指導が課題になっている学校もある。集中力を維持したり高めたりするために30分授業を導入する学校もある。

●多様な学習形態

　学習形態は着目する観点から多様に分類できる。集団規模からは、個人・ペア・グループ・全体学習に分類できる。

　学習ペースからは個別と一斉学習に分けられ、学習目的からは、協働学習・交流学習・集合学習などに分類。

　さらに、ICTを活用して遠隔地をSNSやビデオ会議システムで結ぶ遠隔学習もある。コロナ禍で求められたオンライン授業は遠隔授業の例。反転学習も注目される。

　新学習指導要領で求められるアクティブ・ラーニングや探究学習等は個別学習の一つである。

ことを見つけ、気持ちを学習へと向かわせるきっかけや機会を与えるとよい。**学習への参加を促す手立てを工夫することが大切**である。

決して、「ちゃんと席についていなさい！」「それが授業を受ける態度か！」などと、叱りつけたり怒鳴ったりしてはいけない。そのように叱りつけても、根本的な解決にはなっていないことを十分承知しておきたい。

 ## わかるまで指導する個別指導が必要

このような事例の場合、その場だけの指導で終わってはいけない。このような児童生徒には、**授業に集中できない要因や背景**が必ずある。その要因や背景の解決抜きでは、この課題の根本的な解決は難しい。十分な時間を取ってこの児童生徒との面談を繰り返し、教員が児童生徒とともに解決の方向を見つけていくことが必要である。

学習内容がわからず授業についていけなくなった、将来の進路に目標がもてない、友人関係が原因で生活のリズムが変化してしまった、家庭の環境が変化したなど、その要因や背景には様々なことが考えられるが、それぞれの要因や背景に対応した適切な指導が求められる。

例えば、学習内容がわからず学習についていけないといったことから、授業への興味や関心などを失ってしまっている場合では、低い階段を設けてそれを一段一段上っていくという**個別的な再指導や追指導などの補習**が必要になる。そして丁寧に**わかるまで指導**することである。

❷ これまでの授業は教室の中だけで完結しようとする傾向があったが、児童生徒の興味や関心、学習意欲などを高めるためにも地域や関係諸機関と連携し、自然体験・社会体験・生活体験などの体験学習を推進することも必要である。

❸ 最近は、主体的・協働的に学ぶアクティブ・ラーニングが重視されている。(参照p.259)

❹ 児童生徒の中には、注意欠陥／多動性障害（ADHD）がある場合もある。このような場合には実態把握を様々な観点から行い、低年齢の段階から適切な指導を行わなければならない。

また、自信を持たせ自尊心を高め自己管理能力を育成するとともに、対人関係など生活技能を身に付けさせる指導も必要である。さらに、校内委員会を中心に校内の指導体制を整え、保護者と連携することも大切である。

👉 POINT

◎まずは注意し着席させて学習に参加させる指導が必要
◎授業に集中できない要因や背景を見つけ出し、その課題を解決していくことが必要
◎学習内容がわからないことが原因であれば、個別指導も必要
×児童生徒がADHDである場合もあるので十分な注意が必要

★★★

場面 12

質問に対する答えが見当違い!

➡ 子どもの発言を否定せず、
正解に近づけるための助言を

質問例 授業中、ある児童生徒に質問したところ、まったく見当違いな答えが返ってきました。あなたはどう指導しますか?

 ## 教員の予測した答えが返ってこない

授業が教員から児童生徒への一方通行にならないためにも、児童生徒へ質問や発問を繰り返し、学習内容の理解度・定着度や児童生徒のとらえ方などを確かめながらの展開が必要になる。**❶**一般に児童生徒と教員との間のコミュニケーションの量が多いほど、またその質が高いほど、児童生徒個人の思いや考えが自由に発表でき、授業への参加度や集中力は高まるので、授業の活発化が期待される。

質問する際には、きまりきった答えや単なる知識を問うよりも、「なぜ」「どうして」というように理由や背景や考え方などを問うほうが効果的である。**❷**それは、変化の激しい現代社会にあって、これからは自ら課題を見つけ、自ら学び考え、主体的に判断し、よりよく行動し、課題を解決していく資質や能力を養うことが重要だからである。

 ## 児童生徒の発言は大切に

教員の質問や発問に教員が期待する答えが返ってこないことも少なくない。むしろ、唯一の正答だけを準備してそれ以外は否定するといった考え方は最初からもたないほうがよい。そして、児童生徒の多様な考え方やとらえ方などをいくつも予測しておくことが必要である。**❸**

授業中の質問や発問に対して、**教員が期待する答えでなかった場合には、**「どうしてそうなったのかな?」と説明を求める。そして、その説明に対して「いいところに目をつけたね」「なるほど、先生も気がつかなかったよ」「確かに、そうとらえるとそういう答えになるね」などと、児童

❶ 授業中の質問や発問は児童生徒との交流を活発化させる上で重要であるが、それが特定の児童生徒との間、特に「できる子」「学習成績のよい子」などの限られた児童生徒とのみ行われてしまうことは避けなければならない。

❷ 質問や発問の仕方によって、児童生徒の授業への集中力や緊張感などが高まるため、指導上の教育的効果も考慮に入れ、単にその場の雰囲気や思いつきで質問や発問をすることは避けなければならない。授業展開の中の、どこでどのような問いかけをするかはきわめて重要である。きめ細かい指導では、質問や発問の内容や場所を指導計画作成の際に、質問・発問計画案として作成し準備しておくことも必要である。

生徒の発言や発表を大切に受け止める必要がある。

「違う違う！先生の質問ちゃんと聞けよ！」「一体何を聞いているんだ？」などと、決して頭から否定しないことだ。頭から否定されると、学習意欲も低下し、自信も喪失してしまう。そしてその教科・科目への興味や関心などが失われることもある。さらには、教員に対して反発心や不満などを生じさせてしまうこともある。そんな状態では、学習指導上の教育的な効果は期待できないのである。

 まったく違った答えである場合もフォローが必要

授業では、きわめて客観的な事実を問うこともある。例えば「1＋1はいくつ？」といったように、正解が一つという場合である。当然答えは2であるが5と答えた場合には、質問をきちんと聞いていなかったことも考えられる。

「先生の質問は○○○だよ」「このことは教科書の○ページの○行目に書いてあることなんだ」などと、質問の内容をヒントとして与えながらフォローする必要がある。そうすると、児童生徒は「ああそうか！勘違いしてました」「じゃ答えは○○○だと思います」といった答えが返ってくることが期待できる。

教員はさらに、「正解！そうだよ！よくできたね！」などとほめてあげることも大切である。[4] 頭から否定された場合と比較すると、学習意欲も高まり、自信をもつようになる。そしてその教科・科目への興味や関心などがもてるようになる。さらには、教員に対して反発心や不満などではなく、優しく丁寧に指導してくれる先生との印象を強くもつことにもなる。そのような状態になると、学習指導上の教育的な効果は大いに期待できるようになる。

[3] 質問や発問は全体に発する場合と、個人を特定して行う場合とがあるが、答えさせる児童生徒を指名する際には、学習状況やこれまでの学習結果などの実態を十分配慮して行う必要がある。学習結果や成績などが芳しくない児童生徒に難易度の高い内容を問うても学習上の成果は期待できない。成就感・達成感や学習することの喜びなどを味わうことのできる質問を投げかけることが重要である。

[4] 質問や発問に対する答えに対しては、本人の思考の過程やプロセスなどに着目し、ほめてあげる、認めてあげることが必要である。

●こんな質問が来る！
面接では、ほめ方や叱り方について質問されることもある。その際、ここで取り上げた、質問や発問の際の事例をもとに具体的に話すことも考えられる。

第**3**章　こんなときどうする？　ポイントはここだ！

☞ POINT

◎ 一部分でも正解している場合はそこをほめることも必要
◎ヒントを追加したりして答えやすくするためにフォローを入れる
× 頭ごなしに否定したり自尊心などを傷つけるようなことはしない

答えを冷やかす子どもがいた！

➡ 決して見逃さず、軽く考えず
「いじめ」のサインとして受け止める

質問
例

授業中、特定の児童生徒が先生の質問に答えると、野次を飛ばしたり冷やかしたりする子どもがいました。あなたはどう対応しますか？

「いじめ」のサイン

　学級における人間関係上の問題の表れとして受け止めたい。特に野次を飛ばしたり冷やかしたりする子どもが集団化している場合は深刻である。冷やかしている児童生徒は軽い気持ちでやっていると思われるが、嘲笑された子どもの立場に立って対応することが何よりも重要である。

　このようなケースは、授業中のみならずそのほかの場面で起こっていることも予測される。この問題を深刻な問題ととらえたのは「いじめ問題」であることも十分考えられるからである。➡授業中におけるこのような言動は、いじめのサインと受け止め、決して見逃してはならない。

直ちに授業を中断

　このような言動が見られたら、最もいけないことはそれをやり過ごしてしまうことである。「いじめ問題」に鈍感であったり「人権感覚」が研ぎ澄まされていなかったりすると、そのまま見過ごしてしまいかねない。

　いじめ問題は、人間の尊厳を傷つける重大な「人権問題」である。これまでも「いじめ」によって尊い命が失われてきたことも考えると「命の問題」でもあるため、このような言動を絶対に認めるわけにはいかないのである。そのような状態が見られたら、授業中であれ、直ちに授業を中断し、みんなでこのことを考える時間にすることだ。

相手の立場になって考えさせる

　質問に真剣に答えた児童生徒に向かって野次を飛ばした

1 「いじめ問題」は、単に加害者と被害者の当事者の関係のみならず、周りでいじめの行為をはやし立てる観衆、それを見て見ぬ振りをする傍観者などがいる。これらの観衆や傍観者も「いじめ問題」にかかわっているという認識が必要である。そして、加害者側の立場ではなく、被害者の立場に立って対応していくことが必要である。

2 授業中であってもこのような問題は見逃さないという教員の断固とした姿勢が重要である。この状況を曖昧にすると、いじめの行為はエスカレートしていくことにもなり、教員もいじめにかかわったことになりかねない。「すぐ対応」することが重要なのである。

3 当該児童生徒との個別面談では、これ以外にも、もち物が壊されたり落書きされたりしたことがなかったか、不快に思う呼び方を友達からされなかった

り冷やかしている児童生徒はどんな考えや気持ちでそのようなことをしたのか、また自分がそのような行為を受けたらどのような気持ちになるのか、真剣に話し合わせてみることだ。「先生がそんな立場になったら、とても苦しいよ」「みんなはどうなんだ？」「これは大事な問題だから時間を取るので考えてごらん」と課題を投げかけよう。できるなら、野次を飛ばされた子どもからそのときの率直な気持ちを聴いてみることも必要だ。

真剣な話し合いが行われれば、そのような行為があってはならないことにみんな気づくはずである。そして「二度とこんな人を小馬鹿にしたような行為はしません」「Ａさんごめんなさい」と率直に謝る子どもが出てくることもある。そのような状況が見られたら「Ａさんにみんなで謝ろう」「二度とこんなことはしません」などと約束することも一案である。きっとＡさんは、真剣な先生やクラスの友達の姿を見て元気を取り戻してくれるに違いない。

 ### 深刻な「いじめ問題」

これで「いじめ問題」が解決したと短絡的に思ってはいけない。担任にも授業中の出来事やそれへの対応などについてきちんと伝えることが必要である。その情報を知らされた担任は、当該児童生徒との面談の機会をもち、**教室での出来事のほかに、冷やかしやからかい、もち物隠し、仲間はずれ、集団による無視、暴力やたかり、親切のお仕着せなどがなかったかどうかを確認する**ことも必要だ。❸またほかの教科・科目を担当する教員にも当該児童生徒に関する情報の提供を依頼する。❹さらに家庭とも連携を図って最近の家庭での様子なども聴いておきたい。

か、言葉の脅しや実際の暴力行為を受けたことがなかったか、わざと避けられたりすることがなかったかなどについて聴くことも必要である。そして、これからは、このようなことは学校としても絶対に起こさせないことや当該児童生徒の安全を保証し、安心して学校生活を送ることができるようにすることを約束することも必要だ。

❹ 今回の質問例への対応だけでなく、この事例をもとに、学校全体で「いじめ問題」に対応していくという共通理解を図ることや、困ったことがあったらいつでも相談できる開放的な学校づくりや学級づくりを推進していくことが必要である。そして、いじめが起きない児童生徒の相互関係、教員と児童生徒との人間関係などを構築していくことが重要である。

☞ POINT

◎「いじめ問題」と受け止め、絶対に見逃さず指導することが必要
◎授業を中断してでも、相手の立場になって真剣に考えさせる時間をもつ
×軽く受け流してしまっては、いじめをエスカレートさせかねない

場面 14 ★★

「出ていけ」と言ったら出ていってしまった！

➡「出ていけ」は教員の責務の放棄
なぜ授業中うるさくするのか、要因の追及が必要

質問例 授業中に私語を続ける児童生徒に「うるさいから教室から出ていけ！」と言ったところ、本当に出ていってしまいました。あなたはどう対応しますか？

私語を見逃すとエスカレートする

　私語は授業を受けている周りの児童生徒への迷惑行為であり、授業を進めている教員にとっても授業進行の障害になる。また、私語はエスカレートするので、私語に熱中している児童生徒を放っておくわけにはいかない。私語は授業への参加度と反比例し、私語に熱中すればするほど、授業から離れて「私語の世界」へと没頭していき、周りが見えなくなってくるものだ。

　いずれにしても、授業中の私語はやめるように注意を促す必要がある。➡児童生徒に対して、毅然とした態度で、授業を受ける態度として好ましくないことを指摘しよう。

「出ていけ」は指導の放棄

　しかしながら、私語を続ける児童生徒に「うるさいから出て行け！」と言ったり、教員自らが「こんなうるさい教室では授業できない！」と言って教室から出て行ってしまうことなどは許されない対応である。

　授業を担当する教員は、原則として規定の授業を行い、そこで授業を受けている児童生徒の管理責任も負っている。授業中の児童生徒の安全を確保する責務が教員にはある。また、児童生徒には学習を受ける権利もあるのである。

　質問例のような場合には、出ていった児童生徒をただちに教室に戻し、授業は一時中断してしまうが、その場で前言を謝罪するとともに、その真意を詳しく説明する必要がある。

1 私語を無視してどんどん授業を進める教員もいないでもない。おしゃべりをしていれば学習内容がわからなくなり、よい評価やよい点数は当然もらえなくなる。「私語のツケ」は、児童生徒本人に必ず回ってくるのだ。「自業自得」だと思うかもしれないが、そのようなことが予測されるのであれば、教員として未然に食い止める手立てを講じることが必要である。そういった観点からも、私語を放置しておくことは許されない。

2 指導内容や方法の改善として、授業内容に関して授業終了時に小テストを実施したり、討論や発表などの学習を大幅に取り入れたり、作品作成などの創作作業などを取り入れたりすることも一つの工夫である。そして、よくできていた場合には、ほめる・認めるといった評価・評定を行うことも必要である。授業への興味や関心が高ま

日頃から「学習（授業）規律」の指導が必要

　私語の多い授業は、「学習（授業）規律」が徹底せず、授業に対する基本的な態度、学習を受ける態度が甘くなっていることが考えられる。日頃から教員が授業の厳しさや授業を受ける態度の在り方を指導すべきだ。机の整列、教科書やノート等の準備、授業中の姿勢や質問の仕方、授業開始・終了時の挨拶などをしっかり身に付けさせたい。

　日頃からこのような指導が行き届いている場合は私語はそれほど大きな課題とはならないが、指導が欠けている場合では、児童生徒の授業への緊張感も弱まり、私語のみならず、眠り込んだり、立ち歩いたり、平気で教室を出入りするといったことが起こりかねない。教員自身も始業ベルとともに授業を開始することが必要である。

 ## 指導内容や方法の改善

　私語が多いのは特定の児童生徒である場合も少なくない。授業に興味や関心がもてない、授業がわからない、学習する目的を見いだせないなど様々な背景や要因が考えられる。そのような指導をするには、**個別的な面談などの継続的な指導**が必要になってくる。このような場合には、担任やスクールカウンセラーとも連携を取りながら対応していくことが必要になってくる。

　またその一方で、教員は今日の児童生徒の興味・関心、能力・適性、進路希望などがきわめて多様化していることを踏まえ、指導内容や方法の常なる改善を図っていくことを怠ってはいけないのである。

ったり、成就感や達成感が味わえると、授業への集中力も高まるので、私語をなくしていくことも期待できる。

🔢 私語の多い児童生徒は、その授業のみならず、学校生活や家庭生活での何らかの課題を有していることもある。あるいは、自己中心的で他人への迷惑などまったく気にしないといったモラルや道徳心などの欠如なども考えられる。そうなると、氷山の一角としての私語だけを取り上げて指導しても、根本的な解決にはならない。友人関係の変化に着目したり、保護者との連携を密にしたりした指導や好ましい集団生活の在り方やルール・規則を守り、マナーなどにも配慮した生活を営むことができるような、社会性を育む具体的な指導が必要になってくる。

第3章　こんなときどうする？　ポイントはここだ！

👉 POINT

◎なぜ私語が止まらないのか、その要因を追求する

◎日頃からの「学習（授業）規律」の指導と指導内容・方法の改善を考える

×「出ていけ」といった指導は、教員の学習指導や児童生徒の安全管理の責務を放棄したことになる

★★★

学習の遅れがちな子どもがいる！

➡個に応じた学習や指導を導入
　必要ならば個別的に課題を与えたり補習を行ったりする

質問例 あなたの学級に明らかに学力不足で学習の遅れがちな児童生徒がいます。あなたはどう指導しますか？

授業に対する教員の責務

　学習の遅れがちな児童生徒はどの学校にもどの学級にもいる。しかし、大切なことは、これらの子どもたちを放置することなく、**わかりやすい授業、わかるまで指導する授業、できるまで指導する授業**が、すべての教員に求められているということだ。専門職、プロフェッショナルな職に就いている教員には、そうする責任があるといえる。

具体的な指導の改善と工夫

　学習の遅れがちな児童生徒の指導に当たっては、一人ひとりに適切に対応した指導を行うために、学習内容の習熟の程度を的確に把握する必要がある。**学習のどこでつまずいているのか、どこがわからないのか、なぜ学習が遅れがちなのかといったことなどについて、実態を把握すること**だ。そして、この実態に基づいて、指導内容や指導方法などでの配慮事項を検討し、指導内容・方法を改善工夫していくことが求められる。

　そして特に該当する一人ひとりの児童生徒に対しては、個別指導や繰り返し指導、特別な教材などを準備しての補習や補充の学習の実施などが必要になってくる。▶また、児童生徒の学習が遅れがちな原因が、友人関係や家庭での生活の実態や家庭学習の習慣化などともかかわっていることが少なくないことについても触れる必要があり、**日頃の生活指導や家庭との連携なども必要である**という指摘も忘れないようにすべきである。

▶ 児童生徒の興味・関心、能力・適性、性格などは一人ひとり異なるばかりか、知識、思考、価値、心情、技能、行動等も異なっている。さらには、これまでの学習歴や将来の進路希望なども異なる。そのため、学校における指導内容・方法などの改善は、なにも学習の遅れがちな児童生徒ばかりが対象ではない。広く教育全般にわたって求められていることであることも認識しておく必要がある。

●ダメな対処法・考え方

　学習の遅れがちな児童生徒に対して「その子自身に学習意欲や興味・関心などがないためだ」「保護者が放任しているからだ」などと、その原因や要因を子どもたちや保護者のみに求めるのは間違いである。前述のように「わかる授業」「わかるまで指導する授業」は、教員の授業に対する責任なのであるという認識が必要である。

義務教育段階の学習内容の確実な定着を図る工夫

　高等学校の場合、各教科・科目の指導に当たり、義務教育段階での学習内容の確実な定着を図るために、その学習の機会を設けることも考えられる。そのためには必要な教科・科目の標準単位を増加させて指導の時間を十分設け、それらの内容の確実な定着を図ることもできる。

　また、義務教育段階の学習内容の確実な定着を図るため、可能であれば、「楽しく学ぶ数学の基礎」「みんなで学ぶ楽しい英語」といった選択教科などを設置することも考えられる。

 ## 個に応じた指導の充実が必要

　児童生徒が学習に遅れないためにも、個に応じた指導の充実を日頃から図る必要があり、そのようなことを目指した学校全体としての指導体制の確立も重要である。

　児童生徒が、学習内容を確実に身に付けることができるように、学校や児童生徒の実態に応じて、個別指導、グループ別指導、繰り返し指導、習熟度に応じた指導、児童生徒の興味・関心などに応じた課題学習、補充的な学習や発展的な学習などの個に応じた指導（個別最適な学び）など多様な方法を導入する必要がある。**2** その一方で、このような多様な指導を行う上で、これまでの授業の在り方を見直し、授業の工夫や改善を学校の教員が全体的に、一体となって進めていくことが求められるのである。またこのような取組みについては、そのねらいを含めて、保護者に事前に説明をすることも必要である。**3**

2 学習の遅れがちな子どもには、高い階段を一気に登らせようとせずに、低い階段を何段も設け、一段一段登らせていくという、スモール・ステップ方式の学習や指導が必要である。そして、その階段を一段登れたら、その努力や成果などを認め、ほめることが必要である。子どもたちは、それを通して、成就感や達成感とともに自己肯定観などをもつことができるようになり、そこから学習への自信や意欲をもつようになる。

3 学習の遅れがちな子どもは、何のために勉強をするのか、自分は将来どんなことをしたいのか、どのようになりたいのかといった目標や進路希望などが曖昧なことも多い。目標や将来の進路などについて考えさせてそれに向かって頑張って学習をするように指導していくことも重要である。

👉 POINT

◎「わかる授業」「わかるまで指導する授業」は教員の授業に対する責任

◎実態の把握とその実態に基づいた一人ひとりへのきめ細かい具体的な指導

×原因をその子ども自身や保護者のみに求めるのは間違い

指導した内容に誤りがあったことに気づいた!

⇒ そのままにせずに、
誤りに気づいたらすぐに訂正する

質問例
あなたは生徒から大学入試問題に関した質問を受けてその場で指導しましたが、そのあとで指導内容に誤りがあったことに気づきました。こんなときあなたはどう対応しますか?

難問や奇問の見られる大学入試問題

　最近の大学入試問題は、文部科学省の指導や指摘もあり、学習指導要領に準拠するなどした良質な問題が多くなってきたものの、依然として高等学校の学習指導要領が示している内容や教科書で取り扱われている内容を大幅に逸脱したような難問・奇問が見受けられる。[1]

　ある私立の進学校では、大学入学共通テストや有名大学の入学試験問題を入手し、教科・科目の担当教員は全員職員室などで一斉に問題に挑戦しているという。このように学校を挙げて受験体制が徹底していると、生徒からの質問にも適切に対応できるのかもしれない。

　質問された教員が立て板に水のごとくすらすらさらさらと難問を解いてみせることができれば、児童生徒からの信頼が高まることは間違いないが、当然そのようにいかないときもある。それでも教員はわからないでは済まされないからなんとか挑戦してみるわけだが、質問されたその場で正解が導き出せないこともある。また、ここで取り上げた質問例のように、児童生徒に指導したあとに、再度見直してみるとそれが誤りであったことに気づくこともある。

　正解が導き出せないときは、率直に「ここではちょっと無理なので、少し時間をもらって、昼休みか放課後にでももう一度来てくれないか」などと伝えることが必要である。そして、その間に落ち着いて解いてみることだ。[2]

　また、指導内容に誤りがあった場合は、決してそのまま放置することなく、できるだけ早い時間に訂正することが必要である。また、そのように指導してしまった理由も

[1] これまでの大学入試は選抜することが第一義であった。誰もが同じようにできてしまったのでは選抜ができなくなるため、差別化・区別化をより明瞭にする目的で、問題の難易度が極端に高まってしまったり、学習指導要領や教科書を逸脱した奇問などが出題されたりしたこともあった。しかし、最近は、文部科学省をはじめ関係教育機関などからの指導や指摘などがあり、入試問題は全体として適正化の方向にある。

● ダメな対処法・考え方

　入試問題などを持参されると、塾や予備校の先生とは違って、それらをいつも検討しているわけではないから、思いもかけない障害にぶつかることもある。最もダメな対応は、入試問題だからといって質問を受け付けなかったり、誤ってしまった理由を問題のせいにしたりすることだ。

合わせて伝えるとなおよい。

　ここでも下手に弁解したり、問題がよくないなどと言ったりはしないことである。**教員の沽券にかかわるなどと思って、訂正指導などを行わないと逆に信頼を失ってしまうことになる。むしろ、訂正指導を行って教員としての誠意を伝える必要がある。**

板書事項などにも注意

　誤って指導してしまったといった事例は、普段の授業などにおいても、特に板書事項などでの誤字や脱字、あるいは筆順の誤りなどが見受けられることもある。特に小学校よりは中学校、中学校よりは高等学校でありがちであるので十分な注意が必要である。

　誤字や脱字などがあった場合、児童生徒から指摘があることもある。その場合もそれが誤っていれば前述のように、きちんと「あ〜そうだね、指摘してくれてありがとう」などと述べた上で訂正をすることだ。自らがあとから気づいた場合も誠意をもって訂正すべきである。

　教職はプロフェッショナルな職種であり、たびたび間違いがあるようでは困るが、教員といえどもまったくミスがないというわけでもない。大切なのは、そのときの対応である。相手が児童生徒だからといって、軽く見てはいけない。率直に「ミス」を認め、謝罪する勇気が必要である。

　このような誠意のある態度は児童生徒から見れば好感がもてるのである。

▶解けなければ沽券にかかわるといった思いが生じるが、すぐに正解が得られず確かめてみる必要などが生じたときは、無理をせず潔くその旨を児童生徒に伝えたほうがよい。信頼感も大切だが誠意ある対応もまた大切なのである。

●こんな質問が来る！
　授業中などで、間違ったり勘違いなどをして指導してしまったとき、その間違いを児童生徒から指摘された場合に、あなたはどのように対応しますか。といった質問も考えられる。
　このときの対応も、ここで述べた内容をベースにすることが必要である。特に間違いを指摘してくれた子どもには、お礼の言葉を忘れないようにすることだ。

👉 POINT

◎率直に誤りを認めてできるだけ早く訂正の指導をするべき
◎板書事項や漢字の筆順などにも注意が必要
×そのままにしておくことはかえって児童生徒からの信頼を失うことになる

★ ★

場面 17

あなたの授業はうるさくて迷惑だ！

➡ 謝罪は必要だが、
子どもの活発な学習活動は大切

質問例

隣の教室で授業を行っている教員から「あなたの教室は子どもたちがうるさくて迷惑している」と苦言を呈されました。あなたはどう対応しますか？

まずは誠意をもって謝罪

授業中に隣の教室から漏れ聞こえてくる騒々しい声や音は、そこで学習している児童生徒はもちろん、教員も大変気になるところである。特にこちらが静粛な授業であればあるほど、苦言を言いたくなることもある。

確かに、自教室のことだけではなく周辺の教室での授業にも十分配慮して授業を行うことは必要である。教員から苦言を呈されたということはよほどのことであって、許容の範囲や忍耐の限界を超えていたのかもしれない。▶

そのような場合は、まずは「ご迷惑をおかけしました」と謝罪し、教室内の全体の音や声が小さくなるように児童生徒を指導する必要がある。そして、授業終了後、再度その教員を訪ね、詳しく授業や児童生徒の活動の状況を説明することも必要である。例えば「決して放任状態で児童生徒が騒いでいたのではなく、班別のグループ活動で子どもたちが熱中して発言が活発となり、それが段々とエスカレートしてしまった」「私も気にはなっていたが、注意するタイミングが遅れてしまった」などと詳しく説明し、失礼したことの気持ちや思いを誠意をもって伝えよう。

児童生徒の活発な学習活動は大切

教員主導型・講義中心型で、児童生徒は黙々と板書事項を書き写すことに専念するといった授業スタイルは静寂で厳粛な授業が行われるが、児童生徒の学習活動がきわめて制限されており、画一的で硬直的な学習となっている。児童生徒が学習活動に熱中して学習が高まっていくことは、

▶1 度が過ぎて、周辺の教室での授業に支障を来すようではいけない。特に隣の教室でテストが行われていたとなると問題も大きくなる。児童生徒の活発な学習活動に支えられた授業はとても大切なことであり、必ずしも静かな授業がいい授業とは限らないが、十分に周辺の教室での授業にも配慮することが必要である。

●ダメな対処法・考え方

「私の授業は、児童生徒の活動を重視していますから我慢してください」「先生の授業ももっと児童生徒を活発に活動させるようにしたほうがいいですよ」「うるさいのはお互い様でしょう」「先生の授業は児童生徒から人気がないですよ」などと一方的な考えや思いで話してはいけない。

▶2 授業改善には、自己評価や教員相互での評価そして児童生徒によ

とても大切であり、新学習指導要領の趣旨にもかなう学習活動の形態である（主体的・対話的で深い学び）。

だからといって、隣の教室の授業に迷惑をかけてよいわけではない。これから探究的な学習や協働学習など児童生徒の活動が多くなることを踏まえて、あらかじめ視聴覚教室等の特別教室で実施することも考える。教科会や学年会等で学習活動の在り方について共通理解を図っておきたい。

 ## 騒然としているのか活発な学習活動なのか

普段の授業において、教員の指導が行き届かなくて児童生徒がざわついてしまっている場合は、**指導教員の管理能力が問われることになる。根本的な授業改善や指導の在り方の改善が求められる。**

まずは自らが授業の在り方を見直してみることである。例えば、指導内容や方法は、興味・関心、能力・適性、進路希望などがきわめて多様化している児童生徒の実態に合っているか、授業内容が十分理解されているか、学習の進め方が新学習指導要領の考え方に適っているのか、指導方法が画一化していないか、児童生徒の主体性や自主性等を尊重した授業になっているか、教員が一方的に教え込む授業になっていないか、板書などは計画的にわかりやすく行われてきたか、授業中に児童生徒が私語をしたり眠ったりしていた時にきちんと指導したかなどについて点検をしてみることである。

これらの内容などについて、児童生徒からも話を聞いてみるとよい。児童生徒による授業評価も取り入れて授業の改善を図っていくことが必要である。

る授業評価を行い、その結果に基づいて改善策を検討し、新たな改善授業計画（指導案）を作成して授業を再度行うという、P（指導計画の作成）→D（授業の実施）→C（評価）→A（新たな授業改善のための行動）といったマネジメント・サイクルに基づいて具体的な対策を考えることが必要である（p.86参照）。

3 教員相互の評価では、授業研究などの期間を設定し、各教科などで順番に研究授業を行い、終了後にその授業をもとに校内研修会をもつことにする。また、そこへは指導主事や元校長などの指導の経験や体験の豊富な人を招き客観的に指導してもらうことも必要である。

●こんな質問が来る！
授業の改善のための工夫や方策について問われる可能性もある（p.86参照）。

🖐 POINT

◎**迷惑をかけたことは事実なので、まずは謝罪が必要**

◎**探究的な学習や協働学習など子どもの活発な学習活動は大切。隣りの教室に配慮しつつ生き生きとした学習活動を継続する**

×**普段からうるさい場合は、根本的な授業改善や指導の在り方を見直す必要あり**

第3章 こんなときどうする？ ポイントはここだ！

授業改善にはPDCAが必要だ！

➡ まずはP→D→C→Aのマネジメント・サイクルを
しっかりと理解する

質問
例

上司の授業観察があって、その後の講評で授業の改善にはP→
D→C→Aが必要だと指摘されました。あなたはどう対応しま
すか？

教員のプロフェッショナルを支える授業

児童生徒が学校生活で最も多くの時間を過ごすのは授業時間である。教員にとっても「教員は授業が命」ともいわれるほど授業は最も重要な職務である。

これまで、教員はその専門性ゆえに、児童生徒や保護者などからの意見や苦情はあまり見られず、問題が起こっても、子ども側に原因があるとしてきた傾向があった。

しかし、これからはこのような一方的な見方ではなく、例えば、授業がわからないということがあれば、準備した教材が児童生徒の実態に合っていたのかどうか、指導内容や方法が適切であったのかどうか、評価の方法はどうであったのかといったことなどを見直してみる必要がある。

そのようなことを通して、児童生徒にとって満足度の高い授業ができてこそ、プロフェッショナルといえるのではないだろうか。授業や授業改善についての質問に関しては、このような基本的認識を述べることが必要である。➡

P→D→C→A（マネジメント・サイクル）の導入

このP→D→C→Aはマネジメント・サイクルとも呼ばれるもので、一般の企業などの事業改善の手立てとして取り入れられているものである。例えば、新たな事業を起こすときには事業計画（Plan）を作成して、事業を展開（Do）し、事業の成果を評価（Check）してそれをもとに改善のための新たな行動（Action）を起こす。そして再度その改善行動をもとにした事業計画を策定していくのである。

教員は常に授業改善に取り組む必要がある。授業改善への意欲は、上司からも高く評価されるだけでなく、児童生徒も教員の授業を大切にしようとしている熱意を感じ取るはずである。

●ダメな対処法・
　考え方

「授業は個性的であるべきだ」「私流にやっていく」「そのうち子どもたちも私の授業に慣れてくる」などといって、上司やほかの教員からの指導や指摘に無頓着になってはいけない。教員の自主性・主体性は大切であるが、独善的になったり、排他的になったりしないよう注意したい。定期的に教科会や学年会等で研究授業を開催したり、保護者会等で授業参観日を設けたりして、自らの授業改善に取り組むことも必要である。

このように、P→D→C→AはAで終了するのではなく、さらに最初のPへとつなげていく。だから、回転すればするほど、その事業は限りなく改善されていくことになる。

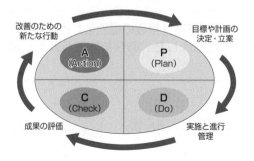

まずは「早速マネジメント・サイクルについて研修し、授業改善に挑戦してみます」などと、意欲的に取り組む姿勢を示すことが必要である。

 P→D→C→Aの授業改善への導入

このP→D→C→Aの授業改善への導入に当たっては、しっかりとしたP（指導計画）を策定する必要がある。この策定に当たっては、学校教育法や学習指導要領等を踏まえるとともに、同僚や先輩教員から指導を仰ぐようにするとよい。この目標が明確になっていると、C（授業評価）もスムーズにできる。D（授業の実施）では、ほかの教員にも見てもらうようにする。そして、様々な観点から本時の授業のねらいや目標の達成についてのC（授業評価）を行うことにする。これらの評価内容を踏まえ、新たな指導案や授業計画を作成するのである。

2 小中高の新学習指導要領総則の学校運営上の留意事項で、「カリキュラム・マネジメント（教育課程を編成・実施・評価し、改善を図る一連のサイクルを計画的・組織的に推進すること）を行うよう努めるものとする」としている。

令和4年度全国学力・学習状況調査では、評価して改善を図るといった一連のPDCAサイクルを確立している学校のほうが教科の平均正答率が高い傾向が見られた。

●PDRの導入

これまでのPDCAは改善までのサイクルに時間がかかるためPDRという新たな手法が注目されている。PDRのP（Prep）は準備、D（Do）は実行、R（Review）は評価を指す。PDCAのC（チェック）はミスや不正等を確認することだが、PDRのRは成果を客観的に評価してもらうこととされる。1回のスパンが短く、素速く改善しやすい。

第3章 こんなときどうする？ ポイントはここだ！

👉 POINT

◎上司からの指摘には、挑戦してみるという意欲的な態度が必要
◎その内容を熟知していない場合、自らの調査・研究と同時に同僚や先輩からアドバイスをもらう
◎P（指導計画）がしっかり立てられていないとC（授業評価）がうまくいかないことに留意する

指導の個別化と学習の個性化が必要だ！

➡ 一律的な指導ではなく、
　特に学力差に応じた個別対応型の指導が求められている

質問例　ある研修会でこれからの授業は「指導の個別化」と「学習の個性化」が必要だと指摘されました。あなたはどう対応しますか？

相変わらず多い教員主導型の一斉授業

教育内容が学年の進行とともに高度化・専門化していくために、一斉授業の傾向が強まってしまうことが一要因ではある。しかし、変化の少ない、いつも決まったパターンの画一的・硬直的な授業では、子どもたちの興味や関心あるいは学習意欲や学習への自主性や主体性は育ちにくい。授業の基調を、個別化された児童生徒中心の学習を重視する授業へと転換することが求められている。

指導の個別化と学習の個性化の必要性

この質問に対しては、まずは、個別化された指導が必要な背景や理由を述べる必要がある。指導の個別化は、一斉授業の対極的な位置にあるもので、児童生徒一人ひとりの個性を尊重し、学習の個性化を図り、個性を生かす教育を推進していく上で欠かせない授業の形態である。

今日の児童生徒の興味や関心、能力や適性、進路希望、あるいは知識、思考、価値、心情、技能、行動などはきわめて多様化しており、それに対応した授業を推進するには、これまでの一斉授業を見直し、指導方法や指導体制を工夫改善し、「個に応じた指導」の充実を図っていく必要がある。そして、子ども一人ひとりに応じた学習活動や学習課題に取り組む機会を提供し、子ども自身が学習が最適になるよう調整する学習の個性化も必要である。このような個に応じた指導が「個別最適な学び」を実現する（p.231参照）。

●**こんな質問が来る！**

多様な学習形態について問われることもある。（p.72を参照）。なお、それぞれの学習形態の説明だけではなく、それぞれの学習形態の特徴や長所・短所などについても整理しておくとよい。そして、どのような授業でどんな学習形態がふさわしいのかも説明できるようにしておきたい。

学習形態を、一斉授業型、個別授業型、教員主導型、児童生徒型などに分けてそれぞれの授業の進め方や長所・短所、指導上の留意点などを比較して整理しておくとよい。

1️⃣ 学習習熟度別に学級を編成し授業を行う際には、次のようなことに留意することが必要である。
- 学習内容が児童生徒の習熟度の実態に即していること
- 学級の規模をどの程度にすることが必要かを教員数・学校規模・施設設備などの側面も踏まえて検討

具体的な方策

　指導の個別化を図り、個に応じた指導を充実するには、児童生徒や学校の実態を踏まえ、学校や教員自らが授業の工夫改善に取り組むことが必要である。

　例えば、個別指導やグループ別指導といった学習形態をこれまで以上に導入することや、児童生徒の興味・関心等に応じた課題学習を進める授業、補充的授業や発展的な内容を取り扱った授業、学習内容の習熟の程度に応じた弾力的な学級編成などによる授業がある。[1]

　また、授業の実施に当たってティーム・ティーチングなど複数の教員が協力関係のもとに授業を行い、より一人ひとりの児童生徒に対してきめ細かな指導を行い、個に応じた指導の充実を図ることもできる。また、指導案の作成や教材・教具などの準備などでも教員間の協力関係を生かし、個に応じた指導の徹底を図ることも必要である。

 担当教科についての指導の個別化方策も具体的に

　自分の担当教科等についても、具体的な個に応じた指導や指導の個別化の在り方や方策についても考えておきたい。特に学習内容に対する習得度、理解度、技術技能などの熟練度の差が大きな教科・科目については、その実態を踏まえ、具体的な指導内容や方法あるいは教材などについて説明ができるように準備しておくことだ。[2]

　例えば、授業の際に準備するワークシートなどを、習得度や理解度の高い児童生徒用、学習の遅れがちな児童生徒用など、複数種類準備することなども考えられる。

---

[1] する
● 児童生徒にどの学級で学習したいかを、ガイダンスを十分に行い、児童生徒に主体的に選択させるようにする
● 習熟度が向上した場合には、学期初めなどの適切な時期にその習熟度に応じた学級に移動できるようにする
● 学習習熟度別授業の導入の趣旨やその方法などを保護者に説明し納得を得るようにする

[2] 学習習熟度の大きくなりやすい教科・科目においては、習熟度や理解度の高いクラス、低いクラスといったことだけでなく、さらに細かく学級を学習レベルに基づいて分けていくことや、週の1時間だけの授業を習熟度別に分けることや、一定の時期だけを習熟度にすることもある。

第3章　こんなときどうする？　ポイントはここだ！

☞ POINT

◎個別化された指導が必要な背景や理由を述べる
◎児童生徒や学校の実態を踏まえ、学校や教員自らが授業の工夫改善に取り組むことが必要
◎指導の個別化と学習の個性化を図る方策を具体的に述べる

場面 20

勝つために立候補を取り下げてほしい！

➡「たかが選手決め」と放置せず、体育祭の意義や
ねらいを踏まえて学級全体で話し合う

> **質問例** あなたは中1の学級担任です。体育祭のクラス対抗リレーの選手に6人が立候補しましたが、生徒Aが「リレーで勝つにはこの4人がベストだから、残り2人は立候補を取り下げてほしい」と発言しました。この生徒Aにどのような指導をしますか？

 ## 体育祭の選手選出の原則や方法

体育祭（運動会）や競技会、球技会（大会）などの体育的行事を行うに当たって、種目によっては代表者や選手を決めなければならない。どの学級（クラス）でも、推薦方式か立候補方式をとることが多く、担任による指名などはほとんどないといってもよい。いずれにしても、学級担任は選手選出の原則や選出方法、さらに推薦者・立候補者が出ない場合や出すぎた場合などを予測し、あらかじめ対策を立てて学級内の全生徒に周知しておくことが大切である。

当該学級はかなり活発で活気のある学級であるともいえる。4人の選手より多い6人の生徒が立候補していることについては担任としてぜひ評価しておきたい。

どう4人に絞ればよいのかを検討しなければならない時に、生徒Aが2人に辞退するよう求めたわけである。担任としては成り行きに任せずに改めて体育祭の目的やねらい等について学級全体の生徒に呼びかけて考えさせたいところである。

 ## 健康安全・体育的行事のねらいと内容

健康安全体育的行事[1]については、学習指導要領で、「心身の健全な発達や健康の保持増進、事件や事故、災害等から身を守る安全な行動や規律ある集団行動の体得、運動に親しむ態度の育成、責任感や連帯感の涵養、体力の向上などに資するようにすること」とそのねらいが示されていることに留意させたいものである。

各学校における体育的行事はこうしたねらいを踏まえ

●学校行事の目標と内容
「全校又は学年の生徒が協力し、より良い学校生活を築くための体験的な活動を通して、集団への所属感や連帯感を深め、公共の精神を養いながら、第1の目標に掲げる資質・能力を育成することを目指す」
○儀式的行事
○文化的行事
○健康安全・体育的行事
○旅行（遠足）・集団宿泊的行事
○勤労生産・奉仕的行事

 健康安全・体育的行事、健康診断、薬物乱用防止指導、防犯指導、交通安全指導、避難訓練や防災訓練、運動会（体育祭）、競技会、球技会（大会）等

て、各校独自の体育祭のねらいや種目が定められているのである。コロナ禍の影響もあるが、最近の体育祭では団体種目が減り個人種目が多くなっている。なかでもリレー種目は注目を集め勝ち負けを競う側面が強く、生徒Aもそうした気持ちになって2人には立候補を取り下げてほしいと発言したのかもしれない。あるいは一部部活動等に見られる勝利至上主義[2]の影響があるのかもしれない。

集団活動の意義を理解し家庭や地域との連携を図る

　抽選で決める、立候補者6人の話し合いで決める、学級の全投票で決めるという方法もあるが、この際、生徒Aの希望を受け止めつつ、立候補者の気持ちに沿って再度学級全体の話し合いにかけてみるのも一つの方法である。その場合、学級担任は合意形成のための手順を説明し、再度体育祭の意義やねらいについて丁寧に説明し納得させることである。中学校1年生の段階であり、これを契機にして中学校3年間の学校生活を見通してじっくり学級の生徒に語り掛けることである。その上で、話し合いで生まれた結果については問う必要はない。おそらく発達段階に即した納得解が得られるはずである。決して学級づくり、学級経営上の視点を忘れないことが肝心である。

　何よりも「運動に親しみつつ体力を向上させる」ねらいが十分に達せられるようにするとともに、学級の全員が参加し協力して体育祭を作り上げていく教育的価値が発揮されるよう努めることが大切である。また、体育祭や文化祭などの学校行事は日頃の学習の成果を学校内外に公開し、発表することによって保護者や地域の人々との協力・連携を深めるよい機会であることにも留意しておきたい。

[2] スポーツ競技等において、勝つことを絶対視する考え方。中高の部活動で、行き過ぎた指導や長時間練習による生徒への影響、暴力や体罰などが問題となっている。小学校の柔道全国大会の中止、大学部活動の薬物汚染等の背景にも「勝利至上主義」の問題がある、といわれる。

●こんな質問が来る！
　体育祭の練習時に、「したい人だけすればいい」「塾があるから」「リーダーが偉そうに命令するから」などの理由で参加しない児童生徒にどう対応するか、といった難しい質問が来ることもある。

第3章　こんなときどうする？　ポイントはここだ！

👉 POINT

◎多数の立候補者が出たことを高く評価する
◎体育祭の意義やねらいを踏まえて学級全体で話し合い、全員で納得解を見つける
×「たかが選手決め」などとして安易に考えること

逆上がりができるようになった！

➡ どうしてできないの？　よくできたね？
「ほめて」育てる生徒指導

質問
例
今までどうしても逆上がりができなかった児童生徒がようやくできるようになったとき、あなたはどのように対応しますか？

難しい器械運動

　マット運動や鉄棒運動、跳び箱運動などの器械運動は、小学校の低学年から高等学校に至るまで教科「体育」の学習内容の一つである。マット運動や跳び箱運動で回転が十分できなかった児童生徒や高校になっても鉄棒で逆上がりができない生徒がいたことを記憶している人も多いだろう。

　運動が不得意な児童生徒たちにとっては、器械運動は、大変難しいものである。もちろん、学習についても同様に得意不得意の教科があるものである。

　教室にいる児童生徒をそうした生徒観に立って指導することが大切である。

「ほめて」育てる生徒指導

　長い間の努力の結果、ようやく逆上がりができるようになった児童生徒にどう対応するのか、教員の姿勢や教育観が問われる問題である。

　まず、教員が児童生徒の成果に諸手を上げて拍手を送り「よくできたね」「頑張ったね」と一言声をかけてやることが大切である。握手をしたり、ハイタッチをすることがあってもよいだろう。「たかが逆上がり」であるが、その児童生徒にとっては「されど逆上がり」なのである。

　ほめられることによって、児童生徒は達成感や充足感に満たされ、努力することの大切さを学び、次の課題解決に向けて動き始める。すなわち、**ほめられることによって、児童生徒は確実に育っていく**。問題は保護者も教員も「ほめて育てる」ことの意義を忘れてしまっていることである。

●まだの場合は？

　質問例では逆上がりがようやく「できるようになった」という場合であるが、まだ完全にはできないが、他人の手を借りれば何とかできるということもある。

　その場合には、「あと少しだね」と励まし、学級の児童生徒たちには「みんなで応援しようね」と支援する姿勢を明確に示したい。

●ほめる教育・叱る教育

　子どもの状況によって「ほめられて育つ」児童生徒と「叱られて育つ」児童生徒がいる。一般的にはその両方を使って生徒指導に当たることが大切であるが、小学校の低中学年の場合や、比較的自立心の弱い児童生徒には「ほめる」教育が効果的である。中学生や自立心の強い児童生徒には「叱る」教育が有効な場合もある。

「叱って」育てる生徒指導

逆に「どうしてできないんだ」と「叱って育てる」ことの意義についても考えておきたい。今日の学校現場では「叱ることのできる教員」が求められている。なぜなら、「ほめる」ことは比較的容易にできるが、「叱る」ことは容易ではないからである。ほめる場合にも、すべての児童生徒の状況を観察し、ほめるにふさわしい場面や時間等を理解しなければ、ほめる行為もまったく意味をなさない。その意味ではほめることも容易ではなく、しっかりほめることのできる教員は優れた教員といってよい。

「叱る」ことはもっと大変である。叱られて喜ぶ子どもはほとんどいないし、叱るほうも多くの労力を使う上に後味が悪いからである。教員と当該児童生徒とのコミュニケーションに支障をきたしたり、信頼関係が喪失するかもしれない。また、保護者から叱られ慣れていないこともあって、叱る場合には叱る言葉の内容を十分に吟味するとともに、心理的な逃げ道を用意するなど、最善の配慮をして叱ることが肝要である。

 ## 「ほめることと叱ること」は車の両輪

教育には「ほめて」育てる教育と「叱って」育てる教育がある。一方が正しく他方が間違っているということはない。また、「7ほめて、3叱れ」という言葉があるように、ほめたり叱ったりする順序やその量などに留意することも大切である。全力で、しっかり児童生徒をほめ、そしてときには毅然として叱ることが教員に求められている資質能力の一つである。▶

1 中学校体育分野第1・2学年 内容 B 器械運動（1）
次の運動について、技ができる楽しみや喜びを味わい、〈中略〉技をよりよく行うこと。
イ 鉄棒運動では、支持系や懸垂系の基本的な技を滑らかに行うこと、条件を変えた技や発展技を行うこと及びそれらを組み合わせること。

2 これからの時代の教員に求められる資質能力として、これまでの教員として不易とされてきた資質能力に加え、「自律的に学ぶ姿勢を持ち、時代の変化や自らのキャリアステージに応じて求められる資質能力」「アクティブ・ラーニング」の視点からの授業改善、道徳教育等への対応などの新しい課題に対応できる力量」「『チーム学校』の考えの下、多様な専門性を持つ人材と効果的に連携・分担し、組織的・協働的に諸課題の解決に取り組む力」の醸成が必要とされた（平成27年12月中教審答申）。

第3章 こんなときどうする？ ポイントはここだ！

POINT

◎努力の成果を積極的にほめてやる

◎「ほめる」ことと「叱る」ことあるいはその調和を図ることが生徒指導の根幹

×「ほめる」ことも「叱る」こともできない教員は失格

場面 22 ★★

上履きがなくて立ちすくんでいる！

➡ 間違えたの？　いたずらされたの？
事情をよく聞いて自立心を育てる

質問例 体育の後で、上履きがなくなったと立ちすくんでいる児童生徒がいます。あなたは担任としてどう指導しますか？

事情聴取で事実関係を明確にする

体育のあとなどで上履きがなくなることはよくある。小学校だけでなくときには中学校や高校でも起こる問題だ。

誰かが自分の靴を間違えて履いてしまったのかもしれないし、本人が置き場所を間違えたということも考えられる。まずは本人にもう一度体育館に行かせて再度確認させ、それでも見つからないときには、学級（ホームルーム）の児童生徒全員に自分の上履きを確認させ、その後みんなで探すことである。

問題はいたずらや嫌がらせなどで上履きがなくなったときである。この場合には**背景に友人関係のトラブルやいじめなどの問題が潜んでいる**ことがある。十分時間をかけて様々な方法で生徒指導を行っていく必要がある。その意味でも最初の事情聴取をしっかりと行うことが大切である。

被害児童生徒の心に寄り添う

被害児童生徒は所有物の喪失感にさいなまれ、いたずらや嫌がらせなどが懸念される場合は、不安感でいっぱいであるものと考えられる。したがって、担任は被害児童生徒の心情をしっかりと受け止め、支えていくことを明確に被害児童生徒自身に伝えなければならない。「心配いらないよ」「一緒に探そう」「お家の人にはちゃんと伝えておくよ」などの言葉がけをしておきたい。その上で、児童生徒が問題に直面して立ち往生しない毅然とした態度や問題に立ち向かう姿勢を身に付けさせることが大切である。

●ダメな対処法・考え方

担任によっては、被害児童生徒にできるだけ寄り添いたいとして、靴探し、いわゆる犯人探しに夢中になることがある。この種の問題は、容易に加害者が申し出ない場合が多く、いくら時間をかけても犯人が見つからないことがある。また、加害者が自ら申し出るまで、あるいは犯人が見つかるまで捜索を続けると、学級の児童生徒どうしの間が嫌悪となり、お互いに疑心暗鬼が強くなり、学級の状態が悪化することもある。したがって、この種の問題については副校長（教頭）やベテラン教員などの意見を参考にして、ある程度のところで終え、次に学級活動の問題として指導を始めることが必要である。学級内が騒然となり、被害者がさらに追い込まれることもあることを、担任は十分認識しておくべきである。

その結果、後日担任

基本的生活習慣の確立

「物・金銭の活用及び自他の物の区別」は、基本的生活習慣に関する内容の一つである。**物質的に豊かになった現代社会の中で、物や金銭の価値について自覚させ、これを尊重する精神を培うことはきわめて重要**である。

物の価値を認識させるためには、物の生産過程に注目させ、多くの人の汗と努力の成果であることに気づかせるとともに金銭の価値についても指導する必要がある。また、小学校での指導を踏まえて中学校でも自分の物と他人の物との区別や、他人の物を大事にすることはもちろんのこと、公共物を大切に使うことができるよう理解させる必要がある。なお、このことに関連して、担任は学年や学期の初め等にもち物には必ず記名するよう指導することが大切である。事例のような問題が発生したときには効果を発揮し、むやみに他人を疑うようなことを防ぐことができる。

 学級会などで話し合いを

中学校・高校の場合、下足箱に入れておいた外靴がなくなることがある。いたずらか嫌がらせが疑われる場合には、学級全体の問題として間髪をいれずに指導することが大切である。いじめが原因であれば早期の対応が求められる。

緊急に学級会を開き、本人が困っていること、外靴がないと帰宅できないこと、他人のものを隠したり捨てたりすることは一種の窃盗行為であることなどを、学級全体に訴えて加害者はできるだけ早めに申し出るよう指導する。

いずれにしても、被害児童生徒の心情を大切にするとともに、保護者への事情説明を怠ってはならない。基本的生活習慣の指導には家庭との連携が欠かせないからである。

に申し出があったり、学級全体で二度と同じ問題を起こさない態勢がつくられ、やがて学級の結束が一層深まっていくことになる。

➡ 中学校で指導する基本的生活習慣
① 生命尊重、健康・安全に関すること
ア生命の尊重
イ健康・安全に関するもの
② 規則正しく、決まりよい生活に関すること
ア物・金銭の活用及び自他の物の区別
イ時間に関するもの
ウ学習に関するもの
③ 礼儀作法、社会生活に関すること
アあいさつと言葉遣い
イ身だしなみ・身の回りに関するもの
ウ自己及び他者を人間として大切にする心情や態度
エ規則を守ること
オ公衆道徳に関するもの
（文部省「中学校における基本的生活習慣の指導」）

👉 **POINT**

◎被害者に寄り添いながらも、事実確認を迅速にする
◎被害者の心に寄り添い、学級全体で問題解決に取り組む
×犯人探しや犯罪者扱いは禁物である

部活をやめたい！

➡ 引き止める？　やめさせる？
「辞めたい理由を聞いて」具体的に対処する

質問例
バレーボール部のＡ君が「部活をやめたい」と言ってきました。あなたはバレーボール部の顧問としてどう対応しますか？

 ## 「やめたい」理由に耳を傾ける

　Ａ君がなぜ部活動をやめたいのか、その理由を明らかにすることから始めたい。当該部が生徒たちに休みのない長時間にわたる厳しい練習を課し、部活動全体が勝利至上主義に陥り、勝つことだけに価値を置いている場合がある。逆に、あまりにも同好会的な性格になりすぎ、楽しさだけを追い求めることもある。また、上級生と下級生との間にしごきや体罰、いじめなどの問題が起こることもある。教員の体罰があるのかもしれない。部活動そのものには問題はなく、個人的な問題でやめたい場合もある。家庭の事情や受験勉強等が主な理由である。

　いずれにしても、まずやめたい理由をよく聴き取り、その理由に対応した対策を考えていくことが肝要である。

 ## しごきやいじめの指導と部活顧問からの提案

　個人的な問題や家庭の事情等については、比較的判断は容易である。しかし、勝利至上主義に伴うしごきや体罰、休日のない練習等については、部活顧問だけに任せるのではなく、学校全体で取り組まなければならない。

　単に部活顧問と生徒との話し合いに委ねるのではなく、部活動を統括する生徒指導部の教員が当該部員から事情を聴取し、できるだけ早期に事実関係を明らかにする。その上で、健全な部活動を再生するために、生徒に対する適切な指導を進めるとともに、一方では、部活顧問との話し合いを進め、学校としての部活指導の在り方を全面的に見直す必要がある。▶

●こんな質問が来る！
　「部活動への強制参加についてどう思うか」という質問も予想できる。

　部活動は本来任意参加なので強制することは間違っているという意見も成立する。他方で、部活動に参加させることによって、効果的な時間の使い方を学ばせ、問題行動へ走ることを予防するという意見も成り立つ。

　では、どう考えればよいのだろうか。両者の意見はそれぞれ正当性があり、結局は生徒を抱えている学校側の判断が重要になる。学校では部活動の教育的意義を踏まえ、生徒の実態等を勘案して部活動への「強制参加」や「任意参加」を決めている。運動部活動等に関する実態調査（スポーツ庁）によると、平成29年度の公立中学校では全体の30.4％が生徒全員の入部制をとっている。一方希望制の学校は全体の66.7％であった。

部活顧問としては、軽々に「やめろ」「やめるな」などということはできるだけ避け、最終判断は生徒自身に任せた方がよい。ただし、「一時休部してみたら」「勉強と部活の両立にチャレンジしてみたら」などと、できるだけ多くの判断材料を与えることである。部活顧問の経験や卒業生などの事例を話してみることも効果的である。

 ## 最終判断は生徒自身の力で

部活の中で、他の部員から意見を聴いてみる方法も考えられるが、いずれにしても**最終判断、決断は当該生徒自身で行うよう指導する**ことである。後で、不満が出てきたり、他人のせいでうまくいかなかったなどの問題が生じるからである。

生徒自身が決断し、その結果をしっかり受け止めて、再出発できるよう助言し、支援することが大切である。

 ## 部活動の意義

教育活動の中で部活動が占める役割は大きく、中学校では部活動に必ず所属することを求める学校もある（前頁ミニコラム参照）。部活動の教育効果が大きいからである。**2**

従来、教育課程の中に「クラブ活動」の時間があったが、現在では、小学校の特別活動の中に「クラブ活動」の時間が保障されているだけである。中高等学校については学習指導要領の「総則」の中に部活動が位置付けられているが時間は保障されていない。なお、東京都教育委員会は部活動を「管理運営規則」の中で教員の校務と定めている。

1 文科省は平成25年3月、暴力を含め認められない指導の具体例を示した「運動部活動での指導のガイドライン」を策定した。また、スポーツ庁は平成30年3月、「平日2時間、休日3時間」「週休2日以上」の休養日を設ける、「運動部活動の在り方に関する総合的なガイドライン」を定めた。

2 教育課程外の学校教育活動と教育課程との関連が図られるように留意するものとする。特に、生徒の自主的、自発的な参加により行われる部活動については、スポーツや文化、科学等に親しませ、学習意欲の向上や責任感、連帯感の涵養等、学校教育が目指す資質・能力の育成に資するものであり、学校教育の一環として、教育課程との関連が図られるよう留意すること。（新中学校学習指導要領「総則」第5 1ウ）。

第**3**章 こんなときどうする？ ポイントはここだ！

POINT

◎理由をよく聴き取り指導法をじっくり考える。
◎しごきや体罰、いじめなどがあったら顧問だけに任せず、学校全体の問題ととらえ生徒指導部を中心に問題の解決を図る。
◎「やめる」「やめない」の最終判断は当該生徒自身に任せる。
◎部活動が持つ教育的意義は極めて高いが、活動時間を含めてその在り方について絶えず見直し検証する。

頻繁に保健室に行っている！

➡ 具合悪いの？　居場所がないの？
　児童生徒の気持ちに寄り添う指導を進める

質問例　あなたのクラスには頻繁に保健室に行く児童生徒がいます。あなたは担任としてどのように指導しますか？

 教育相談的な姿勢で児童生徒の声に耳を傾ける

放課後や昼休みなど比較的時間にゆとりがあるときに、当該児童生徒を相談室等に呼んで話を聴きたい。体調が悪いのか、相談事なのか、学校のどこにも居場所がなくて保健室を利用しているのか、**児童生徒が頻繁に保健室へ行く理由を、教育相談的な態度で聴き取ることが肝要**である。

児童生徒があまり話したがらない場合には、焦らずに次の機会を待つ。その間、担任は養護教諭に当該児童生徒の保健室での様子などを聞いてみる。病気やズル休みなどではなく、家庭の問題や友人関係などの問題で悩んでいる、あるいは勉強がわからない、いじめられているなどの事情が判明することがある。その後児童生徒との話し合いの中で確認し、指導につなげることが大切である。

 児童生徒の居場所づくりに取り組む

勉強がわからないので学級の中に居づらいのか、あるいは友達がいないので孤立しているのか、さらに、いじめられるので学級にいたくないのか、その理由をよく聴いた上で具体的に対策を立てていかなければならない。担任としては、児童生徒どうしがお互いを認め合い、助け合うことのできる学級づくりに取り組むことが問題解決への共通の条件となる。

そのためには、班活動を充実させて学び合いのできる学習環境を形成するとともに、班内における人間関係の一層の促進を図ることが大切である。いじめ問題の解決には最大限の配慮をする必要があるが、**学級活動や道徳科を活用**

1 校内巡回を行う教員は多いが、担任や生徒指導部の教員は時々保健室の教員は時々保健室を訪ね、児童生徒の状況を確認しておくとよい。じかに児童生徒の様子を見ることができるだけでなく、養護教諭から生徒指導上の情報を得ることができる。また、養護教諭は必ず生徒指導部会や学年会等にも出席し、情報の共有化を図るなど、協働による生徒指導を心がけることが大切である。

2 「保健室が児童生徒のたまり場になっている」「学校への不満の吐き場所になっている」などの声が上がったり、「保健室の先生は何でも受け入れてくれる」「保健室で生徒指導が行われている」などの批判の声が聞かれることもある。こうした状況を踏まえて、保健室は「第2生徒指導室」などと呼ばれることがある。生徒指導の理念が不明確で、しかも学校全体で統一した生徒指導が行われず、校内

して、すべての児童生徒が学級の中にしっかりと居場所が見つけられるように指導することが肝要である。

 ## いつでも、誰でも、どこでもできる

質問例は、学校における教育相談体制の不備によって発生した問題である。児童生徒を受け止めてくれる養護教諭がいただけ幸いだったといえなくもない。

児童生徒への相談活動は第一義的には担任が責任をもつとしても、学年や生徒指導部、養護教諭やスクールカウンセラーなどが所属する保健部などの校務分掌等との連携は絶対に欠かせない。問題によっては保護者や地域の関係諸機関等とのかかわりも大切になる。

教員としては「いつでも、どこでも、誰でも」相談に応じることができるよう、教育相談の研修を深めるとともに実践を心がけることが大切である。そして、生徒指導上の情報を共有し、協働で問題解決を図らなければならない。

 ## 学校全体の生徒指導体制の確立

保健室が授業を抜け出した子どもたちの遊び場になっていたり、養護教諭が児童生徒の情報を抱え込み過ぎて立ち往生している場合もある。いずれにしても生徒指導上看過できない問題である。

保健室に教育相談を任せっぱなしになっていたり、あるいは保健室を孤立させるようなことがあってはならない。そのためには、生徒指導上の情報の共有化を図り、校内外における生徒指導上の連携体制を十分機能させ、問題解決に取り組んでいくことが大切である。決して保健室を「第2生徒指導室」などと呼ばせてはならない。

外での連携に問題がある場合にこうした意見が出てくる。質問例はそのような学校の一つであるといってもよい。

●ダメな対処法・考え方

理由を聞かずに児童生徒が申し出るままに保健室に行かせたり、逆に「風邪か」といって額に手をやり「熱はないな」といって保健室に行かせないなど、一方的に教員の判断で処置することはできるだけ避けるべきである。教員の安易な態度や独断的な判断で児童生徒との信頼関係が失われ、生徒指導を困難にすることがある。

児童生徒の立場に立って、できるだけ丁寧に保健室に行く理由を聴くことが肝心である。そこには児童生徒自身の問題ばかりでなく家庭の問題や、学習上の問題、いじめの問題などが隠されていることがある。

第3章 こんなときどうする？ ポイントはここだ！

POINT

◎教育相談的姿勢で事情を聴取する
◎学級の中での居場所づくりに全力を傾注する
◎情報を共有し協働で指導に当たる生徒指導体制を確立する
×保健室を「第2生徒指導室」にしてはならない

勝手に座席が変わっている！

➡けんか？　嫌がらせ？
席替えを「助け合い支え合える」学級づくりに生かす

質問例

学期はじめの学級（ホームルーム）活動の時間に座席替えをしましたが、いったん決まった座席がいつの間にか変わっていました。あなたは担任としてどう対応しますか？

早期に指導し、その理由を確認する

学期が始まって数か月たつと、決められた座席を移動する児童生徒が出てくることがある。その場で注意をして改まればそれでよいが、いくら注意をしても改まらない場合には、別室に呼んで事情を聴くことが必要になる。「ただなんとなく」「もう飽きたから」などの意見のほかに「嫌いな人の横だから」とか「男の子（女の子）の隣だから」などの意見が出ることがある。

即刻もとの座席に戻るよう指導するとともに、なぜ座席を移動したのかその理由を明らかにすることが大切である。もし誰かのそばならよい、誰かのそばだから嫌というような場合には、当該児童生徒だけでなく学級全体への指導が必要になる。担任としては、自らの学級経営の在り方が問われたものと認識すべきである。

座席替えも学級づくりの一環

座席移動はどの学級でも起こりうる問題である。「先生が勝手に決めた座席だから」「くじ引きで決まった座席だから」などが児童生徒の言い分である。しかし、児童生徒自身が自ら決めた座席であっても、座席移動を繰り返す児童生徒がいないわけではない。

したがって、担任はあらかじめ自らの学級経営上の理念に基づいて、座席配置の考え方を児童生徒に明示しておくことが大切である。

「みんなと仲よくなれる学級」「助け合い支え合う学級」などの学級目標を掲げるとともに、学習指導の中に協働学

❶ 今の子どもたちは3〜4人の小さなグループをつくり、そこに自分たちの世界をつくって閉じこもってしまう傾向がある。そして仲間から排除されまいとするプレッシャーに脅えている。

このことが、不登校やいじめの問題、学級崩壊などの原因の一つであるといわれる。

したがって、教員は学級の子どもたちの人間関係を広げていくための技術を身に付けておくことが求められる。その代表的な技術が構成的グループ・エンカウンターである。

構成的グループ・エンカウンターには知らない者どうしがお互いを知り合うためのエクササイズがある。
・ネームゲーム＝10人程度のグループで自己紹介をし合う。
・ジェスチャーゲーム＝ジェスチャーで何を表現しているかを伝える。
・サイコロトーキング＝どの目が出たらどの話題と、グループで6

習やグループ学習を取り入れたり、学級活動の中で人間関係を深めるためのエクササイズを用意すること、また、学期に一度は座席替えすることなどもこの目標を実現するための一つの方法であるといってよい。

学級づくりと座席替えの原則

座席替えには教員が決める場合と、児童生徒自身が決める場合とがある。学年や学期初めに、あらかじめ男女別や障がいの有無などの人権に配慮した学級づくりの理念に基づいた座席配置の原則を説明しておき、後は児童生徒自身に考えさせてみてもよい。

児童生徒が決める場合には、くじ引きよりは好きな者どうしで座席配置を考えたいという意見が多い。学級の実態や児童生徒の発達段階等を考慮して決めるようにすれば、いずれの方法をとってもよい。一般的に小学校の低中学年では教員の指導性が高くなり、中学校・高等学校では生徒自身にゆだねることが多くなる。肝心なことは座席決めといった問題でも、担任の学級経営の理念の反映であることを理解しておくべきである。

協働学習や班活動で人間関係づくり

近くの席に誰が座ろうと、同じ学級の仲間として生活を共にし、学習に励むことが大切である。そのための土壌づくりとして、協働学習やグループ学習を取り入れるなど、学級活動での班活動を充実させることが大切である。

「できるだけ嫌いな人とは一緒にいたくない、できれば遠ざけたい」などといった偏狭な考え方を払拭し、「共に歩み、共に助け合える学級」を形成したいものである。

つの話題を決めておき、順番にサイコロを振り、出た目の話題を話す。
・共同絵画制作＝5人程度のグループで1枚の画用紙に絵を描く。（諸富祥彦『カウンセリングテクニック』参考）

●座席配置の仕方
①**独立型**：学習に集中できるし、教師も自由に座席間を移動できる。
②**ペア型**：ペア学習に効果的。4〜6人でまとまると、グループ学習や学活等での話し合い活動ができる。助け合い支え合う態度を育てることができる。
③**コの字型**：お互いの顔を見て話し合うことができる。総合学習や道徳科、学活等での話し合いに向いている。
いずれの場合も外側の座席は黒板側に向くように配置する。

●ダメな対処法・考え方
注意して自席に戻らないようなことがあっても、大声で移動を命じたり強制的に戻すことなどは、できるだけ避けたいものである。理由を説明して理解させることが大切である。

第3章 こんなときどうする？ ポイントはここだ！

POINT

◎座席替えを学級づくりに活用する
◎学級の実態や児童生徒の発達段階に応じた方法を工夫する
◎協働学習や班活動などを通じて、人間関係づくりを実践する
×たかが座席替えといって済ましてしまわないこと

体育祭の実行委員が孤立している！

➡ 協力してくれるの？ くれないの？
児童生徒を孤立させるのは担任の責任である

質問例 Ａさんが学級（ホームルーム）日誌に、「体育祭の実行委員になったが、誰も協力してくれない」と書いていました。あなたは担任としてどのように指導しますか？

孤立しているＡさんに寄り添う担任の姿勢

体育祭や文化祭などの実行委員になったが、誰も協力してくれない。行事が近づいているのにみんな知らん振りしている。何とかいい成果を上げたいと意気込んでいるのに誰も動いてくれない。ほかの学級は一つになって盛り上がっている。そんなとき、実行委員に指名されたＡさんは焦燥感に駆られ、次第にイライラ感が高まり、思い余って学級日誌に記入したものと考えられる。

担任としては、そんなＡさんの気持ちや思いをしっかりと受け止め、どんなことがあってもＡさんを全面的に支えていくことを明確に伝えることが大切である。決して担任が繁忙などを理由にして、言葉だけの励ましになってはならない。Ａさんにとって担任の助言や援助などは大きな心の支えとなる。

委員を孤立させないための原則の確認

児童会や生徒会等の学級（ホームルーム）委員を早期に決定したいのだが容易に決まらず、決定までに１か月かかってしまったという事例もある。[1]

学級委員の選出法は学級によって多様であるが、一般的には立候補制と推薦制とを併用して実施されることが多い。推薦の場合には、遊び半分で特定の児童生徒に委員を押し付ける心配もある。

したがって、委員選出の場合にはあらかじめ選出の原則について学級の中で話し合っておくことが大切である。学級の全員が学期に一度は必ず何らかの委員に就かなければ

●こんな質問が来る！
「体育祭の選手を決めるとき、おとなしいＡ君に誰も希望しない種目を押し付けました。あなたはどうしますか」

体育祭の選手を決めるときには、児童生徒の希望と推薦によって行われることが多い。問題はきつい種目には希望者が出ないため、誰かに押し付けようとすることである。おとなしい子や目立たない子などが指名されることがある。場合によってはいじめられている子が名指しされることもある。

学級の中で、「体育の時間などでの記録を参考にしたらどうか」などとの意見が出れば、それを参考にして決めればよい。しかし、いずれの場合でも「最終的には本人の意向や許可が必要である」ことを、担任としては配慮することが大切である。

[1] 学校には多様な委員会が設置されている。もちろん学校や学校種などによって異なる。

ならないこと、次の学期には違う委員を務めること、委員以外の人は積極的に委員の活動をサポートすること、などが考えられる原則である。こうした原則に従って選出された委員は、学級のメンバーに支えられて委員としての活動を行い、その責務を果たしていくものと考えられる。

 ## 協力することの大切さを学ぶ学級活動

学級活動の時間等を活用して、お互いの人格や個性を尊重し、共に協力して学級生活を送ることの大切さについての理解を深め、そして実践できるような学級経営を行っていくことが大切である。

それは学校生活のすべてに及び、学習活動も例外ではない。共に教え合いながら、個々の児童生徒の学びを深めていくことが、協力精神を育み、学級の紐帯を一層堅固なものにする。

 ## 行事を通して協力精神を育み、創造の喜びを味わう

体育祭や合唱際、文化祭等の学校行事は、文化的価値の伝承や新しい文化の創造に取り組むとともに、**学校や学級の仲間が協力することの大事さやその意義等について体験を通じて学ぶよい機会である。**🅑

隣の学級がリーダーを中心にまとまりつつあるのを横目に見ながら、いつまでも一つにまとまらない学級の様子に絶望感を深めるAさんに、担任の支えと介入は必要不可欠な問題である。

行事への取組を通じて、リーダーシップとフォロワーシップの在り方、そして協力するこの大切さと協力によって生み出される力などについて気づかせたい。

主なものとして、中央評議委員、体育委員、文化委員、図書委員、保健委員、環境美化委員、広報委員、選挙管理委員などがその例である。

こうした各種の委員のうち、比較的選出の難しい委員が行事に関する委員と環境美化委員などである。

小学校などでは、おとなしい子や弱い子などにみんなが嫌がる仕事、たとえば美化係を押し付けることがある。この場合には、仕事を押し付けられる子どもだけでなく、他人に係を押し付ける子どもの指導についても配慮することが肝要である。

🅑学校行事には、合唱祭や文化祭などの文化的行事の他に、儀式的行事（入学式や卒業式）、健康安全・体育的行事（体育祭や防災訓練）、旅行（遠足）・集団宿泊的行事（遠足や修学旅行）、勤労生産・奉仕的行事（職場体験活動やボランティア活動）などがある。

第3章 こんなときどうする？ ポイントはここだ！

👉 POINT

◎孤立を深める児童生徒をしっかりと受け止める
◎委員選出の原則を定め、選出方法を検討する
◎行事を通して、リーダーシップとフォロワーシップを学ばせる
×前向きな児童生徒を孤立させないこと

掃除をサボって帰った！

→ どうして？　嫌なの？
しっかり確認し、ときには一緒に掃除する

質問例　掃除当番をサボって帰ってしまう児童生徒がいます。あなたは担任としてどう指導しますか？

事情を確認して適正な指導法を考える

掃除をやらずに下校する児童生徒に対しては、放課後等の時間に呼んでその理由を聴いてみることが大切である。「やりたくないからやらない」「汚いから嫌だ」「掃除用具がいつも足らない」「掃除の仕方がわからない」「家で親の介護をしなければならない」「いじめられるから」など様々な理由が出てくる。▶ その理由によって、各児童生徒に応じた適切な指導法を考えたい。

現場で掃除当番の確認

掃除用具が足りなければすぐ補充し、いじめがあればその対策について考え、家での仕事等があれば学級の児童生徒たちに事情を話して了解を得るようにすればよい。

問題は「掃除当番はやりたくない」「汚いので嫌だ」などという子どもたちへの指導をどうするかということである。実はこうした子どもたちが掃除をサボる子どもたちの多数を占めていると考えてよい。

担任としては、必ず掃除の当番場所に赴いて、掃除の状態や当番メンバーを毎回確認することである。また、できるだけ子どもたちと一緒に掃除をする機会をもつことも掃除の習慣を身に付けさせるためには効果的である。

学活でディベートを行い意識を高める

学級活動や道徳科の時間等を活用して、整理・整頓の習慣、美化清掃の励行、清掃用具の扱い方と保管等、**基本的生活習慣を確立する**ことが、生活に一定のリズムを与え、

●協調性学ぶ「掃育」

岐阜県のある小学校では、縦割りグループで「仲良し掃除」に取り組んでいる。６年生はリーダーとしての自覚や行動が自然に身に付く上に、小さな子のことを考えて行動できるようになるという。

長野県の小学校では「自問清掃」に取り組んでいる。掃除の前に各自が「今日は何を頑張るか」を考える。そして15分間は黙って集中して掃除をする。「自分で考えて動ける子になってほしい」という願いからだという。

▶ 今日の小学校では、掃除の仕方がわからないという子どもがどの学級にもいる。

家庭で雑巾がけや、ほうきで掃いた経験がない子どもたちが多い。雑巾は縦に絞るとよいとか、ホコリを巻き上げない掃き方などの基本から、正しい掃除の仕方を教えなければならない。

教員の側も清掃指導が初めてという若い教

健康や精神的な安定を得るために大事であることを理解させるよう取り組んでいくことが必要である。

学級活動の内容として「学級内の組織づくりや役割の自覚」の問題を取り上げ、掃除当番とその責務、さらに学級や学校生活の在り方との関連性などについて考えさせる。学級のグループや班を２つに分けて「掃除は奉仕活動か」についてディベートを行ってもよい。

できるだけ多様な方法で掃除の意義や分担処理の仕方について理解を深めさせ、具体的に実践できる力を身に付けさせることが大切である。

細やかな児童生徒観察と教員の姿勢

児童生徒を理解するためには児童・生徒観察を怠ってはならない。

学級には早朝から登校して部活の朝練に取り組む児童生徒や補講を受けている児童生徒がいる。そのほかに、前日の部活の着替え等で汚れた教室を清掃し、椅子や机等を整理整頓している児童生徒もいる。中には、家から草花をもってきて教室の花瓶に入れる児童生徒もいる。

早朝から児童生徒の生活は始まっているのである。こうした子どもたちの様子は、教員が早く学校に来ないと決して見つけられないものである。教員もまたできるだけ早めに出勤して、子どもたちの活動に対してちょっとしたほめ言葉や励ましの言葉をかけたり、朝の会や帰りの会で紹介したりすることである。掃除をサボる児童生徒への強いメッセージになることであろう。

員もいる。教員側への研修が必要となる時代を迎えている。

2 具体的に、「清掃などの当番活動の役割と働くことの意義」などのテーマを設定し、議論させることもできる。

●**こんな質問が来る！**

「いつも掃除の時間に遅れてくる児童生徒にどう対応しますか」。

こうした児童生徒に対してはその場で厳重に注意する。あるいは遅刻した時間だけ掃除を延長するなどの指導を行うことが考えられる。そのいずれも効果がない場合には、教員が一緒に掃除をし、仕事をしたあとの達成感や充実感を味わわせたり、他人から「ありがとう」と感謝されるような機会をつくってみることである。

👉 POINT

◎掃除当番をやらない児童生徒の理由を踏まえた指導を行う
◎掃除終了の報告とともに、掃除当番の場所で確認する
◎学活等の時間に、掃除の意義や学級の仕事分担と処理などについて考えさせる
◎児童生徒をよく観察するとともに、教員の後ろ姿を見せる
×「ご苦労さん」だけの言葉がけではサボりはなくならない

あいさつしようよ！

➡ あいさつって大事なこと？　必要ないこと？
あいさつは人間関係づくりの基盤

質問例　「あいさつ」の大切さについて指導することになりました。あなたは担任としてどう対応しますか？

 ## あいさつは心と心を結ぶ架け橋

　早朝に担任が大きな声で「おはよう」とあいさつしても元気のいい返事が返ってこないことがある。小さな声でも言ってくれればまだいいが、いつも返事をしない児童生徒もいる。

　登校の途上で出会った友人とあいさつを交わすことによってお互いがいい気分になったり、「今日も頑張るぞ」とやる気がわいてくる。いつも見守ってくれる近所の方とあいさつを交わし、温かい励ましの言葉をいただくこともある。あいさつは人と人、心と心を結ぶ架け橋である。

　学活でも、普段の授業の中でも機会あるごとに、「あいさつ」の意義やその効用等について児童生徒に語りかけることが大切である。

 ## 家庭や地域社会と連携したあいさつ運動の展開

　基本的生活習慣は、私たちの態度や行動の基本となるもので、その基盤は家庭生活の中で養われるものである。したがって、あいさつや身だしなみ、言葉遣いなどの礼儀作法については家庭と連携することが大切である。

　小学校の早い段階から家庭でのあいさつの励行を心がけるとともに、学校においてもあらゆる教育活動の中であいさつの大事さについて理解させる取組みを通じて、実践力を培うことが必要である。

　「地域に開かれた学校」から「地域とともにある学校」づくりを進める今日、外来者へのあいさつ運動などを通じて社会性を育む教育を実践することが求められる。

 ●こんな質問が来る！

　「児童生徒にあいさつをして無視されたとき、あなたはどうしますか」。

　「すぐ呼び止めて注意をする」「次の機会まで待ってそのときの態度を見てから考える」「少し時間を置き、あいさつをせずに通り過ぎたことについて理由を確かめる」など、様々な対応の仕方が考えられる。あなたならどのような方法であいさつの大切さを教えるであろうか。

　あいさつは礼儀であり、学校では重点的な指導項目の一つであったとしても、快い返事（あいさつ）がないこともある。あいさつをしなかったのは、体調が悪いのではないか、何か心配事を抱えているのではないか、児童生徒の理由や事情などに向き合い、それらを踏まえた対応の仕方で「あいさつ」の意義や効用等を理解させ、指導することが肝要である。

　あいさつが習慣化す

「特別の教科 道徳」の教科書を活用した取組み

「特別の教科 道徳」の内容の「B 主として人との関わりに関すること」では、小学校の低・中・高学年とも、親切、思いやり・感謝・礼儀・友情、信頼が取り扱われ、中学年と高学年ではさらに相互理解、寛容について取り扱われる（中学校の内容項目もほぼ同様）。▶

A社の小学校1年生の道徳科の教科書は学習指導要領の4つの内容を踏まえて、1年間に学ぶ内容を、「じぶんのこと」「ひととともに」「みんなとともに」「いのち、しぜん、うつくしいもの」の4つに分け、「ようこそ、一ねんせい」（みんなとともに）、「べんきょうがはじまりますよ」（じぶんのこと）に続いて、早めに「あいさつ」（ひととともに）を取り上げている。

みんな「きもちのよいあいさつができていますか」と問い掛け、付録に示された漫画を活用して、**具体的にどんなあいさつが適当なのか、あいさつをすれば自分の気持ちや相手の気持ちがどう変わる**などと問うことができる。

武道は礼に始まり礼に終わる

新中学校学習指導要領の保健体育の「体育分野」では、「武道」の充実が図られた。学習内容に「相手を尊重し、伝統的な行動の仕方を守ろうと（大切にしようと）すること」が盛り込まれているが、これは「伝統的な行動の仕方を所作として単に守るだけでなく、礼に始まり礼に終わるなどの伝統的な行動の仕方を自らの意志で大切にしようとすること」を示したものであるといわれる。❷

保健体育の武道の授業の中で、日本における伝統的な行動の仕方として、あいさつの問題に取り組むこともできる。

るまでには多くの時間を要するものであり、無視されても決してあきらめず粘り強く指導を続けることが大切である。

❶ ［礼儀］について、低学年では「気持のよい挨拶、言葉遣い、動作などに心掛けて、明るく接すること」、中学年では「礼儀の大切さを知り、誰に対しても真心をもって接すること」、高学年では「時と場をわきまえて、礼儀正しく真心をもって接すること」とある。中学校では「礼儀の意義を理解し、時と場に応じた適切な言動をとること」とある。

❷ 剣道や柔道などの武道で一番大切なことは「礼に始まり礼に終わる」とされている。「礼」は相手に対して不愉快な思いをさせないように細かい心遣いをするというのが、その基本的な考え方である。

第**3**章 こんなときどうする？ ポイントはここだ！

☞ POINT

◎家庭や地域社会と連携したあいさつ運動を展開し、実践力を育む
◎道徳科や保健体育科の時間を活用して挨拶の意義や効用について考えさせる
×意義を考えさせないで「あいさつ」を強要しても効果は少ない

合唱の練習中にふざけている！

➡ やめようか？　続けようか？
　練習に集中させて達成感を味わわせる

質問例

合唱祭の練習中にふざける児童生徒がいて、ほかの児童生徒が迷惑しています。あなたは担任としてどのように指導しますか？

合唱祭は学級づくりの好機

担任は学年はじめの1か月ばかりをかけて、全力で学級（ホームルーム）づくりに努める。学期の途中で行われる学校行事、とりわけ合唱祭はその特質から学級を一つにするために大きな役割を果たす。担任としては、この好機を絶対逃したくないとして全力で指導に当たるものである。

したがって、ふざけて練習を邪魔するような児童生徒がいた場合には、当該児童生徒に対して、合唱は音楽の得意な児童生徒だけでやるものではなく、学級の児童生徒が自分の役割を果たすとともに、他者の声に耳を傾けて協力し、学級全体で調和させて完成するものであることを理解させ、学級内の志気を低下させるような行為を慎むよう厳重に注意する。

行事の決め方と学級における人間関係の改善

「なぜふざけるのか」「なぜ邪魔するのか」「なぜ協力しないのか」などの理由を明らかにすることが必要である。「曲決めが一方的だった」「リーダーが偉ぶっている」「早く終わりたい」「部活がある」「塾に行きたい」など、背景には多様な事情や考え方がある。

こうした意見を踏まえて、できるだけ早期に問題解決を図っていくことが肝要である。リーダーの選び方や選曲の仕方などに問題がなかったのか、学級全体の意向を正しく反映するとともに少数意見も大事にされていたのか、選出されたリーダーと選出したメンバー間の在り方について問題がなかったのかなど十分に検討しておきたい。

●**こんな場合は？**

おもしろくないからふざけていた、という児童生徒に対してはどのような指導が考えられるだろうか。

真剣にやればおもしろくなり、やりがいも出てくるという言い方もできる。しかし、こうした言い訳をする児童生徒には、音楽に自信がないし、みんなから頼りにされてもいないなど、居場所ややりがいを見つけられない場合がある。

こうした児童生徒に対しては、担任に指導力があれば別の場所で個別指導をすることがあってもよいが、できれば学級のリーダーやサブリーダー等に別途指導を依頼し、練習に喜んで参加できるような体制をつくり上げることが必要である。

また、パートの中にムカつくヤツがいるからちゃかしてやったなどという児童生徒はどう指導すればよいだろうか。

この場合には指導内容が2つあると考えら

いずれにしても行事の決め方や進め方を十分に検討しておくこと、学級内の人間関係や役割の分担と遂行の仕方について共通理解を図っておくことが大切である。

 ## 学級には協調性を、個人には達成感を

学校行事は、「全校又は学年の生徒で協力し、よりよい学校生活を築くための体験的な活動を通して、集団への所属感や連帯感を深め、公共の精神を養いながら、（特別活動）第1の目標に掲げる資質・能力を育成することを目指す」ものである（新中学校学習指導要領「特別活動」）。

学校行事の中でも合唱祭は、その性格から学級内の協調性を育み、学級を一つにまとめる。また、その結果のいかんにかかわらず、やり遂げたことの満足感や達成感、充足感を与えるものである。

担任は、このことに留意して合唱祭に取り組む。担任の全力で取り組む姿勢が、ふざけたり、途中で抜け出す児童生徒を思いとどまらせることにつながる。

 ## 行事を中心に、教育活動全体を調整

学校行事の活動時間は主として放課後である。その場合には、学校全体でも個々の児童生徒にとっても個人的な事情がある。それらを勘案して事前に学校行事を中心に全体調整を図っておくことが大切である。

特に、中学校・高等学校では部活動との調整が必須である。部活動と学校行事との時間配分に配慮すること、部活動を学校行事の中に取り込んでいくことなど、さまざまなことが考えられる。今日では塾や予備校との関係も十分考えておかなければならない大きな課題である。

れる。一つは、パートの仲間にムカついているということである。どうしてムカつくのか、その理由を聞き、パートだけでなく、学級のみんなと仲よくすることの大切さを理解させなければならない。そのためにも、パートの練習に積極的取り組むことによって、ムカつく相手をよく知る機会をもつことが大切であると指導する。あとで「あいつにはこんないいところがあった」との報告を受けることもある。

もう一つはいくらムカつく相手であっても、他人の人間性を否定するような言葉がけの不当性を理解させることである。学級のすべての児童生徒が人として正当に扱われ、その尊厳性が尊重されることが何より大切であることをしっかりと理解させ、確認させることである。人権尊重の教育は今日の学校教育に課せられている大きな課題の一つである。

👉 POINT

◎合唱祭は学級づくりの好機ととらえ、人間関係の改善に取り組む
◎合唱祭を通じて、学級には協調性や連帯感を、個人には達成感や充足感を得させる
×校内調整なしに学校行事にかかわる生徒指導はできない

文化祭への出し物を決める！

➡ 自主性尊重か？　担任指導を強化するか？
　クラスの実態を踏まえて、バランスのよい指導を行う

質問例　文化祭にクラスで参加することになりました。参加テーマや内容を決めるに当たって、あなたは担任としてどう指導しますか？

文化的行事の目的とねらい

　新小中学校学習指導要領では、「平素の学習活動の成果を発表し、自己の向上の意欲を一層高めたり、文化や芸術に親しんだりするようにすること」を、文化的行事のねらいとしている。

　こうした文化的行事には、生徒が各教科等における日ごろの学習や活動の成果を総合的に発展させ、発表し合い、互いに鑑賞する行事と、外部の文化的な作品や催し物を鑑賞するなどの行事がある。前者には、文化祭や学習発表会、音楽会（合唱祭）、作品発表会などがあり、後者には、音楽鑑賞会や映画・演劇鑑賞会、伝統芸能等の鑑賞会、講演会などがある。

文化祭とクラス参加

　文化祭や体育祭は学校生活に変化と彩りを与える大きな学校行事である。伝統や特色ある学校行事は小中学生や保護者、地域社会等にも浸透し、参加する児童生徒自身の学校への所属感や帰属意識を高める。

　一方では学校行事を授業が行われない日ととらえ、自校の学校行事には無関心あるいは非協力的な態度を示す者がいる。担任としては、こうした学校や学級の実態を明確にするとともに、文化祭の目的やねらい等を踏まえた上で、クラスで参加する意義や出し物等を具体的に考えさせていくことが大切である。**学校行事には、クラスの仲間が団結し、協力し合えるクラスをつくる効果がある。**

●**こんな質問が来る！**
「喫茶店や屋台ではどうしていけないのですか」という質問が来る場合がある。

　クラス全員で考えたものだからいいじゃないかとか、喫茶店や屋台の出し物でクラスが一つにまとまることがあるとか、中身がどんなものであろうと生活に変化を与えリズムを付けるためには格好の機会なのではないか、などがその理由と考えられる。

　確かに一見問題がないように見えるし、実際そうした出し物が多いのも事実である。

　しかし、これらの出し物は児童生徒たちが安易に考え出したものであり、日常の教育活動を反映したものではない。大事な学習活動の時間をつぶしてまで行われる学校行事としてはふさわしくない。

　日頃の教育活動の成果を発表し、文化祭の内容がまた、教科の学習の深化につながるような文化祭を創出したいものである。

参加の形態と内容決め

　文化祭参加の形態はいろいろ考えられるが、文化祭の意義を踏まえると、できるだけ教科や総合学習、部活動等を中心とした参加形態が望ましい。しかしクラス参加があってはいけないという問題ではない。どのような内容でクラス参加するかということが問題なのである。

　クラスの出し物は、最終的には児童生徒自身で決定するのが望ましい。担任としては、文化祭の意義や統一テーマを考慮する、クラスの協力体制をつくり実行する、時間厳守と安全配慮に十分心がけるなど最低限の指導助言にとどめ、温かく見守り支えていくことが大切である。

　クラスによっては、飲食店や屋台、お化け屋敷やモグラたたきなど、安易な出し物に決めてしまうことがある。また、一部の者だけで出し物を決めてしまうこともある。担任の指導の手が入らなければならないケースである。

　まず、意思決定の方法を考えさせ、次に統一テーマに沿った出し物であり、文化祭の意義やねらいにふさわしいものであることを、時間をかけてじっくりと指導することが大切である。こうした努力が結果的に文化祭後のクラスでの生活に大きな影響を与えることになる。

文化祭は日常生活の反映

　日常的な学校生活の在り方が、文化祭のテーマや内容、出し物等の在り方を決めるといっていいのではないか。

　したがって、日頃の学級活動や教科、総合学習等の指導を充実させるとともに、部活動の活性化等に一層取り組んでいく必要がある。「ローマは一日にして成らず」である。

●文化的行事で育成される資質・能力

- 他の生徒と協力して日頃の学習や活動の成果を発表したり、美しいものや優れたものを創り出し、自ら発し合ったり、芸術的なものや伝統文化を鑑賞したりする活動に必要な知識や技能を身に付けるようにする。
- 他の生徒と協力して日頃の学習や活動の成果を発表したり、美しいものや優れたもの、芸術的なものや地域や我が国の伝統文化に触れたりして、自他の個性を認め、互いに高め合うことができるようにする。
- 生涯にわたって、多様な文化芸術に親しむとともに、集団や社会の形成者として伝統文化の継承や新たな文化の創造に寄与しようとする態度や、自己の成長を振り返り、自己を一層伸長させようとする態度を養う（中学校学習指導要領解説「特別活動編」）。

第3章 こんなときどうする？　ポイントはここだ！

👉 POINT

◎文化祭は日頃の学習や活動の成果を発表する行事である
◎クラス参加にはクラスへの所属感や帰属心を高める効果がある
◎自主性か教員主導型かは、クラスの実態によって決まる
×児童生徒の自主性尊重の名目で放任してはいけない

借りた本を返さない！

➡ 忘れてしまったの？　なくしたの？
　もち物や金銭の返却、貸借関係のあり方について考えさせる

図書室（館）で借りた本を返さない児童生徒がいます。あなたは担任としてどう指導しますか？

 ## 早期に指導するのが肝要

　まずは期日を忘れてしまったのかもしれないなどと善意に判断して、朝の会などで返却を促してみるのがよい。

　児童生徒の発達段階や性格等に配慮して、廊下ですれ違ったときや放課後等、できるだけほかに児童生徒がいないときを見計らって直接言わなければならないこともある。いずれにしてもできるだけ早いうちの対応が望ましい。

 ## 返却しない理由を踏まえた指導

　軽く注意をしてもなかなか返さないこともある。その場合には少し時間をかけて、返さない、あるいは返せない理由などについて聴いてみることである。

　普段の生活がルーズなのでついつい忘れてしまっている、知ってはいるのだが返さなければならないという意識が薄い、学校や教員・学級の児童生徒たちに不満があってあえて返却しない、返却しようにも現物の本をなくしてしまったなど、いろいろな理由が考えられる。理由を聴く場合には、**図書室で本を借りたこと自体については評価する言葉をかけたい**ものである。

　約束やきまりごとを守ることができない児童生徒に対しては、学級活動や道徳科などすべての教育活動を通して、約束やきまりを遵守することの大切さなどについて考えさせていかなければならない。朝の会で今日1日の約束事を決めて、帰りの会に実行できたかどうかを確認すのも一つの方法である。借りた本をなくしてしまった児童生徒に対してはその経緯を思い出せるように指導し、担任も一緒に

1 学校図書館法では、学級数が合計12学級以上の学校には、学校図書館の専門職務を担う「司書教諭」を必ず置くとしている。「司書教諭」は、学校図書館資料の選択・収集・提供などや子どもの読書活動に対する指導、さらには学校図書館の利用計画を立案しその実施の中心となるなど学校図書館の運営・活用についての中心的役割を担う。教員としてではなく事務職員が学校図書館に勤務する場合は「学校司書」と呼ばれている。

●**ココにも注意！**
　借りた本を友人にまた貸ししている場合がある。こうした場合には、また借りした児童生徒に対しても指導が必要になってくる。
　貸し借りしたことの問題点を含めて指導することになるが、一方でこうした現実が学級内に広がっていることも考えられるので、同時に学級全体に対する指導を行う必要もある。

なって探してみる。また、保護者にも連絡して、場合によっては同じものを買って返却させることもあってよい。その上で、規則やルールを守ること、借りたものは責任をもって返すことの大切さについて厳しく指導することが必要である。

図書委員会の活動に位置づける

図書室で借りた本の返却に関することなので、ここでは**図書委員会の活動を充実させて、できるだけ児童生徒自身で問題解決を図るよう指導したいところである**。

図書の貸出と返却の一覧表を事前に作成しておき、返却表には返却日と期限までに返却しない場合の処置などを書き込んで図書室の入口に掲示する。返却予定日の前日には学級の図書委員が返却予定者の氏名を報告するなど、できるだけ児童生徒の手で図書活動を進めることによって、問題を未然に防ぎ、読書活動を一層充実させるよう工夫することが大切である。

きまりや約束を守って充実した学校生活を送る

図書の返却をめぐる問題を契機に、担任としては学級活動や道徳科を通して、**規則正しくきまりよい学校・学級生活を送ることの大切さについて考えさせる。**

集団生活としての学級や学校の生活を充実させ発展させるためには一定の約束や規則が必要であり、自分自身が集団の一員であるという自覚と責任感をもち、役割を分担処理することが必要であること、そのことによってはじめて楽しく豊かな学校生活が生まれることを理解させたいものである。

●関連問題

筆記具やノートなどの物の貸し借り、中学校や高校では金銭の貸借関係が大きなトラブルを招くことがある。

基本的には、物や金銭の貸し借りを禁止すべきである。限定的に認める場合には、一定のルールを定めておかなければならない。無理強いしないこと、必ず許可を受けてから借用すること、などがその原則の一つである。

問題は金銭の場合である。高額な金銭は抜き取りの被害に遭うこともある。そのため、学校には高額な金銭をもってこないこと、学校や銀行などへの支払いなどでやむをえない場合には担任に預けることなど、金銭に関する規則や校則を定めている学校が多い。

したがって、金銭にかかわる問題については学級内だけの問題とはせずに生徒指導部や学年が中心になって、学校全体の問題として取り組み、指導に当たることが大切である。

第3章 こんなときどうする？ ポイントはここだ！

☞ POINT

◎返却しない理由に対応した指導が肝心である
◎図書委員会など児童生徒自身での問題解決を図る
◎約束やきまりを守ることが楽しく豊かな学校生活を導く
×一方的に叱るだけでは逆効果である

給食を残す！

➡ 給食指導を通して食育を推進し、
　望ましい食習慣を形成する

質問例 給食をよく食べ残す児童生徒がいます。あなたはどのように指導しますか？

学校給食の意義と実態

　学校給食は、栄養バランスのとれた豊かな食事を子どもたちに提供することにより子どもたちの健康の保持増進を図るとともに、食に関する指導を効果的に進めるため、給食の時間はもとより、各教科や特別活動、総合的な学習の時間などにおいて生きた教材として活用できるなど、大きな教育的意義を有している。■ 令和３年の調査によると、小学校の99.0％、中学校の91.5％が学校給食を実施している。■

先生も好き嫌いがあった

　給食を食べ残すのには、食べ物の好き嫌いや偏食等に原因がある場合が多い。小学校では、きめられた時間内に給食を食べられないということもある。

　例えば、ピーマンが嫌いな児童がいた場合には、担任自身の過去の経験を話してみるのもよい。「実は先生もピーマンが嫌いだった」と言えば、先生も嫌いだったんだと親近感がわいてくる。その上で「カレーライスの具に入れてみたら簡単に食べられたよ」などと言ってみる。

　また、子どもの好き嫌いは家庭の問題であることが多い。保護者の好みが子どもの食習慣を形成し、給食が食べられないといった実態もある。「きめられた時間内に食事が終えられない」児童生徒の指導を含めて、保護者との連携を深めることが大切である。

食育の推進と望ましい食習慣形成

　最近の児童生徒の食生活の乱れが、生活習慣病や心の健

■ 平成27年６月に改正された学校給食法では、法律の目的に「学校における食育の推進」を明確に位置づけるとともに、栄養教諭が学校給食を活用した食に関する実践的指導を行うこと、校長が食に関する指導の全体計画を作成することなどとされた。

　なお、学校給食の目標の要点は、以下の通りである。

• 適切な栄養の摂取による健康の保持増進を図ること。
• 日常生活における食事について正しい理解を深め、望ましい食習慣を養うこと。
• 学校生活を豊かにし、明るい社交性及び協同の精神を養うこと。
• 食料の生産、流通及び消費について、正しい理解に導くこと。

■ ちなみに、高等学校における学校給食は、主として定時制の課程において行われている（夜間定時制の66.1％）。

康問題に発展するなど食に起因する健康問題を生み出している。そのため、学校においては食育を推進し、望ましい食習慣を形成することがきわめて重要な課題となる。

　学校における食育は、教科や総合的な学習の時間など学校の教育活動全体を通じて総合的に行われるべきものであるが、昼の給食の時間はその中心的な指導の場となる。給食の時間は、楽しく食事をすること、栄養の偏りのない食事のとり方、食中毒の予防にかかわる衛生管理の在り方、共同作業を通して奉仕や協力・協調の精神を養うことなど望ましい食習慣の形成を図るとともに、食事を通しての好ましい人間関係の育成を図ることをねらいとしている。

　心身の健康に関する内容にとどまらず、自然の恩恵などへの感謝、食文化、食料事情などの問題についても教科等との関連を図りながら指導を進めていく必要がある。

 ## 学校内外との連携

　学校における食育は給食の時間を中心に行われるが、家庭科や保健体育などの教科や総合的な学習の時間、学級活動等の時間を活用して、学校全体で総合的に進めていくことが大切である。また、栄養教諭の専門性を生かしつつ、学校栄養職員や養護教諭などの協力を得て指導に当たることも大切である。

　さらに、できるだけ地元の食材を使うよう心がけ、学活の時間には生産農家の方に、食料生産の苦しみや楽しさ、自然の恵み、地球温暖化と食糧危機等について語ってもらい、児童生徒たちに食料の大切さだけではなく、食文化や食料問題等への関心を高める授業を進めることもできる。

　小・中学校の学習指導要領の特別活動の学級活動の内容で、「食育の観点を踏まえた学校給食と望ましい食習慣の形成」が示されている。

●ダメな対処法・考え方
　給食を残した場合の指導については、みんなの前で厳しく叱るとか、強制的に食べさせるなどといった方法も考えられるし、小学校の場合などでは「もったいない」「つくった人のことを考えなさい」「世界には食べられない子どもがたくさんいる」などといって言葉で理解させようとすることもあるが、いずれもあまり効果がない。

　長い間の家庭での食習慣の問題なので容易に改めることは難しい。したがって、時間はかかるが教育活動全体を通じて、食育の推進や食習慣の改善等に取り組むことが必要である。

POINT
◎教員の体験をもとに、食事の楽しさや喜びを語る
◎学校の教育活動全体を通じて食育を推進し、望ましい食習慣を形成する
◎給食の時間や学活を中心に学校内外の連携体制を確立する
×単なる「残食」指導だけでは効果がない

第3章　こんなときどうする？　ポイントはここだ！

給食費や修学旅行費を滞納している！

➡️ 督促するか？　公的な支援制度を紹介するか？
学校徴収金問題は学校全体で取り組む

 質問例

「先生のクラスのＡ君が給食費や修学旅行費を３か月分滞納しています」との連絡を事務職員から受けました。あなたは担任としてどう対応しますか。

 ## 深刻化する学校徴収金の未納問題

　小中学校は義務教育なので授業料や教科書代はかからないが、実際には補助教材費や給食費、修学旅行代の学校徴収金（学校集金）、さらに文房具代や制服代等が必要となる最近では物価高の影響もあり、学校の制服や文房具、給食費なども大幅に値上がりして、家計を直撃している。令和3年度小中学生の「学習費」は過去最高。コロナ禍で修学旅行費は減ったが、塾の費用はそれを上回った。

　このような費用を負担することが困難な児童生徒の保護者を経済的に支援するため、**市町村が行う就学援助制度がある**。学校教育法第19条の「経済的理由によって、就学困難と認められる学齢児童又は学齢生徒の保護者に対しては、市町村は必要な援助を与えなければならない」に基づき、小中学校への就学困難な学齢児童生徒の保護者に対して、学用品の給与などを行う制度のことである。

　高等学校等に通う生徒に対する経済的支援としては、授業料に充てるための**高等学校等就学支援金制度**や授業以外の教育費に充てる**高校生等奨学給付金**等がある。高等学校等就学支援金は、これまで、公立高校と私立高校に通う生徒の間では教育費負担に大きな格差があることや、低所得者世帯では教育費負担が依然として大きいなどの課題があったことのへの対応としての制度である。この制度は、平成26年度以降に、高校（国公私立の全日制・定時制・通信制）、中等教育学校後期課程、特別支援学校の高等部、高等専門学校（1～3学年）、専修学校（高等課程）などに入学した生徒が対象である。一方、高校生等奨学給付金

❶ 公立中学校の学校教育費の支出構成は、教科外活動費、学用品・実験実習費、制服費、修学旅行費、通学用品費、図書費、通学費、学級・児童会・生徒会費等の順になる。

❷ 入学準備金は学校教育法に基づき、低所得の世帯の子どもに学校で使う物品の費用などを補助する就学援助制度の一環で、小中学校への入学時に支給される。支給額は市区町村が決めるが、文科省が目安を示しており、新小1生4万600円、新中1生4万7400円となっている。また、支給時期をこれまでの1学期末より前倒しして入学前に支給する自治体が増加。就学援助の対象は生活保護世帯とそれに準ずる「準要保護」の世帯の小中学生。

❸ 令和2年4月に改正され、「課税所得」を基準に私立高校などに通う生徒の「就学支援金」の上限が引き上げられ、私立高校授業料が

は、すべての意思ある生徒が安心して教育を受けられるよう、授業料以外の教育費（教科書費、教材費、学用品費、通学用品費、校外活動費、生徒会費、PTA会費、入学学用品費など）の負担を軽減するため、高校生等がいる低所得世帯を対象に支援を行う制度である。

事情聴取と保護者対応

担当の窓口は事務室であるが、指導等については担任が当たることが多い。担任は始めに児童生徒から事情を聴くことになるが、児童生徒の状況や家庭環境、また児童生徒の発達段階等に配慮して聴くことが大切である。彼らにとって心理的な負担となることも考えられるからである。高校生の場合には直接本人から聴くことになるが、小中学生の場合には保護者から聴いたほうがよい。

就学援助制度の活用とアルバイトの問題

担任は校長の指示を受け、学年主任や事務職員等複数の教職員で保護者との話し合いに応じる。初めは電話等で督促を促してもよいが、効果がない場合には保護者との直接的な対応を試みる。学校で話し合いを進めるほうがよいが必要に応じて家庭訪問しなければならないこともある。

保護者の事情等によっては、就学援助制度や高校生等奨学給付金等の活用を勧めることがあってもよい。時には、分割納付を求めることもあるが、その際、納入計画書の提出を求める。悪質な場合には法的処置をとるという学校側の毅然とした姿勢を示すことがあってもよい。

高校生の場合には、アルバイトで支払うということも起こってくるが、その場合には、学習に支障が出ないよう、担任や学年、生徒部等の特別な指導と配慮が欠かせない。

実質的に無償化となる。

●高等教育の修学支援新制度

住民税非課税世帯と所得がそれに準ずる世帯の子が大学、短大、高等専門学校、専門学校等に通う場合、授業料・入学金を減免し、返済不用（給付型）の奨学金を支給する。

「両親と大学生、中学生」というモデル世帯（4人）の場合、年収380万円未満が対象となる。

●学校の指導体制の確立と保護者への周知

学校徴収金は保護者にとっては大きな負担となるので、入学時だけでなく、保護者会等の機会を活用して、その必要性や支払方法等について、周知しておくことが大切である。

学校徴収金問題は不況など経済的状況等とはかかわりなく起こる問題なので、あらかじめ指導体制を確立しておき、児童生徒の心理的負担をできるだけ取り除くよう万全の態勢を整えておきたいものである。

第3章 こんなときどうする？ ポイントはここだ！

👉 POINT

◎児童生徒の発達段階や諸事情等を踏まえ、丁寧に聴き取ること
◎「就学援助制度」や「高等学校等就学支援金制度」等の活用を勧める
×すべてを担任や事務職員等に任せてしまうこと

グループに入れない子どもがいる！

→ 仲間はずれは「いじめ」の態様の一つ
「認め合い助け合える学級」を目指した学校行事

質問例

修学旅行のグループ（班）をつくることになりましたが、日頃からおとなしいＡ君はどこのグループ（班）にも入れませんでした。あなたは担任としてどう指導しますか？

 ## いじめの疑いがある

担任が最初にやることは、子どもたちがＡ君をおもしろ半分で、あるいは嫌がらせでのけ者にしていることの問題点について考えさせることであり、学級の子どもたちがしている「仲間はずれ」や「集団による無視」などが、「いじめ」に当たることを気づかせることである。

仲間はずれになったＡ君はどんな思いであったろうか。相手の立場に立って考えてみることの大切さについてしっかりと伝えていくことが必要である。仲間はずれがどんなにつらいのか、仲間はずれが人間として間違っていることに気づけば、問題解決への大きな手がかりになる。

 ## 活動をチェックし、児童・生徒理解を深める

今回初めてＡ君がのけものにされたとは限らない。普段の清掃当番や給食当番などの中でも時々見られていたことで、知らないのは担任だけだったのかもしれない。

掃除当番や給食当番など係活動にも積極的に足を運び、**児童生徒の活動にはできるだけ多くの時間をかけてかかわって児童・生徒理解に努めるべきである。**また、「学級ノート」「生活ノート」「手紙ノート」などを活用することによって、担任は児童・生徒理解を一層深めることができるし、児童生徒は自らの悩みを訴え、相談をすることもできるようになり、児童生徒と教員間の信頼関係も育まれる。

こうした日常的な児童生徒との交流が問題を未然に防ぐとともに、問題が発生した場合には適切な対応をとることができるようになる。また、問題によっては養護教諭やス

■ 楽しみにしていた修学旅行なのに、どこのグループ（班）に入ることもできない、みんなから仲間はずれ（仲間はずし）にされていることくらい、子どもたちにとって悲しくつらいことはない。

Ａ君はおとなしく、消極的で一緒に遊ぶ友達もいない。こうした傾向はＡ君だけではなく、どこにでも見られる。担任としては、できるだけ学級のみんなが親しくなり楽しく遊べる機会をつくり、子どもたちの友達づくりを支援する必要がある。

学級活動や道徳科等で、学級遊びやグループ遊びについて検討させてみるのもよい。遊びの内容や時間等については子どもたち自身で考えさせ、担任はあくまで助言者の立場に終始する。

Ａ君が学級内で受け入れられるための取組みは、修学旅行が行われる以前から始まっていることも押さえておくべきである。

クールカウンセラーなどの協力を仰ぐことになる。

認め合い助け合える学級づくり

　学級における学習活動や係活動等を通して、児童生徒がお互いに認め合い確かめ合える機会をできるだけ用意することである。国語の教科書の読み方がうまい子、漢字の王様、算数の神様、掃除のうまい子、給食の盛り付けのきれいな子、箸の使い方の上手な子、けん玉のチャンピオンなど、子どもの得意分野を探して評価することなど、教室は宝の山であることを伝えたい。

　そして、それぞれの得意部分を生かし、不足部分を補い合っているのが学級であることを認識させたい。**学級を形成するすべての人が必要とされており、必要でない児童生徒は誰もいないのである。**小学校における集団遊びや中学校でのグループ学習の実践も効果的な取組みである。❶

学校行事を通じた仲間づくり

　修学旅行は、遠足や、移動教室、野外活動などとともに、学校行事の旅行（遠足）・集団宿泊的行事として位置づけられる。❷学校外で行われる活動なので、できるだけ大集団の行動を避け、適当な人数に分けて実施することが指導の効果を高め、安全に配慮することになる。

　そのため、学校では、学級ごとに数グループを形成して修学旅行を実施するのが一般的である。また、修学旅行の目的やねらいによっては事前学習や事後のまとめや発表を行うことも考えられる。そのためにも、グループ（班）編成が必要となる。**修学旅行という学校行事を通じて「仲間づくり」を中心にした学級づくりに取り組みたい。**

❷野外活動は、自然環境の中で、規律ある共同生活やキャンプ、ハイキング、ピクニック、海水浴、ワンゲル、天体観測、登山などの各種の活動を集団で行うこと。

●旅行（遠足）・集団宿泊的行事のねらい
　校外の豊かな自然や文化に触れる体験を通して、学校における学習活動を充実発展させる。また、校外における集団活動を通して、教師と生徒、生徒相互の人間的な触れ合いを深め、楽しい思い出をつくることができる。さらに、集団生活を通して、基本的な生活習慣や公衆道徳などについての体験を積み、集団生活の在り方について考え、実践し、互いを思いやり、共に協力し合ったりするなどのよりよい人間関係を形成しようとする態度を育てる（新中学校学習指導要領解説「特別活動編」）。

第3章　こんなときどうする？　ポイントはここだ！

👉 POINT

◎仲間はずれは、いじめである
◎日常的に子どもの様子を観察し、児童・生徒理解を深める
◎修学旅行や遠足などは仲間づくりの絶好の機会である
×児童生徒のわがままを放置したままにしておくこと

学校で犬を飼いたい！

➡ 飼えるの？　飼えないの？
　学校では動物を飼うことができない理由を説明する

質問例 子どもたちが登校中に子犬を拾ってきました。学級でぜひ飼いたいと言っています。学校では犬を飼えないという前提で、あなたは担任としてどう指導しますか？

心の優しさに共感する

　登下校の途上で震えて鳴いている子猫や子犬などに出会い、かわいそうになって家や学校に連れてくるということは、小学校の低中学年の子どもたちにはよく起こる健全な行為である。家庭では保護者が困ってしまい「拾ったところへ返してきなさい」「捨ててきなさい」などと言われ、泣きながらもとの場所に連れていく様子が目に浮かんでくる。学校では、担任が保健所や動物指導センター等に連絡し相談するのが一般的である。子どもたちのことを考えて、引き渡しを少しずらすことがあってもよい。

　しかし、まだ自力で生きることのできない、かわいそうな子猫や子犬を哀れんで学校に連れてきた行為については「偉かったね」「優しい気持ちをもっているね」などと評価し、子どもの気持ちに共感することが大切である。

学級討議にかけずに飼えない理由を理解させる

　子どもたちが子犬を連れてきたことは学級全員が周知していることなので、担任は学校では飼えないことを学級活動や道徳科、場合によっては教科の時間を使ってでも子どもたちに説明し、理解させなければならない。[1]

　担任によっては学級で飼うことを許してしまうことがあるが、これでは統一的な生徒指導はできない。よくあることなので、事前に学校としての考え方やその理由等を明確にしておき、**全体で統一的な指導を行う必要がある。**

　また、子犬を飼うべきか否かを学級の討議にかけるという方法も考えられるが、討議の結果が飼うことになった場

[1] 小学校の「特別の教科 道徳」の内容「主として生命や自然，崇高なものとの関わりに関すること」の中に自然愛護に関する項目がある。小学校1・2年生では「身近な自然に親しみ、動植物に優しい心で接すること」、3・4年生では「自然の素晴らしさや不思議さを感じ取り、自然や動植物を大切にすること」、5・6年生では「自然の偉大さを知り、自然環境を大切にすること」となっている。小学校学習指導要領解説「特別の教科道徳編」では、「人間と自然や動植物との共存の在り方を積極的に考えること」としている。

　なお、中学校の特別の教科道徳では、「自然の崇高さを知り、自然環境を大切にすることの意義を理解し、進んで自然の愛護に努めること」としている。

●神経芽細胞腫で亡くなった小学生・宮越由貴奈さんの詩
命はとても大切だ

合の指導の難しさと子どもたちの反応等を勘案すると、学級討議にかけることは好ましくない。

 ### 他人や動物を思う優しさを学級の仲間にまで広げる

　学級で飼うことができなくなっても、道徳科や学級活動などを通して、子犬に抱いた優しさや動物愛護の考え方を、他者とのかかわりの在り方や自然や動植物との共存の在り方などを考えさせる学習へと発展・深化させていきたい。学級の中に広がっている子犬に対する思いや愛情を学級の子どもたちにまで広げ、さらに自然や動物との関係に思考を深め、人間と自然や動植物との関係の在り方について考察させることは時宜にかなった取組みである。

 ### 自然や動植物との共存意識を高める

　子犬の飼育問題を契機に命の問題に取り組むこともできる。道徳科や学級活動の時間に、子犬が飼えないのならばほかのものを飼ってみるのはどうかなどといった意見が出ることもある。たとえば、魚の飼育や植物の栽培などである。

　飼育を始めてみると、えさの問題や水遣りなど多くの手間がかかること、また、生き物には死があることなど、様々な問題に遭遇することになる。いずれも容易に解決できる問題ではない。学校でなぜ子犬を飼うことができないのか、飼うためにはどれだけの費用と労力が必要となるのかなど、子どもたちは多くのことを学ぶことになる。学級での動植物の飼育・栽培議論や実際の飼育・栽培経験などを通して、学校の考え方が心から理解されるようになり、また、学級における人間関係が深まり、自然環境や動植物への思いも強まっていくものと考えられる。

人間が生きるための電池みたいだ
でも電池はいつか切れる
命もいつかはなくなる
電池はすぐにとりかえられるけど
命はそう簡単にはとりかえられない
何年も何年も
月日がたってやっと
神様から与えられるものだ
命がないと人間は生きられない
でも
「命なんかいらない。」
と言って
命をむだにする人もいる
まだたくさん命がつかえるのに
そんな人を見ると悲しくなる
命は休むことなく働いているのに
だから　私は命が疲れたと言うまで
せいいっぱい生きよう

●ダメな対処法・考え方
　「学校で決めたことなのでダメだ」だけでは子どもたちは納得しない。学校の事情を背景に担任は子どもを説得する言葉を用意しなければならない。

🖐 POINT

◎心の優しさに共感し、飼えない理由を明確に指導する
◎子犬を思う優しさを学級の仲間にまで広げる
◎飼育問題を契機に、自然や動植物との共存のあり方を考えさせる
×子どもの思いを無視した指導は逆効果である

第**3**章　こんなときどうする？　ポイントはここだ！

発達障害の子どもへの対応！

➡一緒だとイヤだよ？　一緒にいたい？
　すべての児童生徒のよさを見つけ伸ばす教育を進める

質問例　学級の中にLDやADHDなど発達障害の児童生徒がいます。あなたは担任としてどう対応しますか？

障がいのある子どもと指導計画の作成

学習の不得意な子、運動の不得意な子、障がいを抱えている子、学級の中にはいろいろな児童生徒がいる。こうした児童生徒の一人ひとりに適切な支援をしていくためには、児童生徒が出している様々なサインに担任が「おかしいな」とか「どうしてかな」などと、気づかなければならない。

学校生活の中で、具体的に「黒板の文字を写すときになると手が止まるのはどうしてか」「書くのにほかの子より必要以上に時間がかかるのはどうしてか」「授業中10分くらいすると立ち歩きが始まってしまう。注意したら座るが、すぐまた離席してしまう」などの様子や疑問から発達障害を疑ってみる。担任としては、児童生徒が困っている状況などをしっかりと観察し、**児童生徒が出すサインを受け止め、その上で児童生徒一人ひとりの教育的ニーズに対応した個別の指導計画を立てることが大切**である。

障がいのある児童生徒と学級の児童生徒への指導

文科省の「小中学校におけるLD、ADHD、高機能自閉症の児童生徒への教育支援体制の整備のためのガイドライン（試案）」によると、発達障害のある児童生徒自身も自らを知らなければならないとして、「計算は出来るけれど応用問題はできない」「ついつい忘れ物をしてしまう」「みんなと合わせて行動するのは苦手」など、自分の得意と不得意なことをしっかり理解しておくこと、顔や背の高さ、好きな食べ物など、一人ひとりが違っているのは当たり前で、それはすばらしいことであること、不得意なところだけに

1 各学校においては、全校的な支援体制を確立し、発達障害を含む障がいのある児童生徒の実態把握や支援方策の検討等を行うため、校内に特別支援教育に関する委員会を設置する。
　委員会は、校長、教頭、生徒指導主任、学年主任、特別支援教育コーディネーター、スクールカウンセラー、その他必要と思われる者で構成される。

2 小中学校においては、校内委員会の設置、特別支援コーディネーターの指名などの基礎的な支援体制はほぼ整備され、「個別の指導計画」の作成、「個別の教育支援計画」の作成についても着実な取組が進んでいる。
　しかし、幼稚園・高等学校における体制整備は進んだものの、小中学校に比べて課題もみられる。
　また、各教育委員会では、公立幼稚園・小中高等学校に、障がいのある児童生徒に対する学校生活上の介助や

目を向けるのではなく、自分の得意なところに目を向けることなど、自分を知るための３つの視点を明示している。

このことは、実は障がいのいかんにかかわらず学級の児童生徒全員が自覚しなければならないことである。**学級のすべての児童生徒たちが自らのよさを知り、問題があれば改めるよう指導していくのが担任の責務**である。

特別支援教育の理念と指導体制の整備

学校内で発達障害の子どもたちの教育を進めるに当たって特別支援教育の理念は大きな支えとなり、原則となる。「特別支援教育は、障害のある幼児児童生徒への教育にとどまらず、障害の有無やその他の個々の違いを認識しつつ様々な人々が生き生きと活躍できる共生社会の形成の基礎となるものであり、我が国の現在及び将来の社会にとって重要な意味を持つ」（平成19年文科省初中局長通知）。各学校においては、校内委員会や特別支援教育コーディネーターの設置など校内体制を整備し、保護者や医療・福祉等の関係諸機関と連携し、障害のある児童生徒一人ひとりの教育的ニーズを把握し、適切な教育支援を行うことが重要である。➡ また、特別支援学校と連携し、必要な助言援助を受けることも大切である。学校教育法施行規則が改正され（平成30年施行）、高等学校における通級による指導が制度化されたが、特に**発達障害を含めた特別支援教育についての知見が不十分な高等学校においては、校内外での教員研修と校内整備の確立が喫緊の課題となる。**🅱

学校にとっては保護者との連携が必要であるし、一方保護者側にとっても学校との連携が大切である。情報の共有化や役割分担・共同の取組み、また専門家の援助など、子どもたちのための協働体制の確立が求められる。

学習活動上の支援などを行う特別支援教育支援員を配置している。

さらに、文科省は平成29年３月、「発達障害を含む障害のある幼児児童生徒に対する教育支援体制整備ガイドライン」を策定するなど体制整備が進んでいる。

●学習障害や注意欠陥多動性障害の状態に応じた指導の在り方

●通級による指導

特別支援学校における学習指導要領の自立活動を参考にした指導を中心に、学習障害の特性や、児童生徒一人ひとりの個別の教育的ニーズに十分配慮することが大切である。

必要に応じて、個別指導やグループ別指導を適切に組み合わせて行うことが求められる。

●通常の学級での指導

障がいのある児童生徒の実態把握に努め、通級指導を参考に、ティームティーチングや個別指導、学習内容の程度に応じた指導、教材・教具などの工夫を行う。なお、令和元年度から紙の教科書に代えてデジタル教材が使用できるようになった。

第**3**章　こんなときどうする？　ポイントはここだ！

👉 POINT

◎担任が子どものサインを読み取り、適切な指導を進める
◎児童生徒のよさを見つけ伸ばすことが教育の原点である
◎特別支援教育の理念を踏まえて校内指導体制を確立する

新型コロナウイルス感染症への対応！

➡注意を促す？　家庭や社会の問題？
　予防教育に努めるとともに、全力で学力保障に取組む

質問例 新型コロナウイルス感染症に関して、あなたは担任としてどう対応しますか？

平時から求められる感染症対策

文科省は2023年5月、新型コロナウイルスが5類感染症に移行するに伴い、学校での感染症対策の参考となる基本的な考え方を示す「学校における新型コロナウイルス感染症に係わる衛生管理マニュアル」を発表した。

感染状況が落ち着いている平時においても、児童生徒等の健康観察や換気の確保、手洗い等の手指衛生の指導等を行いつつ、地域や学校において感染が流行している場合などには、必要に応じて、活動場面に応じた感染症対策を一時的に検討するなど、学習内容や活動内容を工夫しながら、授業や部活動、各種行事等の学校教育活動を継続し、児童生徒等の学びを保障していくことが必要であるとして、健康観察、換気の確保、手洗い等の手指衛生指導、咳エチケット指導、マスクの取扱い、清掃指導、抵抗力を高めること等「平時に求められる感染症対策」を示した。また、季節性のインフルエンザの集団感染も全国の学校で広がっている。コロナと同様に感染対策に留意することが必要である。

教科や学級活動等で感染症予防対策とコロナいじめ対策

前述の学校の新しい生活様式を踏まえて、小学校中学年以上の「保健」、中学校の「保健分野」、また、学級活動などで児童生徒一人一人に感染症対策の基本について考えさせるとともに、実際に手洗いや、咳エチケット、マスクの着用、換気、身体的距離の取り方等について学ばせることが大切である。他方、「原発避難いじめ」にみられるよう

●新型コロナウイルス感染症の影響による長期欠席者

新型コロナウイルスの感染回避により30日以上登校しなかった児童生徒数は、小学校1万6155（前年度4万2963）人、中学校7505（前年度1万6353）人、高等学校9256（前年度1万2388）人と前年より減少した（令和4年度）。

▶❶ 文科省が示した休校中の家庭学習の例には、NHKのEテレの番組、ICT教材や動画、文科省の「子供の学びの応援サイト」「ネットの調べ学習」「テレビ会議システムを使った双方向型指導」などがある。いずれも休校中の学力保障のために示されものであるが、とりわけ、オンライン授業については、GIGAスクール構想に基づく一人一台端末環境が実

に、コロナウイルスの感染者や医療従事者家族等に対する「コロナいじめ」防止については、「道徳科」や学活などの時間を活用してしっかりと考えさせなければならない。

 休校時の学習支援と再開後の学習補充

休校時には、学習に著しい遅れが生じることのないように、指導計画等を踏まえながら、教科書及びそれと併用できる教材、テレビ放送、オンライン教材・動画、同時双方向型のオンライン指導等を組み合わせた家庭学習を課すことなどが必要である。▶

学校が再開されたら、臨時休業等の間の学習内容の定着を確認したうえで、児童生徒の状況を踏まえ、可能な限り、補充授業や補習を実施する。❷家庭学習を適切に課すなどの措置を講じることも必要であるが、いずれの場合も、**児童生徒や教職員の負担にも十分配慮する必要がある。**

 求められる心のケア

大切なことの一つは、児童生徒の生活のリズムの立て直しである。外出の自粛などで体力の低下も心配される。また、児童生徒にもストレスがたまっていることも懸念される。このことに対しては、時間をかけて児童生徒が本来有している適応力を育むことが大切である。また、児童生徒の中には、自分や家族も感染するのではないかと不安や恐れを抱くなど、依然として心理的なストレスを抱えている児童生徒も存在する。学級担任や養護教諭等を中心とした、きめ細かい健康観察等を通して、児童生徒の状況を的確に把握し、健康相談等の実施やスクールカウンセラー等による心の健康問題にも適切に対応する必要がある。❸

現したが、他方で、教員のICT活用能力が問われることにもなった。

❷ 例えば、1コマを40分などと短くしたうえで1日当たりの授業コマ数の増加を図るなどの時間割編成の工夫や、長期休業期間の短縮、土曜日の活用、学校行事の重点化や準備時間の縮減などの様々な工夫をすることにより、学校における指導を充実させることが考えられる。

❸ 臨時休業となった時は、学級担任を中心として、電話等を通じ、臨時休業に伴い自宅で過ごす児童生徒やその保護者との連絡を密にする。特に定期的に児童生徒の心身の健康状態を把握することが必要である。その際は、児童生徒とも直接電話等で会話をするなどして児童生徒の状況を的確に把握することが大切である。

なお、直接担任に相談できない児童生徒のことを考えて、「24時間子供SOSダイヤル」などの相談窓口を周知しておく必要もある。

👉 **POINT**

◎児童生徒と対話を通して感染予防の取組を実践する
◎「衛生管理マニュアル」を踏まえた学校運営に努めるとともに感染予防と学力保障等に取り組む
×過剰な不安や恐れを抱かせるような言動などはあってはならない

場面 38 朝食を食べてこない子どもがいる！

➡家庭の問題？　学校の問題？
朝食の問題は基本的生活習慣の乱れの問題である

質問例　最近、朝食を食べてこない児童生徒がいます。あなたは担任としてどう指導しますか？

子どもの基本的な生活習慣の現状

　子どもたちが健やかに成長していくためには、適切な運動を行い、調和のとれた食事をし、十分に休養・睡眠をとることが大切である。しかし、最近の子どもたちは「よく体を動かし、よく食べ、よく眠る」という成長期の子どもにとって最も大切な基本的生活習慣が大きく乱れている。そのため、「朝起きるのがつらい」「気分がすぐれない」「元気が出ない」「かったるい」など、体調不良を訴える子どもたちが増えている。

　こうした子どもたちの基本的生活習慣の乱れが、学習意欲や体力、気力低下の要因の一つになっている。

学級における「早寝早起き朝ごはん」運動の展開

　「朝食を毎日食べている」という問いに当てはまらない児童生徒が小6で6.1％、中3で8.7％おり、また、「毎日同じくらいの時刻にねている」という質問に当てはまらない児童生徒が小6で19.0％、中3で21.8％いる（令和5年度全国学力・学習状況調査）。

　文科省ではこうした子どもたちの状況を踏まえて、平成18年以来「早寝早起き朝ごはん」国民運動を支援している❶この運動を地域全体で取り組んでいるところもあるが、学級の取組みがあってもよい。その場合には保護者の協力を得ることが大切である。いろいろな事情を抱えている保護者がいるからである。また、学級活動の時間に栄養教諭や家庭科の教員等と連携して、食育の観点を踏まえた学校給食と食習慣の形成の問題について話し合わせること

❶「早寝早起き朝ごはん」全国協議会はPTAや経済界、メディア、有識者、市民団体、行政など、幅広い関係団体の参加を得て、「早寝早起き朝ごはん」運動を民間主導の国民運動として推進することを目的に平成18年4月に結成された。
　平成29年度から「早寝早起き朝ごはん」推進校事業が始まった。

❷文科省は平成19年3月に、学校における食育の必要性や食に関する指導の目標、栄養教諭が中心となって作成する食に関する指導の全体計画、各教科等や給食の時間における食に関する指導の基本的な考え方や指導法などを示した「食に関する指導の手引き」を作成した（平成31年3月第2次改訂版）。
- ●食育の視点
- ・食事の重要性
- ・心身の健康
- ・食品を選択する能力
- ・感謝の心
- ・社会性
- ・食文化

も、「朝ごはん摂取運動」には効果的である。

 ## 朝食と学力・体力との関係

　毎日朝食を食べる子どものほうが、令和4年度の「全国学力・学習状況調査」ではいずれの教科でも小中学生ともに平均正答率が高く、令和4年度の「全国体力・運動能力、運動習慣等調査」では、体力合計点も高い傾向にあることが明らかになった。こうした状況を考慮して、**子どもの就寝時間や朝食摂取の状況を改善することについて、家庭だけではなく、国民全体で考え行動する社会的機運を高めていくこと**が求められている。

 ## 保護者と連携して食育を推進

　厚労省の調査によると、朝食の欠食率は30歳代から40歳代の親の世代が多く、これが子どもたちに伝わっているといわれる。いずれにしても朝食が体力や学力に大きな影響を与えていることは明らかである。

　したがって、担任としては保護者の協力を得ながら「朝ごはん摂取運動」に力を入れなければならない。そのためには朝食摂取の意義や、共同生活の機能回復、つまり親子ができるだけ一緒に食事をし、会話をし、**一緒に生活するスタイルを取り戻すことの大切さについて、保護者会や学級通信等を通じて周知を図る**ことである。また、給食の時間や学級活動の時間等を活用して、栄養教諭や家庭科の教員等を中心に食育の問題に取り組むとともに、栄養教諭等が保護者に家庭でできる食育について紹介することも必要である。🅑

●こんな場合は？

　「時間がなくて食べられなかった」「ダイエットで食べない」「朝ご飯が用意されていない」「食べたくとも食べられない」ケースも考えられる。

　時間がない場合には生活習慣の改善を指示。ダイエットの場合は成長期の子どもには健康を害することがあることを理解させる。朝ご飯が用意されていない場合には、保護者の協力を個別にお願いする。または、自分で作るよう指導する。食べたくとも食べられない場合は教育委員会等と相談して支援を受けられる行政機関を紹介する。

●「子ども食堂」の増加

　子どもが1人でも入れて、無料あるいは低額で利用できる食堂。NPO法人や自治会、個人が運営。ボランティアが多く、場所も地域の公共施設や民家など。平日の夕食や休日の昼食などを提供。全国に7363か所ほどある（令和5年）。

☞ POINT

　◎子どもの基本的生活習慣の乱れが学力や体力の向上に影響する
　◎保護者や地域社会と連携して、「朝ごはん摂取運動」や食育に取り組む
　×学力や体力の問題は「家庭の責任」「本人自身の問題」だと考えること

場面 39　制服を着ずにジーンズで登校！

➡無届け？　反抗？
　生徒の声に耳を傾け、そして校則の意義を理解させる

質問例　校門での登校指導の際、制服を着用せずジーンズで登校してきた生徒がいました。あなたはどう指導しますか？

見逃さずにしっかりと指導する

　学校では、校内外における生活上の心得や、服装・頭髪規定等を定め、質問例のような登校指導や学級指導を行っている。学校によって、規定の範囲は異なっているが、校則のない学校はほとんどないといってよい。しかし、こうした校則を「拘束」ととらえて反発する生徒がいないわけではない。ある学校での事例だが、制服規定があるにもかかわらず３年間私服で通して卒業した生徒がいた。制服は個人の自由を奪い、個性を否定するものであるとの理由からであった。

相談室等で理由を聴取

　校門での登校指導の対象になった生徒を早速生徒相談室等でなぜ制服を着用して登校してこなかったのかの理由を聴取することが先決である。その場での対応ということも考えられるが、早朝の校門指導では多くの生徒の指導のために当該生徒の言い分を十分聴くことができないこと、また、ほかの生徒への影響等を勘案すると、生徒相談室等の別室での対応が望ましい。

　次は私服登校の理由である。制服が汚れてクリーニングに出したということも考えられる。その場合は、異装届などの方法があることを知らせ、担任を通じて生徒指導部に提出するよう指導する。問題は意図的にジーンズで登校した場合である。そのときには、**生徒の発達段階や実態に応じて、校則の意義や集団・社会生活と規範・規則との関係などについて理解させる**ことが大切である。したがって、

文科省「生徒指導提要（改訂版）」には以下のように記載されている。

　児童生徒が遵守すべき学習上、生活上の規律として定められる校則は、児童生徒が健全な学校生活を送り、よりよく成長・発達していくために設けられるものです。校則は、各学校が教育基本法等に沿って教育目標を実現していく過程において、児童生徒の発達段階や学校、地域の状況、時代の変化等を踏まえて、最終的には校長により制定されるものです。校則の在り方は、特に法令上は規定されていないものの、これまでの判例では、社会通念上合理的と認められる範囲において、教育目標の実現という観点から校長が定めるものとされています。校則の制定に当たっては、少数派の意見も尊重しつつ、児童生徒個人の能力や自主性を伸ばすものとなるように配慮することも必要です（一部省略）。

教員の力量や生徒指導力が問われることになる。指導が順調に進まないと同様の事例が発生することになり、教員はその対応に追われ、生徒指導が困難になる。

 ## 規範意識を育む生徒指導体制の確立

今回の質問例のような場合や前述の3年間私服で通した事例に見られるようなケースは、いずれも生徒指導の進め方に対する学校側の基本姿勢や指導体制等に問題があるように思われる。

職員会議等で生徒指導の基本方針を確認するとともに、教職員の共通理解に立った生徒指導体制を確立することが必要である。その上であらかじめ生徒に学校の生徒指導の基本的な考え方や指導方針、ルール違反の処置等を含めた指導法等について理解させ、さらに同様のことを保護者や地域社会に周知しておくことが大切である。**生徒指導は教職員の共通理解と生徒指導体制の確立、及び保護者や地域社会等との連携にあることを銘記すべきである。**

 ## 保護者の考えと協力要請

制服の異装届については生徒自身を指導するだけではなく、担任や保護者に諸届の提出について再確認するなど、生徒指導の徹底化を図ることが大切である。

ただし、保護者の中には制服に否定的な考え方や、「自由でいいじゃないか」という考え方もあり、ここではあまり「制服論争」に巻き込まれずに**学校が生徒指導上の必要があって定めた校則であることを中心に保護者の理解を得て、協力を要請することが必要である。**

図 中学校では、指定の制服を着用しないで登校することは少ないが、制服の改造や女子生徒のスカート丈、卒業式における「ガクラン」の着用などが問題になることがある。

● **「児童生徒の権利に関する条約」についての文部省通知（平成6年）**

本条約第12条から16条までの規定において、意見を表明する権利、表現の自由についての権利等の権利について定められているが、もとより学校においては、その教育目的を達成するために必要な合理的範囲内で児童生徒等に対し、指導や指示を行い、また、校則を定めることができるものであること。

なお、校則は、日々の教育指導に関わるものであり、児童生徒等の実態、保護者の考え方、地域の実情等を踏まえ、より適切なものとなるよう引き続き配慮すること、とされる。

第3章 こんなときどうする？ ポイントはここだ！

👉 POINT

◎なぜジーンズで登校してきたのか理由を尋ね、生徒に弁明の機会を与えるよう配慮する

◎異装届忘れの場合には届けを提出させ、意図的である場合には生徒だけでなく保護者にも学校の考え方を説明し、協力を求める

×校則を盾に叱責するだけでは反発を招き、効果は半減する

★★★

<!-- 場面番号 -->場面 **40**

SNS上で悪口を言っている！

➡個人の問題にとどめる？　学級の問題にする？
SNS利用上のマナーやルールを考えさせる

質問例　「仲がいい友だちグループが、最近わざと仲間はずれをつくり、SNS上で悪口を言っているようです。どうしたらいいでしょうか」との相談を受けました。あなたは学級担任としてどう対応しますか？

SNS上での個人攻撃は「いじめ」

仲間内の話ではあるが、特定の人物を仲間から外し、SNS上で悪口を言っているのに気づいた生徒が心配して担任に申し出たものと思われる。その心情を受け止め、これからどうしたらよいのか一緒に考えようと力づけてやる必要がある。すでにみてきたように（場面34参照）、集団からの「仲間はずし」はいじめであり、悪口やいやなことをいうのは「言葉によるいじめ」である（場面51参照）。

個人が発信した情報が仲間内だけではなくネット上に拡散し、生徒の名前や様々な情報が多くの目にさらされる危険がある。担任としては看過できない事態ととらえ当該生徒とともに急いで具体的な対策を考える必要がある。

「SNSで何ができるの？」の質問から始める

SNSとは、ネット上のコミュニケーションツールのことで、その多くは友人同士や、その友人を介して新しい友人とコミュニケーションを作ることを目的とするサービスである。代表的なSNSとして、フェイスブック、ツイッター、ライン、ミクシィ、インスタグラム等がある。

学活の時間に、質問に答える形で、SNSの機能について説明する。SNSの種類によって異なるが、一般的な機能としては次のようなものがある。①自身のプロフィール作成、②短文でライトな文章や写真の公開、③他人の文章や写真等にコメントをつける、④同じ趣味や目的を持った人たちとグループを作る、⑤個人間でのメッセージの送受信、⑥友人を紹介することで効率的に人脈を広げることが

●スマホ所持一部容認

文科省は原則禁じてきた中学生によるスマホや携帯の学校への持ち込みを条件付きで認めた。小中学校とも原則禁止は維持しつつも、①生徒が自らを律することができるようなルールを学校、生徒、保護者で協力して作る、②学校での管理方法や紛失時などの責任の所在を明確化する、③フィルタリング（閲覧制限）を保護者の責任で設定する、④学校や家庭が携帯電話の危険性や正しい使い方を指導する、との条件付きで持ち込みを認めた（令和2年7月31日）

● 改訂版SNS東京ルール（都教委）

①スマホやゲームの1日の合計利用時間、使わない時間帯、場所を決めよう

②必ずフィルタリングを付け、パスワードを設定しよう

③送信前には、誰が見るか、見た人がどのような気持ちになるか

できるなど、SNSには多くの利便性があるが、他方で様々なリスクがあることを認識させることが大切である。質問例は、「仲間はずし」と「悪口」という言葉によるいじめの例である、ととらえることができる。

学級・家庭でのSNS利用上のルール作り

新学習指導要領では、「情報モラル」[1]を身に付けさせることを求めており、教科（中学の「社会」「技術・家庭」、高校の「地歴科」「公民科」「情報Ⅰ」）や道徳科、学級活動（HR）等の時間に「SNS使用上のマナーやルール」についてグループで話し合わせたり、「総合的な学習（探究）の時間」を活用して検討させ全体発表会やディベートを行ってみるのも効果的である。

その上で、生徒と保護者・教員の三者会議を開き、「A校SNS利用上のルール（A校スマホ使用上のルール）」を作成し、場合によってはそれを校則化することがあってもよい。

SNS利用上の注意点

近年SNSへの書き込みが基となり、トラブルに発展するケースが増えている。ネットは「公の場」であることを意識して、①悪口（誹謗中傷）と誤解されるようなことは書かない、②公序良俗に反する書き込みはしない、[2]③他人の写真・動画を許可なく公開しない、④著作権を侵害しない（児童生徒が書いた絵などにも著作権がある）など、ルールやマナーを守って利用することが大切である。

を考えて読み返そう
④個人情報を教えたり、知らない人と会ったり、自画撮り画像を送ったりしない
⑤写真・動画を許可なく撮影・掲載したり、拡散させたりしない
〈学校の取組〉
○学校ルールの改定
○家庭ルールの改定等に向けた啓発

[1] 情報社会を生き抜き発展させていく上で、全ての国民が身に付けておくべき考え方や態度のことで、情報社会に参画する態度の中で最も重要な項目。情報モラル教育の中で、現在緊急に対処しなければならないのは、安全教育の側面であるといわれる。

[2] 爆破予告、飲食店で飲食物に異物を混入等の不適切な書き込みは脅迫罪や業務妨害罪に問われることがある。

第3章 こんなときどうする？ ポイントはここだ！

👉 **POINT**

◎友だちのことを思い申し出てきた生徒を温かく受け止めるとともに、学活等でSNSの利便性やリスク等について考えさせる

◎教科や特活等の時間を活用してSNS（スマホ）使用上のマナーやルール等について話し合わせ、作成させる

×個人的な問題として処理し、学級・学校全体の問題として扱わない

校則を変えたい！

➡ 変えられないと説得？　変えるための手続きの仕方を説明？
生徒の声をよく聴いて、職員会議等で検討する

質問例　長髪を理由に教室に入れなかった生徒が、なぜダメなのか、どうすれば校則を変えられるのかなどと相談に来ました。あなたは担任としてどう指導しますか？

生徒の言い分をじっくり聴くことら始める

校則で「男子の髪は耳にかからないように」とか、「女子の髪は束ねるか三つ編みにする」などと定められている場合がある。当該生徒は登校指導で生徒指導部の教員から教室への入室を禁じられたのかもしれない。教室への入室禁止は生徒の学習権を侵害することにもなるので、担任は生徒指導部等と調整して授業への参加を認める。

頭髪指導については日ごろから担任も注意していたものと考えられるが、改めてその理由と校則の改正を求めてきたので、生徒の気持ちをじっくりと聴くことから指導を進めたい。「個性的でありたい」「音楽活動をやっているから」「縛られたくない」、時には「他校での校則改正の動きに刺激されたから」などの声が出ることもある。

担任は改めて校則の意義と校則遵守の必要性を説明するとともに、生徒の考えや気持ちを学年団や生徒指導部等に伝えることを約束する。

いわゆる「ブラック校則」が問題化

校則は学校によって多種多様であるが、指導上困難を要するのは服装や頭髪等に関する校則である。「下着は白」「髪型・ツーブロック禁止」「日焼け止め禁止」など、近年、「ブラック校則」と呼ばれる、理由が十分説明できない校則が問題になっている。「中学生らしい髪型」「スカート丈床上30センチ」など、あまりにも抽象的な校則や逆に具体的すぎる校則も指導上多くの困難に直面することになる。

文科省は令和3年6月に、「校則の内容の見直しは，最

●中学校校則の見直しに関する提言（抄）佐賀県弁護士会

・規制目的が真に必要かつ重要なものと認められるか、規制目的と規制手段との間に実質的合理的関連性があるか

・子どもの権利を校則のなかに明言すべき

・校則策定・変更手続きをもうけるともに、子どもや保護者の意見を聴取するまたは協議する等、子どもを関与させる仕組みを作るべき（P139「多様性を認める動き」参照）

●先生にプレゼン

埼玉県戸田市立新曽小学校の6年生が自分たちで校則を変えようと、先生たちにプレゼンテーションした。提案したのは校則で禁止されている色付き消しゴムやシャープペンシルの使用許可、夏場のスポーツドリンクの解禁、通学班の廃止など6項目。

児童の声に、先生たちは総合学習として取

終的には教育に責任を負う校長の権限ですが，見直しについて，児童生徒が話し合う機会を設けたり，PTAにアンケートをしたりするなど，児童生徒や保護者が何らかの形で参加する例もあるほか，学校のホームページに校則を掲載することで見直しを促す例もあります」としている。

 ## 学活等で話題にし、校則見直しの検討を始める

　当該生徒の言い分を聴いた上で、さらに学活の指導内容「学級や学校における生活づくりへの参画」の中で校則問題を取り上げることもできる。生徒会活動の一環として、学級代表を中心にパネルデスカッションやディベート等を行うことがあってもよい。ただし、担任や生徒指導部等の的確な指導助言が欠かせない。短絡的に学校批判や反対運動等に発展した過去の苦い経験があるからである。

　他方、「校則は、日々の教育指導に関わるものであり、児童生徒の実態、保護者の考え方、地域の実情等を踏まえ、より適切なものとなるよう引き続き配慮すること」（文部省通知）とされており、この際、校則見直しの検討を始める。その際、校則を「絶対に守るべきもの」「努力目標とでもいうべきもの」「児童生徒の自主性に任せてよいもの」等に分類して検討することである。また、各校則について十分説明できる合理的な理由の可否についても検討しておくことが大切である。

　最終的には、校則制定の趣旨や校則遵守の意義・必要性、校則改定の手続き、校則違反者への懲戒規定等を生徒手帳等に明確に文章化しておくことである。❷特に、校則の検討及び改正等に当たっては、児童生徒や保護者等の意見を聴取する場を設けることも大事な要件の一つである。❸

り組むことで応じた。

❶ 髪型や服装などを理不尽に縛る「ブラック校則」を改善しようと、2022年9月に党派を超えて全国の市議等が「校則と児童生徒指導を考える地方議員連盟」を設立した。

❷ 世界の校則を比較研究してきた二宮晧氏は、校則の前文、または第1条に、校則はなぜ必要か、十分説明することが大切だ、としているが、実際に、前文で「生活上の規律としてだけでなく、生徒諸君が自らの生き方を主体的に選び取るための指針でもある」と目的等を明記した校則もある。

❸ 長野県の県立A高校では、学校運営を教職員と保護者・生徒が対等に話し合う「三者協議会」を設けている。
　また、熊本市では、学校改革の柱として、校則見直しを掲げているが、小中学生の7割、高校生の9割は「校則を作ったり、考えたりする場がない」と答えている。

👉 POINT

◎生徒の言い分をしっかりと受け止めることが大切である
◎校則の意義と遵守を考えさせるとともに、担任として生徒指導部等と調整して、校則見直しについての検討を始めてもよい
×問答無用と児童生徒を突き返すこと

リストカットの跡があった！

➡ 先生に言う？　知らないことにする？
カウンセリングマインドで生徒の気持ちに耳を傾ける

質問例　ある生徒からあなたは他の人には誰にも言わないという条件で相談を受けましたが、リストカットの跡を見つけました。あなたはどう対応しますか？

自傷行為は「死にたい」からではなく「生きるため」

　リストカットなどの自傷行為は、つらいストレスにかかったときに逃避の手段として行われると考えられている。幼少期に受けた虐待やネグレクト、学童期のいじめなど過去のつらい経験や、親や恋人、友人などとの葛藤など最近の出来事なども原因の一つである。

　自傷行為は「死にたい」から行われるのではなく、「生きるために」行われることに留意する必要がある。

生徒との約束を守り、生徒の気持ちに共感する

　誰にも言えないつらい心の内を先生に打ち明けるということは、すでに教師と生徒の間には一定の信頼関係があるはずだ。「誰にも言わないで」という生徒の願いをしっかり守ることを約束して。生徒の話に傾聴することである。

　その場合、他の生徒と交わることがない相談室等で、対面ではなく生徒と横並びで生徒の気持ちに共感する態度で生徒の声に耳を傾け、教師が話しかけるのではなく生徒が話し始めるのをじっと待つことが大切である。やがて生徒はリストカットの原因について語り始めるかもしれない。

「命の大切さ」を説くことの是非

　道徳科での「命の尊さ」の授業に関連して、自傷行為をする生徒に「命の大切さ」を説く場合がある。しかし、生徒は決して死にたくて自傷行為をしているわけではない。にもかかわらず先生から命の大切さを説かれたら、「先生は私のことを何もわかってくれていない」と感じて、胸の

●リストカットを繰り返す原因

- 本人が抱えている心の問題、強いストレスからの一時逃避。深刻な場合は、自らの意志で死に至る場合もある。
- なかには、目立ちたい、周囲の気をひきたいという思いで行為に至る場合もある。
- 怒りが自分に向いやすいので女子生徒に多く見られる。

●具体的な取り組み

- すぐに心を開かない場合は粘り強い指導が必要である。養護教諭やスクールカウンセラー等の協力を仰ぐ。
- 家庭の状況を把握するとともに、保護者の協力を求める。
- 保護者には、担任との相談だけでなく、専門機関でのカウンセリングを受けてもらう。行為に至った本人の心情を引き出すよう努め、本人の自尊情を呼び起こすことが大事。
- 自分のことを思い、

内を語るのをやめてしまうかもしれない。

また、生徒との話の中で「リストカットはもうやらないと約束してね」などと言葉をかけることも避けたほうがよい。さらに生徒を追い詰めることになるからである。

上司と相談して、治療に専念させる

「誰にも言わない」条件ではあるが、今後の生徒指導や治療法を考えるのに際し、学年主任や校長等には話を入れておいたほうがよい。特に、生徒指導主任や養護教諭、カウンセラー、保護者との連携も必要になってくる。

いずれにしても丁寧な面談を繰り返して、生徒との信頼関係が十分深まってからのことであり、拙速だけは避けなければならない。なお、自傷行為の治療法には、①カウンセリング、②認知行動療法、③薬物療法等■がある。

問題行動に関する校内研修会

初任者研修や中堅教諭等資質向上研修等で専門家による研修機会を持つことも大切だが、必要に応じて校内研修会を開くことも考える。もちろん、あらかじめ年間研修計画に位置付けておき、例えば「心の諸問題への対応」などとして、①問題行動を起こす児童生徒に対する指導、②問題行動を防ぐために一層充実すべき施策、③具体的な対応・方策等について検討する。とりわけ、心に悩みや不安、ストレス等を抱えている児童生徒が少なくないことから、「心」のサインを見逃さない対応、児童生徒の「心」の問題への対応等について、保健体育科や養護教諭等を中心に、時には事例、例えばリストカットなどの自傷行為について専門家の指導を受けることも考えるべきである。➡

気遣ってくれる人がいることに気づいてくれれば一歩前進。

■ **カウンセリング**は、カウンセラーとの対話を通じて、自らの悩みやつらさの解消を図る。
　認知行動療法は、なぜリストカットをしてしまうのか、思考や行動の癖を把握し、自分の行動パターンを整えていくことで減らす。
　薬物療法は背景に精神疾患がある場合、症状に合わせて処方される。傷の状態で外科的治療が必要なことも。

➡ **相談機関**
　リストカットについて相談できる医療機関として、①精神保健福祉センター②医療機関（精神科や心療内科）③市区町村にの保健センターや保健所等がある。

第**3**章 こんなときどうする？　ポイントはここだ！

👉 POINT

◎自傷行為は「死にたい」からではなく「生きるため」に行われる
◎管理職に報告し、担任を中心に養護教諭やスクールカウンセラー等組織的に対応。その際、生徒の個人情報の取り扱いに配慮する
×教科や道徳科等での「生命尊重教育」を持ち出すこと

メイクしてくる子どもが増えている！

➡すぐに洗顔させる？　保護者面談？
　早期指導と化粧することの必要性について講話を行う

質問例
最近、化粧してくる女子児童生徒が増えています。あなたは担任としてどう指導しますか？

担任の指導手腕が試される

　校則に服装規定や頭髪規定を定め、服装検査や頭髪検査を行う学校は少なくないが、化粧禁止を校則に定めている学校はあまりない。しかし、今日の学校では女子の「化粧（メイク）」が指導対象となっている。

　その背景には、どの年代でも女性が化粧することに違和感を感じなくなってきた時代状況がある。また、化粧品メーカーによる年代に応じた化粧品の開発や強力な宣伝活動等により、社会的な価値観の変化などがあるものと考えられる■

　したがって、学校現場では服装や頭髪問題より指導の困難な問題となっている。学校としての共通理解を得ることが難しいため、担任の指導力にゆだねられているのが現状である。

学活やホームルーム活動の時間にディベートを行う

　担任が自らの体験や考え方から、子どもが化粧することの問題点を明らかにして、説得することもよいが、ここでは学級（ホームルーム）活動の時間を使って、児童生徒自身に考えさせてみる方法も考えられる。

　男女混合の学級を子どもの化粧を認めないグループと認めるグループとに分けてディベートをする。それぞれに言い分はあるであろうが、最終的には中高校生の年代にはあえて化粧しなくてもよいこと、化粧するにしても学習する学校ではふさわしくないことなどが、共通に理解されればよいと考えることである。

■ 化粧を始める年齢は、時代とともに低くなっているといわれる。今では子ども向けの化粧品すらある。

　子ども向けの化粧品は、いくつかの会社が販売している。ヘアスタイリングウオーター、マニキュア、リップグロス、香水などがある。普通の石けんで落ちるように、油分を抜くなどの対策をとった商品もある。

　日本能率協会総合研究所が平成15年に3～9歳の娘をもつ母親に行った調査では、8割以上の子どもに化粧経験があった。部位は「つめ」「唇」がほとんど。一方、母親の半数以上が「子どもの化粧に抵抗がある」と答えている。

　子どもの化粧には「女の子がおしゃれに関心をもつのは当然」という主張がある一方で、「肌への影響などもあり、あまり早い時期に化粧すべきではない」という声もある。

担任の指導とあいまって、女子児童生徒は化粧する必要性がないとの理解に達するものと思われる。

 ## 女性教員の体験と中高校生の化粧

学校ではあまり行われていないようであるが、生徒によるディベートを受けて、女性教員や保護者等に自らの生活や体験等に基づいて中高校生の化粧について率直に語ってもらう機会、例えば、全校集会や学年ホームルーム等の時間を設定することも考えられる。

学活での討議を踏まえて行われる教員の自己開示に基づいた全体講話は必ず生徒の胸に響き、中高校生は時と場に応じて、自らの意志を固め行動できる判断力や実践力を養うことができるようになる。しっかりと、「生きる力」が身に付いていくのである。

 ## 学校、学年間における共通理解と共通指導

校則問題にもいえることであるが、**生徒指導で最も重要なことは問題行動に対する共通理解を深め、共通した指導姿勢をもつことである**。ある先生は許したが、ある先生は厳しく対応したなど、教員によって指導方針や指導方法が異なっていると、児童生徒が混乱し教員に対する不信感が増大する。当然、教員の指導効果も半減することになる。

女子の化粧や頭髪など、教員によって共通理解を図りづらい問題こそ、教員間でよく話し合い、共通理解を得られるよう努めるべきである。そして、話し合いの結果については互いに遵守し、指導を進めていくことが大切である。

●こんな指導法もある

『広辞苑』では、化粧について「紅・白粉などを付けて顔を装い飾ること」「美しく飾ること。外観だけをよそおい飾ること」「外から見えるところ。外面に現れている部分」などと説明されている。

校則問題としてとらえるだけでなく、学活などの時間を利用して「言葉」の解釈の問題として取り上げ、考えさせるのも一つの方法である。中高校生の時代に「顔をよそおい飾ることが果たして必要であろうか」「外見だけをよそおい飾るよりは、中高校生のうちは心の中をこそ磨く必要があるのではないか」などの問いかけを行ってみるのも効果的である。

●初めてのメイク

ある調査によると、メイクを初めてしたのは、小学生の時が約1割、中学生3割弱、高校生2割強で、中学生時代が最も多い。

POINT

◎担任がどのような理念で語り、説得するかが大きな鍵である
◎学級活動でディベートを行い共通理解を得る
◎女性教員や保護者等が自分自身を語るのも効果的な取組み
◎生徒指導上の問題は教員間の共通理解に基づいた指導が肝要
×空虚な言葉がけや教員による指導方針・指導方法の違いは児童生徒を混乱させる

第3章 こんなときどうする？ ポイントはここだ！

服装の乱れが目立つ！

➡ その場で注意？　個別指導が必要？
　校則の意義や必要性を理解させ、校則を遵守させる

質問例　最近、制服を着くずしたり、髪の色を変えたりしている生徒が目立つようになりました。生徒指導部からも強い指導要請があります。あなたは担任としてどう指導しますか？

 ## 初期対応が問題防止につながる

服装や頭髪の乱れといっても、制服のボタンやリボンをはずしたり、髪の毛の長さが長かったりする程度の初期的段階から、異装したり髪を染色・脱色するなどといった厳しい指導を必要とするものなど、その範囲は広く、きわめて多様である。したがって、担任は兆候が現れ始めた早い段階で適切な指導を行うことが大切である。

学級の生徒のことを一番よく知っている担任は、常に生徒の動向に関心をもち、何か気づいた段階で注意を促し指導することが必要である。初期対応の在り方が問題を未然に防ぐとともに、問題解決を容易にする。

 ## 校則違反の理由に基づいた指導の展開

質問例は、すでに初期対応の段階を過ぎ、指導の難しい段階に入っているため、個別指導の必要性が高い。担任としては当該生徒を呼び出して理由を聴く。「みんながしているから」「個性的でありたいから」「親に反発して」「先輩から命じられて」など様々な反応が返ってくる。

その上で、担任は生徒とともに、理由として挙げられた問題の改善・解決に当たることになる。親子関係や先輩後輩関係の在り方を改善することが必要になることもあるが、多くの場合は「みんながやるから」意識と「個性的でありたい」といった問題である。将来社会生活を送る生徒に対して、学級活動などで、学校が定めた校則と個性的でありたいという生徒の願いとの間でいかに折り合いを付けるかについて考えさせることも必要である。「校則違反だ

● 明治時代の生徒心得
（沼津中学）

綱領を含めて10章79条からなっている。1章の服装をはじめとして、容儀・言語、敬礼、課業、役員、校内整理、試験、通学、運動、雑則などからなる。
頭髪の規定はないが、服装については7か条の規定がある。第1条には、登校ノ際ハ制規ノ服装ヲ為スベシ、として図を示した上で、帽、帽章、夏上衣、同袴、冬上衣、同袴、靴、帯皮等についての心得を定めている。

● こんな質問が来る！

「毅然とした指導をしないとルール違反はなくならないのではないか」。
校則違反を決して見逃してはならないが、厳罰だけでは問題の解決にはならない。何よりも子どもたち自身に校則遵守の必要性を理解させることである。そのために、教科や特別活動の時間等を活用して話合わせ考えさせることが大切である。

「からダメ」だけでは十分な指導効果が期待できない。

共通理解に立った校内体制の確立と保護者との連携

服装や頭髪の在り方や考え方は時代とともに変化する。保護者には多様な希望や要望があり、教員間もまた同様である。したがって、校内では十分協議を進め、決定した方針や指導内容や方法には教職員全員で従うという共通理解を得なければならない。

指導の共通理解が得られ、教員・学年間の足並みがそろうなど校内の指導体制が固まった段階で、学期始めの保護者会等で生徒指導部が学校の考え方を説明し、保護者の協力を得ることである。服装や頭髪指導は保護者の協力がないと十分な効果が発揮されない。

校則を点検し、望ましい校則の在り方を考える

校則は学校生活を円滑に行うためのルールであり、児童生徒がよりよく成長・発達していくための指針である。しかし、校則の内容や運用については児童生徒の実態、保護者の考え方、地域の実情、時代の進展等を踏まえ、積極的に見直しを図らなければならない。

特に、服装や頭髪に関する校則の内容は学校による違いがきわめて大きい。「中学（高校）生らしい型とし不自然な型はやめましょう」程度から「パーマ・剃り込み・染色・脱色は一切認めない。前髪は額が見えるようにし長さは眉までとする」など細かな規定を設けている学校もある。

校則の意義を踏まえるともに、児童生徒の実態や保護者の希望等を勘案して、校則の内容や運用の在り方等について、絶えず検討していくことが大切である。

●多様性（ダイバーシティ）を認める動き

昨今では、性自任や性表現の多様性を認める動きが広まり（いわゆる（LGBTsの問題）、また、グローバル化が深化する中で多様な文化や宗教をバックラウンドに持つ生徒が増えています。

そのような中では、男女の差が明らかな制服を着用したくない生徒、肌を露出したくない生徒、宗教上の理由から髪を第三者の目に触れさせたくない生徒など、様々な生徒が出てくることが予想されます。

これらの様々な事情に配慮しつつ教育目的を達成するためにも、今一度、校則の意義とその本質を考え直し、校則を定めていくことが必要です。

なお、一部の中学校で女子生徒がパンツスタイルを選択できる等の男女制服を導入したことは一歩前進であり、高く評価します。（「中学校校則の見直しに関する提言」佐賀県弁護士会）

第**3**章　こんなときどうする？　ポイントはここだ！

👉 POINT

◎違反理由を聴取して、理由ごとに対応策を検討する
◎共通理解に立った指導体制と保護者の協力態勢が効果を発揮する
×共通理解がなく、指導体制が不十分では混乱をきたすだけ

場面 45 ★★

トイレで喫煙！

➡ 見逃す？　指導する？
「すぐ」やることと、「じっくり」やること

質問例　学校のトイレで喫煙している生徒を見つけました。あなたはどのように指導しますか？

 ### 見逃さないで、直ちに指導

　喫煙している児童生徒を発見次第、校内手続きに従ってすぐに指導に入ることが大切である。この種の問題については校則に定めていない場合が多い。しかし、法律違反でもあり、どこの学校でも何らかの指導を行っている。**1** 高等学校の場合には、停学や謹慎処分など、学校によって様々な指導法がとられている。**2**

　発見者によっては「初めてだから」といって見逃してしまうことがある。しかし、これが生徒指導上最も問題のある行為である。**教員によって指導上に差が出たり、扱いに違いが出ることが、生徒指導をより困難なものにしてしまうことを銘記すべきである。**

 ### 喫煙の理由、喫煙場所の問題

　まず喫煙場所の問題である。飲酒も喫煙も教職員や児童生徒の目の届く場所では決して起こらない問題である。喫煙の場合には特にこのことが問題となる。火災を引き起こす可能性もあるからだ。

　教職員が校内巡回をかねて生徒用のトイレを使用するなどして喫煙が発覚する例もある。校内巡回の必要性と効果は明らかだろう。

　次は最も大事な喫煙の理由である。今後の指導を考える上でもしっかりとその理由を把握しておきたいものである。指導上は初めてであるが「実際は常習である」のか、本当に「出来心である」のか、児童生徒の心の内面までをしっかりと把握すべきである。いずれにしても生徒指導部

1 2022年4月の民法改正施行以降は、未成年者喫煙（飲酒）禁止法は、「満20年に至ラサル者」から「20歳未満の者」に改正された。

2 懲戒と出席停止の違い

　義務教育では、高等学校とは違い懲戒としての停学を命じることはできないが、「出席停止」を命じることができる（学校教育法第35条参照）。

　懲戒と出席停止の違いは、次の4点である。

・出席停止制度は、児童生徒の懲戒にあるのではなく、学校の秩序維持とほかの児童生徒の義務教育を受ける権利の保障にある。

・出席停止は児童生徒本人ではなく、その保護者に対して行うものである。

・出席停止の命令権者は、校長または教員ではなく、市町村教育委員会である。

・出席停止制度の対象となる学校は、公立の小中学校及び義務教育学校に限られている。

だけの問題とせずに、担任や学年全体の問題として取り組むことが大切である。

喫煙は子どもたちの健康の問題

児童生徒の喫煙はなぜいけないのか。たばこは呼吸器疾患やがんの要因になるなど健康を害し、特に発達途上の子どもたちの成長を大きく阻害することが科学的に実証されているからである。「受動喫煙」も大きな問題となっている。また、喫煙は「ゲートウェイ・ドラッグ」ともいわれ、飲酒や喫煙の習慣が薬物乱用への入口につながっている。

したがって、教科や総合的な学習（探究）の時間、学級（HR）活動や学校行事等を通じて全校的な指導理念と体制の下で児童生徒の「健康問題」としてじっくり取り組んでいくことが大切である。多くの学校で実践されている薬物防止教室の中で、酒やたばこの害もしっかりと教えていくことが必要である。

喫煙の背景と保護者との連携

喫煙の背景を注意深く児童生徒から聴取することも大切である。「友人関係で悩んでいる」「いじめの被害に遭っている」「成績が思わしくない」「部活でトラブっている」「家庭に問題がある」「学校生活や教員に不満がある」など、児童生徒の問題行動の背景には様々な要因がある。その結果、担任・学年教員が取り組まなければならない問題が明らかになり、保護者の協力を求めなければならない課題も明確になる。学校側や保護者側の問題等が明らかになった上で、解決の方策を検討する。たかが喫煙問題といってもその根は深く影響力も大きいことを知るべきである。

●学習指導要領と
　喫煙・飲酒の指導
●小学校5・6学年
保健（3）
エ　喫煙、飲酒、薬物乱用などの行為は、健康を損なう原因となること。
●中学校
保健分野（1）
エ　喫煙、飲酒、薬物乱用などの行為は、心身に様々な影響を与え、健康を損なう原因となること。また、これらの行為には、個人の心理状態や人間関係、社会環境が影響することから、それぞれの要因に適切に対処する必要があること。
●高等学校
保健（1）
エ　喫煙と飲酒は、生活習慣病などの要因になること。また、薬物乱用は、心身の健康や社会に深刻な影響を与えることから行ってはならないこと。それらの対策には、個人や社会環境への対策が必要であること。

第3章　こんなときどうする？　ポイントはここだ！

👉 POINT

◎見逃さないで、直ちに指導。公平な指導が肝要
◎喫煙問題は児童生徒の「健康問題」であることを認識せよ
◎保護者と協力して「喫煙ゼロ」運動を展開する
×「法律で禁じられている」だけでは児童生徒の心に届かない

更衣室で現金を抜き取られた！

➡偶然なのか？　盗癖があるのか？
徹底的な意識変革を促す

質問例

体育の時間の終了後、Ａさんが更衣室で現金を抜き取られたと担任に申し出てきました。あなたは担任としてどう指導しますか？

事実確認と原因究明

被害に遭った児童生徒から十分に事情を聴くことから始めなければならない。現金を財布の中に入れていたのか、本当にもってきたのか、高額の現金ならば何のためにもってきたのかなど、担任を含めて複数の教員でできるだけ具体的に事情を聴くことが大切である。当該児童生徒に不信感を与えない範囲でしっかりと状況を確認したいものである。窃盗に当たる問題であり、場合によってはほかの児童生徒の人権にかかわる問題でもあるからである。

状況が明らかになった上で、次はなくなったとされる更衣室を探してみることである。誤ってほかの児童生徒の荷物等に紛れ込んでいないとも限らない。担任だけではなく、学年や生徒指導部の教員に協力を仰いで発見に全力を挙げることである。どうしても発見されない場合には体育の時間に一緒だった児童生徒たち全員から事情を聴くことも必要である。ときには学級内を探すことも考えられる。

「犯人探し」より未然防止を

児童生徒に対する事情聴取の結果「財布の中から現金だけを抜き取り、財布はほかの場所に捨ててしまった」というようなケースがないわけではない。児童生徒の中からは、気持ちが悪いので、警察官に指紋を取ってもらうべきであるといった極端な意見が出ることもある。しかし、ここでは犯人探しに努めるよりは、**盗難が起きない学級づくりや安心して過ごすことのできる学級づくりに努めること**が大切である。学級（ホームルーム）活動を中心に校内に

1 窃盗等の関係法令
・窃盗罪（刑法第235条）他人の財物を盗むこと
・盗品等に関する罪（刑法第256条）盗品等の被害品を無償で譲り受け、運搬、保管、有償で譲り受け、有償処分の斡旋をすること

●窃盗の種別
・万引き＝店員等の隙をみて商品等を盗むこと
・自動販売機ねらい＝自動販売機の金品を盗むこと
・車上ねらい＝車、自転車の積荷を盗むこと
・自転車盗＝自転車を盗むこと
・オートバイ盗＝オートバイを盗むこと
・ひったくり＝携帯している金品をひったくって盗むこと

2 小学校の学級活動で「万引き」の問題について考えさせる場合の質問例
・友人から「万引きをしちゃった」と打ち明けられた場合、あなたはどうしますか。

高額な現金や貴重品をもち込まないこと、もってきた場合には担任等に一時預けること、体育の授業などのように更衣室を使用する場合には、貴重品袋を使用するなどの指導を徹底することが大切である。安全で安心して生活できる学校生活は児童生徒自らの力で確立することが大切であることを、学級活動や児童会・生徒会活動を通じて理解させることが肝要である。[2]

被害者の心のケアと全体指導

被害に遭った児童生徒の事後指導としては、もち物を取られたことのショックをできるだけ和らげられるよう児童生徒の心を受け止め、支援することが必要である。他方で所持品の種類と管理については十分に指導することである。

また、盗難の問題はできるだけ早期に全校児童生徒、あるいは学年、学級にその事実を伝えるとともに、他人のものを無断で拝借することは「窃盗」に当たり、決して許されない行為であることを明確に伝えることが大切である。集団指導では集団の場を借りて、被害者だけでなく加害者に対する個人指導を行うことができる。[3]

最近、小学校では「万引き」や「お金のもち出し」などの問題、中学校では「万引き」のほかに「自転車泥棒」「盗品の買い取り」問題、高等学校では「街頭犯罪」などが、生徒指導上の課題となっている。学級活動や道徳科等を活用して、善悪を正しく区別する判断力を身に付けさせるとともに、校則やきまり、法の意義等を理解し、遵守することの大切さについて考えさせ、実践力を養っていくことが大切である。

・友人が万引きを繰り返し行っていたら、あなたはどうしますか。
・友人に万引きの見張り役をお願いされたら、あなたはどうしますか。

[3] 生徒指導の方法としては、集団指導と個別指導の2つの形態がある。集団指導は、児童生徒の集団活動の場で集団の教育力を生かしながら一人ひとりの発達を図る。それに対して個別指導は教員と児童生徒との個別場面における指導であり、集団指導だけでは十分に効果をあげられない場合や、個人差に応じたきめ細かな指導が必要な場合に用いられる。
学校生活においては、この2つの指導法を必要に応じて組み合わせて生徒指導を進めている。

☞ POINT

◎被害者が落ち着き、納得できるよう心のケアに努める
◎盗難のない安心・安全な学校・学級づくりが肝要
◎学校・学年・学級等、集団指導で校則やルール、法などの意義を考えさせ、校則遵守の必要性を理解させる
×犯人探しにこだわって、児童生徒を犯人扱いしない

★★

場面 47 教室内でけんかが！

➡ 言い争い？ 暴力？
理由にかかわらず、何事も話し合いで解決

質問例 教室に入ったら、児童生徒どうしが取っ組み合いのけんかをしていました。あなたはどう対応しますか？

初期対応はどうするか

けんかを目撃した教員は直ちに止めに入らなければならない。けがをしている場合には校長や養護教諭に連絡し、校長の指示を仰ぐ。校長や養護教諭、学校医等の判断で専門の病院に連れて行くことも考えておかなければならない。教育委員会等への連絡も必要になる。また、保護者に連絡して、指示された病院等に搬送することも必要になる。かかりつけ医を持っている場合もあるので、学校側の判断だけで病院を決めることは避けるべきである。

初期対応を誤らないことが何よりも肝心な学校側の対応の仕方であり、避難訓練などの際に、校内外の連絡体制を確認することも必要である。

当事者の事情聴取を進める

暴力を伴わないけんかであれば、直ちに原因を当事者の児童生徒から聴取することになる。一方だけがけがをしている場合には、事情聴取は事後に行われる。複数の児童生徒の場合には、当該児童生徒をそれぞれ別室に呼び、個々に事情を聴く。事情を聴く教員側も別々の教員が行うようにして、後ほど**事実確認のすり合わせを行い、事実をできるだけ客観的・正確に把握**にすることが必要である。

事情が明らかになった段階で当該児童生徒に対する指導の在り方が職員会議等で検討される。暴力行為を伴った場合には校内規定に従い、停学や謹慎等の処置が決められる。◆1小中学校では出席停止が保護者に求められることもある。その場合には教育委員会や保護者等と十分連携すると

◆1 文科省によると、暴力行為とは、自校の生徒が起こした暴力行為を指し、それには対教師暴力、生徒間暴力、対人暴力、器物損壊等の4種類がある。

この中で最も多いのは、生徒間暴力で、器物損壊、対教師暴力、対人暴力と続く。

「授業中、6年生の男子児童が突然彫刻刀を振り回し始めた」「バスケットボールの判定に納得できず、他の子に当たって押し倒した」「友達と言い争いになり、イスを壁に投げつけたあと、窓ガラスをパンチして割り、けがをした」「二人でふざけて小突き合いをしていたところに別の男子生徒が入ってきた。もみ合いの中でその生徒は、床に倒された生徒の顔を、さらに靴で踏んだ」など、様々な暴力行為の事例が報告されている。

◆2 最近、暴力行為について、学校が外部と連携して対処するケースが増えてきている。最

ともに、学校側は被害児童生徒が立ち直れるように支援体制を確立することが大切である。また、当事者だけでなく、けんかを許し、あるいは止めなかった周囲の児童生徒の問題も重大であり、その指導も怠ってはならない。

 ### 「違い」を認め合い、高め合える学級づくり

　児童生徒は一人ひとり個性があり、みんな違っている。もちろん考え方や意見も違っている。したがって、どんな問題についても受け取め方や対処の仕方は異なる。**違いや相違があるのが普通で、一致するのは話し合いの結果**であり、一致に向けた話し合いが大切である。

　学級（ホームルーム）活動、道徳科、学校行事や部活動など、学校生活のあらゆる場面で「話し合い」が行われ、その結果によって学校運営がなされ、児童生徒全体の幸福と生活が成り立っていることを、児童生徒自身が気づき、そのための実践力を養わなければならない。

　一方、けんかをした当事者どうしについては、早めに学級委員や担任が仲直りの機会を用意すべきである。児童生徒どうしは冷静になるとお互いの非を謝り、仲直りするものである。けがをした場合には、担任が被害者の心のケアに努め、時間をかけて加害者との間にある誤解やわだかまりなどを解くよう努力することが大切である。

　また、けがをした場合には、担任が被害者と加害者との間に入って治療費などの支払いについての話し合いの橋渡しをすることも考えておくことが必要である。もちろん、児童生徒のけがの治療費などについては、養護教諭を通じて「日本スポーツ振興センター」への請求を行うことになる（P.218～219参照）。

も多いのは「警察などの刑事司法機関」で、次に多いのは「児童相談所などの福祉機関」「地域の人材や団体」などとなっている。実際学校現場では、学校と警察が情報を連絡し合う「学校・警察連絡制度」や、退職した警察官が学校の要請で問題行動への対応や巡回に派遣される「スクールサポーター」といった体制が広がっている。

●キレやすい人

　キレやすい人は往々にして表現の力が乏しそうだ。自らの感情を受け止めて、相手に伝える。そうした言語力の「堤防」が低いと、感情はたちまちあふれて洪水を起こしてしまう。携帯やゲーム、会話の減少など、他にも様々な要因が背景にあるようだ。「良い怒り」は人間関係をつなぐ。だが、「キレる」とそれを絶ってしまう。
（平成21年12月2日「朝日新聞」天声人語より抜粋）

第3章　こんなときどうする？　ポイントはここだ！

👉 POINT

◎けがの場合は個人的に判断せずに、専門家の判断にゆだねる
◎すべての教育活動を通じて、「話し合い」の重要性を理解させる
◎保護者や教育委員会等への連絡を忘れずに
×個人的な判断や処理は大きな誤り

友人からもらった薬物を吸引！

➡ 気分が悪い？　心配？
学校全体で薬物乱用問題に取り組む

質問例

学校を休んだ理由を厳しく問いただすと、「友人からもらった大麻を吸って気分が悪くなり休んでしまった」と告白した生徒がいます。あなたは担任としてどう指導しますか？

事情聴取で、客観的・公正な事実確認

質問例の内容からすると、日頃から休みが多く、怠学状態が続いているようにうかがえる。また、飲酒・喫煙の習慣も予想される。そのため、担任が無断で休んだ理由を厳しく尋ねたところ、大麻（マリファナ）を使用したことが明らかになったものと考えることができる。

早速事情聴取を行うことになるが、正確に事実確認をするためには、担任だけでなく、生徒指導部の教員など複数の教員で聴き取りを行うことが大切である。まず、いつ、どこで、誰から大麻をもらったのか、もらった人はほかにはいないのかなど、事実確認を中心にした聴き取りとなる。保護者からの事情聴取もありうる。なお、本人の生活上の課題や薬物使用についての背景等については、今後の指導過程の中で聴き取ることになる。

本人の体調の確認と関係機関への連絡

事実確認が終了次第、できるだけ速やかに副校長や校長に連絡しなければならない。校長は、まず第一報として電話で薬物使用の事実を教育委員会や管轄の警察等に連絡し、指示を受ける。文書報告は後日行えばよい。

大麻を与えた友人の学校には校長から連絡する。複数の学校等に連絡しなければならないケースもある。それだけ広がりのある問題だととらえておいたほうがよい。

さらに、当該生徒は「大麻を吸って気分が悪くなった」ということなので、養護教諭や学校医等に連絡して適切な処置をとることが大切である。

● **薬物乱用とは**

薬物乱用とは、医薬品を医療目的から外れて使ったり、医療目的のない薬物を不正に使ったりすることである。依存性のある薬物が乱用される背景には、次のようなことがある。

- 薬物の末端価格が下がり、手に入りやすくなった。
- 注射に代わり、気化させて吸引する方法が広がった。
- 「ダイエット効果がある」と誤った考え方が広がった。
- ファッション感覚で薬物を使用している。
- 友達からの誘いを断りきれず、仲間はずれをおそれて使用してしまう。

● **乱用される薬物**

- シンナー、トルエン（有機溶剤）
- 医薬品の異常投薬（向精神薬等）
- 大麻（マリファナ）
- 幻覚症状を起こす薬物（MDA、MDMA等）
- コカイン、クラック（麻薬）

大変危険な薬物－危険ドラッグ－

　最近、いわゆる「危険ドラッグ」の摂取に起因する事故や事件が多発している。危険ドラッグからは麻薬や覚せい剤と同等かもっと怖い薬物が検出されている。危険ドラッグは、用途を偽って売られることもあるので、その危険性が極めて高いことを十分指導する必要がある。薬物に関する指導に当たっては、健康教育の視点から薬物の危険性や有害性等についてしっかりと理解させるとともに、人間としての在り方生き方の教育の充実を図ることも大切である。またその際、養護教諭や保護者の協力が欠かせない。さらにこのことに関する教職員の意識の向上や外部機関との連携なども重要である。

 ## 「薬物乱用防止教室」で啓蒙、学活で「断る勇気」

　薬物乱用の問題を、当該校の健康教育の柱の一つに位置づけ、保健体育の授業では薬物乱用に関する知識をしっかりと理解させ、その上で特別活動の時間を使って、体験的に薬物乱用の問題を考えさせるよう工夫する。

　「薬物乱用防止教室」を健康安全・体育的行事として年間行事計画に位置づけ、例えば同じ都道府県内にある「DARC」の協力を得て実際に薬物を使用して苦しんだ方の体験談等を聞く会を企画したり、学級（ホームルーム）活動の時間に、ロールプレイングの方法を使って、薬物を勧められたときの「断り方」を考えさせるなど、従来よりも一歩進んだ取組みをすることが大切である。

- ・ヘロイン（麻薬）
- ・LSD（麻薬）
- ・覚せい剤
- ・危険ドラッグ

■ 危険ドラッグとは、規制薬物（覚せい剤、大麻、麻薬、向精神薬等）に化学構造を似せて作られ、これらとの同様の向精神薬理作用を有する物品のこと。法の網をくぐりぬけるために「お香」「バスソルト」「ハーブ」「アロマ」などとして販売されている。

■ DARC（ダルク）とは、Drug Addiction Rehabilitation Center の４語を組み合わせた造語。覚せい剤や有機溶剤等の薬物から解放されるためのプログラムをもつ民間の薬物依存症リハビリ施設。元薬物依存者などがスタッフとなり回復を支援している。札幌、栃木、千葉、東京、大阪、福岡、沖縄など、全国にある。

第3章 こんなときどうする？　ポイントはこだ！

POINT

◎事実確認を正確に行い、関係諸機関へ連絡し指示を受ける

◎健康教育の視点から薬物の有害性を認識させ、人間としての在り方生き方教育の充実を図る

◎学級活動での啓発的体験活動が大切である

×薬物乱用を単なる知識理解の問題とすること

★★★

場面
49

黒板にひどい落書きが！

➡ いたずらか？　いじめか？
　　互いに支え合い助け合うことのできる学級づくり

> **質問例**
>
> 教室に行くと、黒板に「Ａ男！死ね！」と落書きされていました。その日、Ａ君はかぜで欠席していました。あなたはどう対応しますか？

落書きは学級の荒れの兆し

　落書きやごみの散乱、施設・設備の破損などは、学級（ホームルーム）や学校の荒れの兆候だといわれる。できるだけ早期に指導対応することが大切である。

　学級や学校内での落書きは子どもたちが学ぶ学習環境を悪化させるばかりか、学級や学校に対する誇りを傷つけることにもなる。特定の個人への誹謗中傷は、中傷された生徒自身の心を深く傷つけるだけでなく、学級全体に不信感と不快感をもたらし、やがては学級崩壊につながりかねない。

「いじめかもしれない」と疑ってみる

　特定の個人を誹謗中傷する落書きは、黒板だけでなく教卓上の座席名簿や係活動の名簿など、個人名が記されている掲示物等に書き込まれる場合があり、担任としては日頃から留意しなければならないことである。

　質問例の場合は、よく目立つ黒板に落書きされており、しかもその内容が「死ね」という表現であり、きわめて悪質である。Ａ君が欠席しているところをあえて選んで落書きしているところからも意図的であることが疑われる。

　担任としてはまず「いじめかもしれない」と疑って指導対応を考えることが必要だろう。教科担当の教員が発見したときには、落書きをすぐ消して、個人を特定した誹謗中傷的な落書きをすることは人権問題であることを明らかにした上で、授業後に担任に連絡するなど、教員間で連携した取組みを進めることが大切である。

1990年代から「学級の荒れ」「学級崩壊」などという言葉が使われるようになった。

　「授業開始後も席に着かず、おしゃべりをしたり遊んだりしている」「体育等の集合時間に集団で遅れてくる」「担任が注意すると反抗的な言動をとる」「授業中、大声を出したり関係のない話をする」「掲示物を破いたり、落書きをする」などがその現象である。

　これらの現象は小学校の低学年から見られ、学級の崩れ（何となく授業がうまくいかない）、学級の乱れ（児童生徒の気持ちが教員から離れる）、学級の荒れ（児童生徒が反発して授業が成り立たない）という経緯をたどるとされる。

　学級崩壊の原因としてよく指摘されるのが、教師の学級経営が硬直的で柔軟性を欠いたり、子どもたちにとって授業の内容や方法などに興味や関心が持てないものであったりすることである。

学級・学校全体での指導対応

　連絡を受けた担任は時間を置かずに直ちに対応することが大切である。事の重大性を学級の児童生徒全員に知らせるためである。

　落書きの事実はすでに学級の児童生徒もよく認識しており、落書きをした当事者を知っている可能性もあるので、本人が学級内での話し合いや放課後に申し出てくることも考えられる。その場合にはじっくりと個別指導ができるが、この種の問題では当事者が申し出ることは比較的少ない。

　申し出があろうとなかろうと、学習環境の整備や規範意識の涵養を進めるためにも、また、質問例のように「いじめ」が疑われるような問題については学級や学年、学校全体の問題として取り組んでいくことが大切である。❷

 児童生徒の意識変革と教員の毅然とした姿勢

　学級や学校全体でいじめは人権問題であること、「自分の大切さとともに他人の大切さを認める」ことを知的に理解するだけでなく、態度や行動に現れるよう児童生徒の意識変革を進めることである。また、「死ね」「消えろ」などといった子どもたちの短絡的表現の背景には、自らの感情を適切に表現できない子どもたちの言語力の低下がある。❸

　教員のいじめや人権侵害、いたずらを許さない姿勢や規範意識の涵養に努める姿勢、校内の美化清掃など学習環境の整備に心がける取組みなどが児童生徒の意識を高め、児童生徒を変えていくことになる。清潔で落ち着いた学習環境の中で、学習の効果が上がり、児童生徒間の人間関係は豊かなものに育まれていくのである。

❷ 教室環境を整備することは学級経営上重要な要点の一つである。学習の広がりや深まりをもたらすばかりか、より豊かな人間関係を創出することにもなる。

　全科を担当する小学校の担任に比べて、学級活動や教科だけを担当する中学校・高等学校の教員は特に教室・学習環境の整備に心がけることが大切である。

❸ 新学習指導要領では、従前の学習指導要領に引き続き、「言語能力の確実な育成」が求められている。

　発達の段階に応じた、語彙の確実な習得、意見と根拠、具体と抽象を押さえて考えるなど情報を正確に理解し適切に表現する力の育成（小中：国語）。

　学習の基盤としての各教科等における言語活動（実験レポートの作成、立場や根拠を明確にして議論することなど）の充実（小中：総則、各教科等）

第3章 こんなときどうする？　ポイントはここだ！

👉 POINT

◎落書きは学級崩壊の前兆かもしれない
◎落書きの内容によっては、いじめが疑われる
◎人権意識や規範意識の涵養と言語力の育成
×たかが「落書きくらい」などと考えてはいけない

場面
50

「いじめられている」と訴えてきた！

➡ トラブル？　いじめ？
　本人が「いじめられている」といえば、いじめだ

質問例

「いじめられている」と自ら訴えてきた児童生徒がいます。しかし、いじめられているようには見えません。あなたはどう対応しますか？

「いじめ」は学校が抱える最重要課題

　いじめを認知した学校数の割合は小学校90.1％、中学校89.1％、高等学校57.2％、特別支援学校42.1％となり（令和4年度）、依然として生徒指導上の重要課題である。■

　いじめは児童生徒の人格の発達を阻害するだけではなく、人権教育上の大きな課題でもある。文科省は、「いじめの防止等は、全ての学校・教職員が自らの問題として切実に受け止め、徹底して取り組むべき重要課題である。いじめをなくすため、まずは、日頃から、個に応じたわかりやすい授業を行うとともに、深い児童生徒理解に立ち、生徒指導の充実を図り、児童生徒が楽しく学びつつ、生き生きと学校生活を送れるようにしていくことが重要である」としている。

「いじめ」かどうかの判断基準

　「いじめられている」と申し出てきた児童生徒に対しては、まずその勇気を率直にほめてあげることが大切である。文科省の調査によると、いじめ発見のきっかけは、学校の教職員等による発見のほうが（63.8％）、教職員以外の情報による発見より多い（36.2％）。教職員以外からの情報の中で最も多いのが、本人からの訴えである（19.2％）。質問例はこれに該当する（令和4年度）。

　しかし、本人が申し出ても担任の判断では、決して「いじめられているようには見えない」場合がある。「友人との関係がちょっとしたことで気まずくなってしまった」とか「考えや意見が違ったので、思わずけんかになってしま

■ 文部科学省の調査でも、平成25年5月制定のいじめ防止対策推進法に従って、いじめの定義が次のように変更されている。「いじめ」とは、「児童生徒に対して、当該児童生徒が在籍する学校に在籍している等当該児童生徒と一定の人的関係のある他の児童生徒が行う心理的又は物理的な影響を与える行為（インターネットを通じて行われるものも含む）であって、当該行為の対象となった児童生徒が心身の苦痛を感じているもの」とする。なお、起こった場所は学校の内外を問わない。従来の文科省の定義より一層被害者の側の立場に立った定義となった。

●**いじめのサイン**

　いじめ問題は基本的には、早期発見・早期対応が肝心である。そのために、教員や大人は「いじめのサイン」を注意深く見守ることが大切である。

● 子ども集団の様子
・ 日常的なからかい

った」とか、単なる人間関係上のつまずきやトラブルがもとで、担任に「いじめられた」と申し出てしまうことこともある。また、仲間同士でふざけていたり遊んでいたりするうちに、時として仲間外れや悪口、物隠し等のいじめへと発展してしまうこともある。このように、「けんかといじめ」「遊びといじめ」との境界線が曖昧であり、いじめであるのかどうかを判断することが難しい場合がある。逆にこのあいまいさを利用して、児童生徒が不満やストレス発散の対象にするケースもある。

したがって、児童生徒からの申し出をしっかりと受け止めるとともに、必要に応じて友人や保護者等にも事情を聴くことがあってもよいが、最終的には「いじめ防止対策推進法」に従い、児童生徒が「いじめられている」と感じていれば「いじめ」と判断すべきである。

 ## コミュニケーション能力や人間関係形成力の育成

たとえいじめがなかったとしても「いじめられている」という児童生徒が出てきた以上、これを契機にして全校的に「いじめ」の総点検を始め、「いじめ」を生まない生徒指導に全力で取り組まなければならない。

今日の児童生徒はトラブルを自分たちの話し合いで解決したり、協働・協力して物事を進めたりする経験が不足している。そのため、伝え合う力やコミュニケーション能力が低下している。したがって、**コミュニケーション能力や人間関係形成力を養うことが、結局いじめや不登校などの生徒指導上の問題解決につながっていくもの**と考えられる。学級活動や道徳科の時間を活用して、人間関係形成力やソーシャルスキル等を育む取組みが全国的に広がっている。❷

- ・ふざけあい
- ・プロレスごっこ
- ・乱暴な言葉遣い
- ・使い走りをさせられている子がいる
- ・わざと一緒にはしゃいでいるように見える
- ●個人の行動の変化など
- ・元気がない
- ・遅刻しがち
- ・欠席がち
- ・休み時間に一人でいる
- ・保健室によく行く
- ・体調不良を訴える
- ●個人に起こる出来事
- ・服が汚れている
- ・靴の跡がついている
- ・持ち物がなくなる・壊される
- ・落書きされる
- ・発言に笑いが起きる

❷ソーシャルスキルとは、人間関係を円滑にするための技術のこと。

小中学校の授業の中で、ソーシャルスキルを教える学校が増えている。さいたま市では教育特区を活用して「潤いの時間」を導入し「人間関係プログラム」を始めた。東京都品川区では小中学校で必修化した「市民科」の中でソーシャルスキルを取り入れるなど全国で多くの実践がある。

👉 POINT

◎児童生徒にしっかり向き合い、いじめかどうかの判断を下す
◎最終的な判断基準は当該児童生徒の受け止め方にある
◎いじめなど生徒指導上の問題解決は人間関係形成力にある
×「そんなことはない」などと、一方的に教員の判断を押し付けない

場面 51 言葉によるいじめが見られる！

➡ からかいやさげすみの言葉は絶対許せない
早期に対応しないと、永遠にわだかまりが残る

質問例　新年度から2週間たち、学級の中で身体的特徴をからかったり、相手を傷つけるような言葉を言ったりすることが見られるようになりました。あなたはどのように指導しますか？

いじめで最も多いケース

　いじめの態様としても最も多いのが「冷やかしやからかい、悪口や脅し文句、嫌なことを言われる」ことである。▶

　したがって、質問例は典型的ないじめ問題の例である。それは言葉の暴力であり、人権問題だととらえられるべきものである。しかし、現実的には軽視され、時にはいじめ認知数から排除されることがある。

被害児童生徒の心のケアを優先

　「デブ」「チビ」などは、相手の身体的特徴をからかうときに子どもたちがよく使う言葉である。また、相手の様子に「ムカつく」「クサい」「ウザい」「キモい」などと相手を忌避する言葉を吐き、「死ね」「消えろ」など相手の存在を抹殺してしまうような言葉へと進んでいく。

　子どもたちは、自分が日頃から気になっている身体的特徴をからかわれたり、嫌な言葉を言われたりすると、ひどく自尊心が傷つけられることになる。新学期が始まったばかりのことでもあり、学級の中に自分の居場所を容易に見つけられない状況に置かれ、不登校につながってしまうことにもなる。

　身体的な傷は時間がたてばやがて消えてしまうが、心の傷は深くトラウマとして心の中に沈潜し、生涯心の中にわだかまりとして残ってしまうことがある。したがって、教員は言葉による暴力を人権問題としてとらえ、いじめられた児童生徒に寄り添い、彼らの心のケアに努めることが大切である。

　このほか、いじめの態様として多いのは「軽くぶつかられたり、叩かれたり蹴られりする」「仲間はずれ、集団による無視」など（文科省調査）。

　いじめの態様で「パソコンや携帯電話等で誹謗・中傷や嫌なことをされる」は約2万4千件（令和4年度）で、調査項目に入った平成18年度以降で最多。総認知件数に占める割合は3.5％。小中高のすべての校種で増加している。

　標的を誹謗中傷するだけでなく、標的を特定して個人情報をネット上にばらまくなど深刻な問題となっている（次ページコラム参照）。

　今後はネットいじめに対する指導が課題。

●重大事態

　いじめ防止対策推進法第28条1項に該当する重大事態の発生件数は923件で前年度より大幅に増加して過去最多（令和4年度）。

言語環境の整備を学校生活の目標に

　質問例のような冷やかしやからかい、悪口や脅し文句、嫌なことを言われるなど、**言葉の暴力によるいじめを防止する**ためには、何よりも日頃から言葉の重みや大切さを学校の教育活動全体を通じて理解させていくことが必要である。新学習指導要領では、言語環境の整備と言語能力の確実な育成を図るために言語活動の充実を求めている。

　言語は、論理や思考などの知的活動やコミュニケーション、感性・情緒の基盤であること、また、言語活動の充実については国語科を中心とした教科教育の中で育むとともに、学級活動や道徳科等の場で、言葉によるいじめなどの問題を教材化してより具体的に学級・学校内における言語環境を整備することが大切である。

学期はじめは学級づくりに専念する

　この質問例で注目しなければならないことは、問題が新学期に起こったということである。ある意味では担任の学級づくりの失敗ととらえることもできる。他方、**学期はじめにいじめが起こったということは、これを学級づくりに生かしていく好機と考えることもできる。**

　「3・7・30・90の法則」による学級づくりを唱える教員がいる。3日目までに「今度の先生は一緒にやれそうだ」というイメージを与え、学級の仕組みの第一歩をつくる。7日目までに学級の仕組みをつくる。30日目までにその仕組みを完成させる。授業のシステムづくりには90日かかる。言葉によるいじめ問題の解決を通じて言語環境を整え、学級づくりに生かしたいものである。

●配布端末で悪口

　東京都町田市で2020年11月、小学6年の女子児童が同級生からのいじめを訴える遺書を残して自死した。学校で配られたタブレット端末を使って「ウザイ」「キモイ」などの悪口の書き込みがあったといわれる。

　コロナ禍でオンライン学習のニーズが高まる中、多くの子どもたちがスマホを持つ現在、配布された端末の使い方だけでなく、学校、教委、保護者、子どもたちも参加してSNSとどのように付き合うべきかを議論し、ルールを決め実践していくことが求められる。

　文科省は保護者と共有すべきルール例として、①使用時間を守る、②端末・アカウント・パスワードを適切に扱う、③不適切なサイトにアクセスしない、④ファイルをむやみにダウンロードしない、⑤学習に関係ない目的では使わないなどを例示（チャット機能やSNSの利用は自治体の判断）。

第3章　こんなときどうする？　ポイントはここだ！

👉 POINT

◎被害児童生徒の心のケアに全力投球する
◎教育活動全体を通じて言語環境を整備し、言語活動を充実させる
◎いじめ問題の解決を学級づくりに生かしていく
×「気にするな」「たいしたことではない」などと軽視すること

★★★

いじめの再発から不登校に！

➡ これで終わりかと思ったら、また始まった
毅然とした教員の指導姿勢を示す

質問例 一度はいじめが改善されましたが、再び起こりました。いじめられている児童生徒は学校に来たくないと言っています。あなたはどうしますか？

 ## 児童生徒の声に耳を傾けしっかりと受け止める

　いじめられている児童生徒は、学校に行くとまたいじめられるのではないかと不安になって登校できなくなり、やがて不登校状態になることも十分考えられる。

　担任を中心にできるだけ早めに、児童生徒本人と接触していじめの状況や原因等について詳しく事情を聴くことが大切である。なかなか心を開かないこともあるだろうが、決して焦らずに十分に時間をかけて児童生徒自身が話し始めるのを待つべきである。養護教諭に協力を依頼したり、スクールカウンセラー（SC）の指導に委ねたり、時にはスクールソーシャルワーカー（SSW）の協力を仰ぐことも必要である。また、学校では話さないことを家庭では話していることも考えられるので、保護者との連携も大切である。

　いずれにしても、事情聴取の際には、いじめられている児童生徒を担任を中心に学校側が「断固守り通す」という姿勢を示し、安心させることが肝要である。➡

 ## 不登校へつながらないよう全力投球を

　文科省の調査ではいじめが原因となった不登校は小中学校全体の0.2％（674人）で必ずしも多くはないが、決して看過できない問題である（令和4年度）。

　担任は教科、学級（ホームルーム）活動や道徳科などの時間を活用して、いじめは絶対に許されない人権侵害行為であることを学級全体の児童生徒に理解させるとともに、実践的な行動力を育てていくことが大切である。また学校全体の問題としては、児童会・生徒会活動を中心に、いじ

 ❶ いじめられた子どもへの対応の基本

　いじめられていると話してくれた勇気に敬意を表し「あなたが悪いのではない」とはっきり伝え、必ず守り通すことを具体的に約束する。守り方について本人の希望を聞き、本人が安心できる方法を選択する。

　また、適切な判断ができなくなっていると考えられる場合には、客観的な情報を提供し、本人だけでなく保護者も交えて方策を検討する（文科省「いじめ対策Q＆A」）

●小中高の長期欠席（不登校等）の状況

　文科省調査（令和4年度）では、小中学校の長期欠席者数は46万648人。このうち不登校児童生徒数は29万9048人で在籍者数に占める割合は3.2％。高等学校の長期欠席者数は12万2771人。このうち不登校生徒数は6万575人で在籍者に占める割合は2.0％。いずれの

めを起こさせない、いじめを絶対に許さない「いじめゼロ運動」の取組みを支援するなど、学校全体でいじめ問題に対応していく体制を確立していくことが期待される。

 ## いじめ発生を見逃した学校態勢の問題

多くのいじめは学校の中で、しかも教員には見えにくいところで行われている。子どもたちはいじめを認識できる立場にいるが、教員にはきわめてわかりづらい。また、いじめは表面上解決しているように見えても実際には継続していることもある。教員は基本的にこうした理解に立って、**いじめの早期発見・対応を心がけていく必要がある。**今回の事例はそうした姿勢の欠落と早期発見態勢の不備が明らかになった問題である。

 ## いじめを許さない毅然とした指導

次は、いじめる子に対する学校側の指導の問題である。いじめは、人権侵害問題であること、いじめられる子の心の苦しみや絶望感、学校に行きたいのに行けない悲しみを、学校における教育活動全体を通じて理解させることが不十分であったと認識すべきである。

まず、いじめる児童生徒の生活状況や性格や特性等をしっかりと把握すること、また、学級内の人間関係や仲間関係等について詳細に検討し、その上で指導法を考えたい。

教科や道徳科、学級（ホームルーム）活動等を通して、**いじめることの不当性や人権侵害問題であることの理解力やいじめはあってはならないという道徳的な判断力、いじめられるつらさに対する共感力等を育むことも大切である。**さらに、いじめを行った場合の保護者召喚、出席停止や停学などの厳しい指導を周知させ、ときには実行することも必要である。

校種も急増している。

●小学校の場合の注意

小学生、ときには中学生でも、いじめられていることを「友人や親には決して言ってほしくない」ということが多い。「友人に変に思われるから」「親が心配するから」などが理由である。なお、本当はいじめはなかったというケースもある。教員に注目されていたかったからだ。

いずれにしても、申し出については積極的に耳を傾けるとともに、児童生徒の生活・意識状況などを踏まえ、できるだけ正確に内容分析を行い児童・生徒理解を進めなければならない。

●いじめる児童生徒への特別対応

「保護者への報告」「いじめられた児童生徒やその保護者に対する謝罪の指導」「校長、教頭が指導」「別室指導」「スクールカウンセラー等の相談員がカウンセリングを行う」などが多く、いじめを理由とする出席停止は小学校0件、中学校1件であった（令和4年度文科省調査）。

第**3**章　こんなときどうする？　ポイントはここだ！

👉 POINT

◎子どもの声を傾聴し、不登校を防ぐ取組みを充実させる
◎いじめ発見の学校態勢を見直し、毅然とした指導を実践する

53

いじめられるほうにも問題がある！

➡ いじめの原因は誰にどんな理由があろうと、
「いじめる側」にこそ問題がある

質問例　「いじめの原因は、いじめられている児童生徒自身に問題があるからだ」と考える児童生徒に対して、あなたはどう指導しますか？

いじめている子どもの言い分の把握

いじめ問題の解決を困難にしている理由の一つに、いじめられる子どもにいじめの原因を負わせ、それを罰するという正当化の論理が働くことが挙げられる[1]。まず、いじめる側の言い分を聴き取り、その上でいじめている子どもの言い分を正当化しない指導を行わなければならない。

いじめる側から読み取れることは、異なるものを認めないという意識や集団の中で孤立しそうな子どもたちをさらに孤立させようとする意識、もともと自分でまいた種だから仕方がないという意識など、自分の行為や動機を正当化するために、相手の弱点を強調しようとする意識である。そのため、いじめられている子どもたちのつらさは決して理解されず、罪悪感も希薄になりがちである。

いじめている子どもの言い分を正当化しない

指導でいじめている児童生徒の言い分を明らかにして、その言い分に対応した指導を進めることが大切である。

教員の中には、いじめの指導に際して、「いじめられている児童生徒にも問題があり、いじめられている児童生徒自身がそのことに気づいてそれを直さないと、いじめはなくならない」といじめる側の言い分に同調してしまうことがある[2]。学校生活上の課題といじめの問題は別物であるとの認識が不足していると、教員自身がいじめる側の論理に引き込まれ、いじめ問題の解決を難しくしてしまう。

いじめる側が「行動が遅い」「班の仕事をしない」など、いじめられる側の集団生活上の問題を挙げた場合、まずは

---

[1] いじめている児童生徒の言い分を整理すると、およそ次のようにまとめることができる。

自己表現が不得手で、コミュニケーションが取りにくい子ども。「しゃべらない」「何を考えているのかわからなくて、付き合いにくい」「変なことをする」など。

共同で活動する際に遅れがちだったり、うまくできない子ども。「行動が遅いので、気にくわない」「やることをやらないから」「班の仕事を何もしないのでムカつく」など。

かつていじめられた相手に対して。「あいつに前はやられていたのだらやり返す」「前にいじめられていたから仕返しをしている」など。

[2] いじめの正当化の論理の誤りを正していくための教員の指導姿勢
① いじめている子どもが日頃から活発に発言し、周囲に影響力があるため、教師が子どもの言い分を鵜呑みに

いじめ行為をやめさせる指導を優先させ、そのあとにいじめられる側の集団生活上の問題に対する指導を行う必要がある。過去にいじめられた鬱憤を晴らしたいという場合は、教員はその思いをしっかり聴き取り、受け止めることが大切である。その上で、過去のいじめを許す寛大な気持ちをもつこと、決していじめという手段を使ったり相手に傷を与えることは人間としてあってはならないことを学級（ホームルーム）活動や道徳科等を通じて理解させる。

 ## 自己肯定感を育む学級経営

教室の中には、自己表現ができなくていつも押し黙ったままでいる児童生徒、班行動や学校行事などでいつもみんなの足を引っ張る児童生徒など、多様な児童生徒がいる。こうした児童生徒のそれぞれが、学校・学級生活の中で自己表現し活躍できる場を与えることによって、自己肯定感を得られる学級経営に取り組んでいくことが大切である。

学級の中にすべての児童生徒の居場所がしっかりと用意され、活躍の機会が与えられ、学級のほかの児童生徒から正当に評価されるようになれば、いじめの一つの要因は解消され、いじめはなくなっていくものと考えられる。

決していじめを許さない人権教育を学校経営の柱に位置づけるとともに、教科指導の中ですべての児童生徒が参加し評価されるような授業のあり方を工夫すること、特別活動、とりわけ学級の仕事を全員で分担遂行することのできるシステムの創出、すべての児童生徒が参加できる学校行事の遂行など、児童生徒の自己肯定感を育む教育活動に積極的に取り組んでいくことがいじめ問題の解決には有効である。

していじめられている子どもの責任を追及し、いじめが深刻化することもある。子どものそれぞれの意見を公平に聞き取り、誤った論理に巻き込まれないように留意する。
② 集団の秩序やルールの基本は、ともに生活するものが心地よく生活できるようにするためのものであることを機会あるごとに子どもたちに考えさせる。また、決まりの指導に当たっては、子どもの発達段階を踏まえておく必要がある。子どもの発達とともに、集団内の凝集性は強まる。凝集性が強まるほど、集団の心理は異なるものを許さず、本来の決まりの機能が失われ、誤った強制力となることがある。
③ 一人一人の違いを認める教師の日常の言動が、子ども相互に認め合う雰囲気を生み出していく。（東京都立教育研究所「いじめの心理と構造を踏まえた解決の方策」）

👉 POINT

◎いじめている子どもの言い分を聴き、分析する
◎子どもの言い分を正当化させない指導の充実を図る
◎人権教育を柱に、自己肯定感を育む学級経営を実践する
×いじめをする児童生徒の言い分に決して振り回されないこと

いじめを見て見ぬ振りをしている！

➡ 見ていたでしょう？　聞いていたでしょう？
　見て見ぬ振りをするにも、いろいろな要因がある

質問例　いじめが発生していても見て見ぬ振りをする児童生徒に対して、あなたはどのように指導しますか？

いじめの四層構造

　いじめは、児童生徒の人格の発達を阻害するばかりでなく、人権尊重の精神の育成の上からも、学校教育の基本にかかわる見逃すことのできない重大な問題である。

　いじめは、被害者と加害者の間の単純な問題ではない。被害者と加害者を中心に、実際に手出しはしないが周りではやし立てたり見て見ぬ振りをするいわゆる傍観者も多い（いじめの四層構造）。**いじめを認め助長している傍観者の存在がいじめ問題を長期化・複雑化させる要因である。**いじめの傍観者もまた間接的ないじめの加害者なのである。

　全教育活動を通じて、いじめは人間として許されない行為であることをしっかりと理解させ、傍観者にいじめ問題の解決に立ち向かう力を与えていくことが重要である。

見て見ぬ振りをする心理

　子どもたちはいつも「見て見ぬ振り」をしているわけではない。「見て見ぬ振り」をせざるをえない背景にある心理を考察しておくことが大切である。

①無力感にとらわれている
②自分がいじめの対象になることを恐れている
③いじめかふざけか見分けがつかない
④いじめにかかわりたくない
⑤いじめられる子どもが悪いから仕方がないと思っている
⑥いじめている子どもと仲良しなので止められない
⑦おもしろいと思って見ている

●**いじめと発達段階**

　子どもの発達段階によっていじめの特徴が異なり、それに相応しい指導が求められる。

●**小学校**

　小学校低学年では、いじめられたときに「やめて」と言えたり、教員や家族にいじめを訴えたり、いじめを見て止める者が小中学校を通じて最も多い。

　中学年では、集団になじめなかったり、集団と異なる雰囲気がある児童を排斥するいじめが発生しやすい。

　高学年では、特に女子のいじめが多くなる。特定の友人関係を維持したがる傾向があり、集団内の親密さを競う争いや対抗意識などからいじめに発展しやすい。

●**中学生**

　この時期は自我の目覚め、性的成熟など思春期を特徴づける変化が顕著になり心身ともに不安定な時期である。また人間関係が広がり、友人間の結束も深まる一方で、友人間の葛藤も生じやすい。

傍観者の動きが鍵

　傍観者はいじめを成り立たせる必要不可欠な存在で、傍観者がいなくなればいじめはなくなる。**いじめ問題の解決の最大の鍵を握っているのが傍観者の動きなのである。**

　傍観者は学級（ホームルーム）の大勢の子どもたちである。学級全体にいじめは人間として決して許されないこと、人権侵害問題であることを、社会科を中心にした教科指導で明確に理解させるとともに、学級活動や道徳科、総合的な学習の時間などを活用して一層理解を深めさせることが大切である。

　その上で、学級活動の時間に、学級の児童生徒をいじめの四層構造に従った役割を与えてロールプレイングを行い、いじめられることのつらさや悲しさ、また、いじめることの不当性や人権侵害問題であることの理解力を高めることも大切である。担任の、いじめを決して許さない、「見て見ぬ振り」を許さない学級づくりへの全力投球の姿勢が、いじめを許さない児童生徒をつくっていくことになる。

いじめを許さない全校的な取組み

　担任によるいじめを許さない学級づくりと並行して、全校の児童生徒や保護者や地域社会等を巻き込んだいじめ防止の取組みを実践していく必要もある。東京都教委は、「中学校生徒会長サミット」を開催し、滋賀県では、いじめ防止のための滋賀県宣言のもとに「県いじめ問題サミット」が開かれている。文科省は「いじめを絶対に許さないいじめをなくしていくために私たちのできること」をテーマとして「全国いじめ問題子供サミット」を開催し、多様な取組が紹介された。[2]

　そのため、いじめの認知率の減少、いじめる子どもが悪いとは限らないとするいじめに対する考え方の変化、いじめる側の集団化、傍観者的態度の増加、遊び感覚のいじめや非行傾向を伴ういじめが発生すようになる。

[1] 東京都立研究所「いじめの心理と構造を踏まえた解決の方策」の中で示された考え方で、①は、過去にいじめを見たときに止めたが、何回言っても同じことが繰り返され、親や教員が実効性のある手立てを講じてくれないため、自分だけ頑張らなくてもよいのではないかとあきらめ無力感にさいなまれている。

　⑦は、いじめられた子どもの心の痛みを考える前に、笑ってしまおうという行動パターンに出てしまう。

[2] 全国には「１件でもいじめを許さない」目標を掲げ、生徒と教員が取り組みを続ける中学校や弁護士による「いじめ予防学習」を行う中学校など多くの実践がある。

👉 POINT

◎いじめは当事者だけでなく、周囲にいる傍観者の問題でもある
◎傍観者の立ち上がりがいじめ問題解決への鍵である
◎いじめを絶対に認めない、許さない学級づくりを推進する
×いじめ問題を当事者だけの問題にしてはいけない

ゲーム依存が心配！

➡黙認するか？　強制的にやめさせるか？
「ゲーム依存」になる前に手立てを工夫する

質問例
「うちの子は学校から帰るとすぐに自室に閉じこもり夢中でゲームをしています。このままだと学校に行かなくなるのでないかと心配です」との相談がありました。あなたは学級担任としてどう対応しますか？

ゲームに１日４時間以上が１割にも

　厚労省の全国調査「ネット・ゲーム使用と生活習慣についてのアンケート」（10歳～29歳対象の全国調査で小中高校生が約７割）では、過去1年でゲームをした人は85％。このうち、平日で1日当たりゲームに費やす時間が4時間以上6時間未満の人は7％、6時間以上は3％だった。休日には4分の1の人が4時間以上ゲームをしていた。男性に限ると3分の1以上を占める。平日に6時間以上ゲームをしている人の4人に1人が「生活で一番大切なことはゲーム」と答え、学業や就業に支障が出てもゲームを続けていた。さらに4割は肉体的な問題や、睡眠障害、憂鬱や不安などの心の問題が起きてもゲームを続けた。

　こうした状況なので、保護者は心配して担任に相談を持ち掛けたものと思われる。「小・中学生のインターネット及びオンラインゲームに関する実態調査　報告書」（概要版・2022年）では、子どものインターネットの使用について保護者の52.6％が「心配がある」「やや心配がある」と回答している。

ゲーム依存症への入り口か？

　当該児童生徒はすでにゲーム依存症への入り口に差し掛かっているのかもしれない。今後さらに依存が進み「昼夜逆転」「不登校」へと進むことも懸念される。保護者から家庭での生活の様子をよく聴き取るとともに解決への道筋を保護者とともに考えてみることである。

　学校では、当該生徒から日常生活の様子を聞き取り、学

●家庭でのスマホ・ゲーム対策

- 使う前に、依存症のリスクを親子で勉強
- 子どもの前では親はスマホを控える
- 使い始めたら時間などのルールを決める
- 他の遊びや部活、習い事の機会をつくる
- 依存の疑いがあったら早期に医療機関へ

●長時間のスマホ使用の危険性

- 夜使うと睡眠不足となり、体内時計が狂う。
- スマホを使うほど学力が下がる。
- 長時間使うと記憶や判断を司る部分の脳の発達に遅れが出る。
- 人と直接話す時間が減り、コミュニケーション能力が落ちる。
- 視力が落ちる（外遊びが目の働きを育てる）。
- 体力が落ちる。体を動かさないと、骨も筋肉も育たない。

●eスポーツ

　電子機器を使って行う娯楽・競技・スポーツ全般を指す。部活動もあり、全国高校eス

校生活の中での居場所づくりを考えてみることである。「わかりやすい授業」や「生徒主体の授業づくり」等を検討してみることがあってもよいし、学校行事の運営や部活動への参加を呼び掛けてもよい。

　ゲーム機は以前からあったが、オンラインでつながるスマホ時代を迎え、いつでもどこでも簡単に遊べるようになった。様々なアプリが登場し、ゲームを有利に進めるためのアイテムに課金するシステムもある。スマホやネットなしでは日常生活が成り立たなくなっているため、ゲーム依存から抜け出せない。こうした状況を踏まえ、家庭での生活習慣を見直し、規則正しい生活リズムの確立を心がけるよう家庭での話し合いを進めることも必要である。その際、生徒と家庭でスマホ使用時間のルール作りをすることも大切である。どうしても生活習慣を改めることができず、ゲーム依存が進むようであれば早めに専門医に相談することである。国立病院機構・久里浜医療センターでは、作業療法や運動療法で生活リズムを整える入院治療や、野外料理や魚釣りなどをして9日間自然環境の中で過ごす「治療キャンプ」などが開かれている。

WHOが国際疾病分類に「ゲーム症・障害」盛り込む

　世界保健機関（WHO）は2019年5月、ゲームにのめり込んで健康や生活に支障をきたす状態を「ゲーム症・障害」として、ギャンブル依存症などと同じ疾患に位置付けた。

　また、香川県議会は「ネット・ゲーム依存症対策条例」を策定し（令和2年4月施行）、依存症は学力や体力の低下、引きこもりや睡眠、視力の低下を招くと問題視、県や学校、保護者についてそれぞれの責任を示し、協力して対策に取り組むよう求めている。▶

ポーツ選手権なども開催されるようになり、2022年10月には「いちご一会とちぎ国体・とちぎ大会」の文化プログラム事業で「全国都道府県対抗eスポーツ選手権」が開催され、2023年の「もゆる感動かごしま国体・かごしま大会」でも同様に行われた。

　国立病院機構久里浜医療センター樋口院長によると、eスポーツのプレイヤーを志す人の中には、昼夜逆転してゲームに依存し、生活が破綻してゲーム障害に陥っている人々がいて、その数は年々増加しているという。

▶　同条例では、ゲームで遊ぶのは平日60分、休日90分。スマホなどの使用も中学生以下は午後9時、高校生は午後10時までを基準にするよう保護者に求めた。罰則はない。「全国に先駆けた条例」だという意見がある一方、「個人の時間の使い方への介入だ」との批判もある。

👉 POINT

◎児童生徒と保護者が話し合い帰宅後のタイムテーブルを作成する
◎学校生活の中に児童生徒の居場所づくりを検討する
◎依存状況をみてできるだけ早期に医療機関を受診する
×決して「ダメな子」などと放置すること

場面 56 学校に行きたくない！

➡ 不登校？　学校に不満？
原因を究明し、早期に対応する

質問例 「学校に行きたくない」と言っている児童生徒がいます。あなたは担任としてどのように対応しますか？

「学校に行きたくない」理由を聴取

　質問例の場合には、本当に学校に来ていない場合と、そう言っていながらも実際には学校に来ている場合の２通りのことが考えられる。いずれにしても早期に理由を聴取して、対応策を考えていくことが大切である。

　児童生徒から直接聴き取ることも、児童生徒と保護者との三者面談を行い事情を聴取することも考えられる。周りの児童生徒等が気になるようであれば、許可を得た上で家庭訪問を行うなど、十分に自己開示できる環境を用意したい。また、家庭環境が不登校や虐待の問題を生み出すことも考えられるので、注意を払う必要がある。➡

不登校の要因

　小中学校における不登校の要因については、「本人に係わる状況」「学校に係わる状況」「家庭に係わる状況」の順に多い。「本人に係わる状況」の中では、「無気力・不安」が最も多く、「生活リズムの乱れ・あそび・非行」が続く。「学校に係わる状況」では、いじめを除く友人関係をめぐる問題」が最も多く、「学業の不振」「入学・転編入学・進級時の不適応」の順に続く。「家庭に係わる状況」では、「親子の関わり方」「家庭の生活環境の急激な変化」「家庭内の不和」等の順になる。

　不登校は本人の問題であることが多いが、同時にそれは学校や家庭の問題でもあり、その要因については複合的にとらえ、**不登校の要因やきっかけ等を詳細に分析検討して、具体的な対応策を考えていくことが必要である。**

 文部科学省の調査では、「不登校児童生徒」とは、「何らかの心理的、情緒的、身体的あるいは社会的要因・背景により、登校しないあるいは登校したくともできない状況にあるために年間30日以上欠席した者のうち、病気や経済的な理由による者を除いたもの」と定義している。

●**休むのも選択肢**

　フリースクール「東京シューレ」の奥地氏は、かつては登校させようとする学校側と行きたがらない子どもとの間で困惑していたが、最近では学校も親も「学校を休むことも選択肢の一つ」と考えるようになった、という。

●**子どもが出すサイン**
●活力低下を示すサイン
・口数が少なくなる。
・表情が暗くなる。
・言葉をかけても受け答えが少なくなる。
・忘れ物が増える。
・グループから離れていることが多くなる。
・一人で寂しそうにして

不登校を出さない学級づくり

担任としては、こうした問題の発生を契機にして、自らの学級経営を見直し、不登校を出さない学級づくりに全力で取り組んでいくことが大切である。

学級の中の友人関係に原因があれば、グループ編成の見直しや座席替えを行い、学級活動の時間にグループエンカウンターによる人間関係力の育成を図ることも効果的である。小学校ではソーシャルスキルの育成に取り組んでいる。

また、「学校に行っても楽しくない」「授業がわからない」など、自分の居場所を見つけられない児童生徒がいる。教員は「楽しい授業」「わかる授業」の創出に努めるととともに、補充授業を心がけることも必要である。さらに、**学校全体で、すべての児童生徒が**学習活動、係活動や当番活動、部活動、遊びの中などで、**自分らしさを発揮し**そして評価される場を用意することが大切である。

学年全体での取組み体制の確立

「不登校」や「いじめ」の問題については、その責めをすべて担任だけに負わせることは問題である。もちろん、担任が責任をもって生徒指導を行うことは当然であるが、生徒指導上の諸問題は学校全体の問題であり、学校文化の様相や教職員の姿勢等にも起因するところがある。したがって、不登校の問題も学年や学校全体の問題として取り組んでいくことが望まれる。現実に、不登校やいじめの問題は指導上難しい問題であり、学年や学校全体で取り組んでも容易に解決できない問題である。**不登校やいじめの問題は使命感をもってすべての教員が、協働して取り組まなければならない課題の一つ**である。

いることが多くなる。
- **保護を求めるサイン**
- どこかが痛いと訴える。
- 用事がなくても教師のそばに来ることが多くなる。
- 保健室に行きたがるようになる。
- 「家に帰りたい」と頻繁に言う。
- **身体等の変調によるサイン**
- トイレに行く回数が多くなる。
- 頭痛、腹痛、発熱、下痢、嘔吐等の訴えが増える。
- 過度に緊張し視線を合わさず、オドオドしていることが多くなる。
- 朝食、給食が取れなくなる。
- **自己防衛のサイン**
- ささいなことでカッとなることが多くなる。
- 友人への乱暴な行動が増える。
- 同級生と遊ばず下級生と遊ぶことが多くなる。
- 言葉が乱暴になる。

●**教育機会確保法成立**
2016年12月参院本会議で、不登校の小中学生が学校以外の場で学ぶ機会を確保できるよう国や自治体が支援することを明記した「教育機会確保法」が可決・成立。「不登校特例校」や「教育支援センター」の整備を進める。

👉 **POINT**

◎教育相談的な姿勢で理由を聴取する
◎不登校を生まない学級づくりと校内体制の確立
×自分だけで解決しようとすると、解決が難しくなる

1週間登校して来ない！

➡登校を促すべきか否か原因を明らかにして、
初期対応に全力を尽くす

質問例　あなたのクラスにこの1週間登校して来ない児童生徒がいます。あなたは担任としてどう対応しますか？

不登校の実態

　まずは不登校の実態を明らかにしておきたい。不登校児童生徒数（小中）は、令和4年度で29万9048人と前年度より大幅に増加し、高等学校では6万575人と、依然として学校教育における大きな課題の一つとなっている。

　なお、日本財団は平成30年10月に行った不登校生調査で、保健室登校をしたり、遅刻や早退が多かったりする「不登校予備軍」が約33万人いたという試算を発表した。

初期対応で児童生徒との心のつながりを

　不登校問題解決の難しさを踏まえ、「まだ1週間しかたっていない」などと悠長に考えず、できるだけ早期に当該児童生徒の指導に入るべきである。

　児童生徒との接触を図ることが大切なので、学校に保護者に来てもらうのではなく、担任が家庭訪問するほうが適切である。その場合、当該児童生徒の許可を得て、しかも当該児童生徒の心の負担にならない時間帯に配慮して行う必要がある。例えば、学校の授業時間帯を除いた放課後や学校が休みの土・日曜日に訪問するのがよい。

　家庭訪問が実現した場合には、当該児童生徒が自ら口を開くまでじっと待つことも大切である。教育相談的な態度で、じっくりと児童生徒の気持ちを傾聴し、登校できない理由を聴取することである。**何よりも大切なことは、当該児童生徒と担任との信頼関係をつくることである。**

　学年の教員が担任を支援し、担任が悩んでいる保護者を支える体制を学校全体で共有することも大切である。

●こんな質問が来る！
　保護者から「しばらく学校を休ませたい」と連絡があった場合、担任としてどうするか。

　無理に学校に行かせると不登校につながるかもしれないと不安に感じた保護者からの訴えととらえて対応する。無理に登校を促すより、緊急避難的に学校を休ませることがあってもよいと伝えるとともに、担任は学級内の条件整備を約束する。

1 指導の結果登校する又はできるようになった児童生徒は、小中合わせて27.2%である。

　相談・指導等を受けた学校内外の機関は、学校内ではスクールカウンセラーや相談員等による専門的相談を受けた人数が34.6%あり、養護教諭による専

登校への道筋

　担任としての目標は、当該児童生徒を登校できるようにすることである。しかし、登校できなくなった要因として、担任では十分に対応できないことがある。その場合には保護者に相談して、**スクールカウンセラーや専門機関等に任せる**ことも考える必要がある。

　最初から教室に登校するということが難しい場合、保健室や生徒相談室等への**別室登校を促す**ことも効果的な指導法である。養護教諭やスクールカウンセラー、学級復帰支援員等の協力を得て登校につなげている事例も多い。また、不登校児童生徒の学校外の居場所、学校復帰への支援として設置された**教育支援センター（適応指導教室）、学びの多様化学校**等を活用する方法もある。生徒指導は児童生徒の自己指導力を養うことにあり、不登校児童生徒が自らの力で登校できるよう支えていくことが大切である。

不登校への対応 ―５つの視点

　文部科学省は不登校への対応として、次の５つの視点を示している。

①　将来の社会的自立に向けた支援の視点……不登校解決の目標は子どもたちの将来的な「社会的自立」であり、「心の問題」のみならず「進路の問題」である

②　連携ネットワークによる支援……適切な支援と多様な学習の場を提供するため学校、地域、家庭で連携

③　将来の社会的自立のための学校教育の意義・役割……学校は自己を発揮する場、楽しく通うことができる場

④　働きかけることや関わりを持つことの重要性……社会的自立や学校復帰に向けて適切に働きかける

⑤　保護者の役割と家庭への支援……保護者と共通する課題意識の下で連携を図る

門的な相談を受けた人数は7.3％である。

　学校外では、病院や診療所、教育支援センター、教育委員会及び教育センター等教育委員会所管の機関、児童相談所や福祉事務所などと多様である（令和４年度文科省調査）。

２ 不登校等の児童生徒に対する指導を行うために教育委員会が教育センターなどの学校以外の場所や学校の余裕教室などにおいて、学校生活への復帰を支援するため在籍校と連携し、個別カウンセリング、集団での指導、教科指導等を組織的・計画的に行う組織として設置された。現在は「教育支援センター」と呼ばれる。

　学びの多様化学校（いわゆる不登校特例校）とは、学習指導要領にとらわれずに、不登校の状態にある児童生徒の実態に配慮した特別な教育課程を編成し、実施している学校のこと。令和５年現在、北海道、宮城、東京、愛知、京都、鹿児島など全国に24校ある（公立14校、私立10校）。文科省は、更なる設置促進に取り組んでいる。

第**3**章　こんなときどうする？　ポイントはここだ！

👉 POINT

◎初期対応で児童生徒と教員間に信頼関係をつくること
◎保護者と連携し、学校全体で登校への道筋を確認する

不登校生が登校できるようになった！

➡ 登校できる？　不安いっぱい？
　過大評価せずに登校継続へのワンステップとする

不登校であった児童生徒が明日から登校することになりました。あなたは担任として本人や学級の児童生徒にどう対応しますか？

ゆっくり気楽に登校できるように

　学校に行きたくとも行けないことで悩み苦しんでいた児童生徒がようやく登校することができるようになった。まず、本人にはゆったりとした気持ちで登校するよう、学校での生活には何の心配もいらないことを、保護者から伝えてもらう。長い間かかわってくれた担任や養護教諭、スクールカウンセラーも待っていることを伝え安心させることも必要である。保護者に対しては、決して過度の期待をしないこと、これですべてが終わったのではなく、明日からが始まりであることを告げておくことも大切である。

　一方担任は養護教諭らとともに、当日の朝は校門まで児童生徒を迎えに出て、一緒に教室に向かうことが望ましい。長い間離れていた校門をくぐることは心理的負担がかかり、一人では抜けづらいものである。

学級の児童生徒に対する指導

　学級の児童生徒に対しては、特別改まった態度をもつ必要がないこと、普段友人と接するように自然にふるまってほしいと伝えておくことが大切である。担任も学級の児童生徒もせっかくのチャンスだからと焦ってしまい、半ば強制的に関係をもとうとすると、当該児童生徒の精神的負担が増して再び登校できなくなることもある。

　学級の中で緊張することなしに過ごすことのできる人間関係をつくることに全力を尽くすことが大切である。遊びを通しての楽しさや何かをして達成感を得るなどの機会を多くつくることが、登校してきた子どもにとっての居場所

●ココにも注意

　不登校であった児童生徒がようやく登校できるようになったということで、担任があまりに神経質になってしまうと、学級の子どもたちも神経過敏になってしまい、不登校生への対応に支障をきたしてしまうことにもなりかねない。

　学級の子どもを落ち着かせ、穏やかに、普通に不登校生とかかわれるよう学級の子どもたちを支えていくことが担任の役割である。

●こんな場合は？
●神経症的な不登校

　前の晩は明日学校に行こうと決意するが、当日の朝になって頭痛や腹痛のために登校できなくなるケース。

　この場合には、学校側が強く登校を促したり、家庭でも無理に登校させるようなことはできるだけ控えたほうがよい。登校刺激が不登校状態をさらに悪化させることになるからである。専門の医療機関やスクールカウンセ

となり、やがて継続的な登校へとつながる。

担任を中心としたサポート態勢の確立

登校するようになった子どもが再び不登校状態に陥らないよう支えていくことが次の重要課題となる。担任は子どもの学校での様子をしっかりと観察するとともに、学級の子どもたちからも情報を収集することが大切である。過重にならないような方法で、子どもとの間で、例えば**交換ノートや手紙・メール等を取り交わす**など、絶えず子どもの動向には**注意を払いたい**ものである。

また、定期的に養護教諭やスクールカウンセラーとの面談を行う必要もある。さらに、家庭での様子を電話や家庭連絡帳などを使って保護者から報告してもらうとともに、学校は保護者をしっかりと支えていく決意であることを伝え、保護者の精神的負担の軽減に配慮する必要もある。

全校体制の確立と社会的自立への支援

課題を抱える担任を支える校内体制を整えることも必要である。校長のリーダーシップの下、学年や校務分掌を中心にしたサポート体制を確立する。その際、不登校やいじめ問題等の担当教員を決め、コーディネーター的な役割を果たすように求める。

不登校は多様な要因や背景から結果として不登校状態となっており、決して、問題行動などと判断してはならない。また、**不登校児童生徒への支援は、学校に登校するという結果のみを目標とすることではなく、児童生徒の社会的自立を目指すこと**など、新たな不登校児童生徒への支援の在り方を銘記することである。

ラー等と相談しながら対応を考えることが必要である。

● **無気力による不登校**

無気力で朝起きられない、だらしのない生活で遅刻が多く、学習に関心がなく怠けがちであるなど、基本的生活習慣が乱れているようなケースである。

この場合は保護者と協力して、学校側が児童生徒と積極的にかかわりをもち、子どもたちの生活環境を全面的に改めるよう強力な指導を行うことが大切である。遅刻や怠学などがあったとしてもまだ学校に関心があると考えられるからである。

● **学力不振による不登校**

授業がわからない、おもしろくないなどのために不登校になるケース。

この場合は、不登校生を含めた学級全体で取り組む問題である。放課後等を使った補充授業、個別指導の充実、わかる授業の実践などが考えられる。

第3章 こんなときどうする？ ポイントはここだ！

👉 **POINT**

◎ゆったりした気持ちで登校でき、居場所を見つけられる学級
◎担任を中心に不登校生を支えるサポート態勢をつくることが大切
◎全校的な指導体制の確立と社会的自立に向けた支援
×これで不登校状態が解消したと思って安心してはいけない

虐待を受けているかもしれない！

➡ ケガか？　それとも虐待か？
虐待の疑いがあれば校長が児童相談所等に通告する

質問例
朝の会で出席を取る際、Aさんの顔が紫色にはれあがっていました。原因が「父親に殴られた」ということだった場合、あなたはどう対応しますか？

児童虐待の現状と児童生徒への事情聴取

　全国の児童相談所が2022年度に対応した子どもへの虐待相談は過去最多の21万9170件（速報値）だった。32年連続で増え続け、前年比5.5％（1万1510件）増だった。

　内容別に見ると、子どもの目の前で家族に暴力をふるったりする心理的虐待が最多の59.1％（12万5484件）。殴るなどの身体的虐待が23.6％（5万1679件）、ネグレクト（育児放棄）が16.2％（3万5556件）、性的虐待が1.1％（2451件）と続いた。厚労省の専門委員会によると、2021年度に虐待を受けて死亡した子どもは全国で74人であり、0歳が26人で最も多い。[1]

　児童虐待防止法により、学校や教職員は児童虐待を発見しやすい立場にあり、早期発見に努めなければならない。したがって、質問例のような虐待が疑われるような場合は、担任は朝の会後、養護教諭等を同席させ児童生徒から事情を聴くことである。場合によっては保護者から事情を聴く必要も生じる。最終的には校長が虐待の有無について判断を下すことになる（P.268〜270参照）。

関係諸機関に連絡・通告、全校体制で児童生徒支援

　事情聴取後、担任は養護教諭やスクールカウンセラー、スクールソーシャルワーカー等で聴き取った内容を校長に報告する。[2]虐待と判断されることもあるが、仮に虐待が疑われる場合でも、教育委員会に報告・協議し、児相等の関係諸機関に通告する。[3]

　また、職員会議や学年会等を通じて学校全体で情報を共

[1] 虐待とは、家庭内の大人から子どもへの不適切な「力の行使」である。児童虐待防止法では、保護者がその監護する児童に対して行う、4種の虐待行為を、「児童虐待」と定義している。4種の虐待行為とは、身体的虐待、性的虐待、ネグレクト（保護の怠慢）、心理的虐待である。

[2] スクールソーシャルワーカー（SSW）とは、子どもの家庭環境による問題に対処するため、児童相談所と連携したり、教員を支援する福祉の専門家のこと。

[3] 児童虐待防止法上の学校の役割
・早期発見のための努力義務
・発見者は速やかに関係機関に通告しなければならない義務
・非虐待児童生徒への適切な保護
・関係機関との連携強化
・児童及び保護者に対して虐待の防止のための教育又は啓発

有し、共通理解の下、虐待を受けている、あるいは受けているおそれがある児童生徒を保護し適切な支援と心身のケアに努めなければならない。なお、いずれの場合も児童生徒のプライバシーを守るということはいうまでもない。

児童生徒の自立支援と居場所づくり

学校としては、「言語に絶する体験」をした児童生徒の「大変さ」を受け止め理解することから彼らの「自立」に向けた指導を始める。

児童生徒が気軽に相談できる教育相談体制を整え、彼らを直接指導する担任を支える校内体制を確立する。生徒部などの校務分掌を中心に、スクールカウンセラーやスクールソーシャルワーカーなどの専門家の協力を得て**チーム学校としての取組**が求められる。また、児童生徒の心身の健康回復を第一として、学級における人間関係の再構築や学力向上への援助、部活動等への参加勧誘など、個々の児童生徒に応じた学校生活への居場所づくりを進める。文科省の平成27年7月の通知では、虐待等による一時保護の期間の出席扱いや指導要録への適切な対応を求めている。

教職員の対応力の向上と保護者への協力要請

虐待問題に対する教職員の意識や対応力は決して高くないので、児童虐待防止法の理解と学校の役割、虐待を見極める力量形成、虐待問題への対応力など、養護教諭やスクールソーシャルワーカーなどを中心に共通理解と意識啓発に努める。その際、文科省の「**学校・教育委員会等に向けた虐待対応の手引き**」が参考になる。また、学年会や保護者会等の機会を活用して保護者への啓蒙活動を進め協力を得るとともに、地域や関係諸機関との連携も必要となる。

●子どもの体に現れる虐待のサイン

- 不自然な外傷が見られる（タバコの火を当てられたと見られる火傷、不自然な箇所のあざなど）
- これまでなかったような行為・行動やその跡が見られる（自傷行為や自傷行為の傷跡、爪かみやチック症状など）。
- 服装・身なりにおかしな点が見られる（汚れた服をいつまでも着ていたり、身体がいつまでも汚れているなど）。
- 体格・身体の変化に不自然な点がある（体格が明らかに劣っているなど）。

●「改正児童虐待法」と「改正児童福祉法」

両法が2020年4月から施行された。両法ともに「体罰その他児童の心身の健全な発達に影響を及ぼす言動をしてはならない。」と体罰等の禁止を規定するとともに「児相の一時保護と保護者支援の担当を分ける」「児相に医師と保健師を配置する」「学校や教育委員会、児童福祉施設の職員に守秘義務を課す」などの改正が行われた（P.270参照）。

👉 POINT

◎事実確認を行い、疑いのある場合も児相や福祉事務所等に通告する
◎子どもの心身のケアに努めるとともに、教員の力量形成に努める
×虐待の事実が確認できないからと、放置しておいてはいけない

第**3**章　こんなときどうする？　ポイントはここだ！

ボールが当たって転倒した！

➡けがの手当てなど適切な処置をして
当事者への注意を促す

質問例 休み時間に遊んでいたところ、友人が蹴ったボールがＡ君の顔面に当たって転倒しました。慌てた友人は職員室へ駆け込んできました。あなたは担任としてどう対応しますか？

 ## すぐに事故現場に駆けつける

日本スポーツ振興センターの「学校の管理下の災害」によると、小学校では休憩時間に校庭や運動場で発生する事故が多く、中学高校では部活動の時間での事故が多い。

学校は常に事故に遭遇する危険性が高いことをしっかりと認識しておくことである。その上で、**日常的に安全点検を心がけるなど事故防止に最大限配慮することが大切である**。また、不幸にも事故が起こった場合の初期対応の仕方や生徒指導の在り方等についても共通理解を図るとともに、校内における学校安全体制の確立が重要である。

質問例の場合には報告を受けた担任は児童生徒とともに事故現場に行き、けがの状況を自ら確認しなければならない。Ａ君に保健室に行くようにとか、職員室に報告に来るようになどと指示することは決してあってはならない。

 ### 保護者へ連絡し、学校長の判断で病院へ搬送

学校事故による負傷部位は小中学校ともに、手・手指部、足関節が多い。高校では、足関節、手・手指部が最も多い。小学校では比較的顔部や頭部が多い。事例は頭部の事故であり、転倒による頭部打撲の疑いもある。眼部の場合、失明の恐れも考えられる。したがって、養護教諭に立ち会わせるとともに、学校医の診断を仰ぎ、場合によっては校長の命を受けて病院に搬送することも必要となる。

一般に首から上の事故は重大事故となる危険性があり、どのような場合にでも校医等に診せることが大切である。保護者への連絡や学校長への報告も怠ってはならない。

1 学校は教育活動の場として、また、児童生徒が集団生活を送る場として、最も安全な場所でなければならない。教室や特別教室、体育館や運動場、部室などの施設・設備についての安全点検を行い、必要に応じて危険物を除去し、危険箇所の表示や管理、施設・設備の修繕等危険防止の取組みを徹底することが大切である。

学校保健安全法では、学校における保健管理に関する事項を定めるとともに、学校における教育活動が安全な環境において実施され、児童生徒の安全確保が図られなければならない、と定めている。また、学校保健安全法施行規則では、安全点検の項目を設け、「毎学期一回以上、児童生徒が通常使用する施設及び設備の異常の有無について系統的に行わなければならない」（28条）と定めている。

各学校は校務分掌に「安全点検係」を位置づけるなど、学校全体

事故を予防する観点からの指導

けがの程度にもよるが、当事者に事情を聞くことも必要である。まず、担任にすぐ報告に来たことについては評価する。次に、けがを起こした時間帯がいつなのか、場所はどこなのかを、明らかにしなければならない。

授業中なのか休み時間なのか、事故の場所が教室なのか運動場なのかによって、指導の方法が異なってくる。授業中の場合には教員の教室管理の問題も生じてくるし、教室での事故であれば遊び場所の問題について考えさせなければならない。また、**事故予防の観点から、学級（ホームルーム）活動の時間に事故が発生した経緯や処置について説明し、学級全体の問題として考えさせる**ことが大切である。けがをした児童生徒の教育委員会への事故報告や日本スポーツ振興センターへの医療費の請求も必要となる。

 ## 安全教育の取組みと校内体制の確立

学校では「事故は、いつでも、どこでも発生する」という認識に立って、**危機管理意識の高揚と安全管理の徹底を図ることが大切**である。その際、安全計画を立案し、計画的に安全教育を実施することが必要である。

安全教育は、児童生徒が安全な生活を営むために必要な事柄を実践的に理解し、安全な行動ができる態度や能力を身に付けさせることをねらいとしている。学級活動や総合的な学習（探究）の時間の中で、安全に関する基礎的概念や科学的知識を理解させる、生活や災害、交通安全に関する実践的態度や能力を育成することが大切である。

また、事故防止と事故発生時の対応等を含めた校内体制を確立しておくことも重要である。

で組織的・計画的に安全点検に取り組む体制をつくるとともに、安全係を中心に安全点検の年間計画を作成し、教職員全員の役割分担と責任の所在を明確にすることが必要である。

▶ 文科省「学校事故対応に関する指針」に基づく取組の流れ

未然防止のための取組（教職員の研修の充実、各種マニュアルの策定・見直し等）

- 事故発生直後の対応（応急手当の実施、被害児童生徒の保護者への連絡）
- 初期対応時の対応（設置者等への事故報告等）
- 詳細調査の実施（外部専門家による調査委員会設置、保護者への説明等）
- 再発防止策の策定・実施（具体的な再発防止策を策定・適時適切に点検・評価等）
（必要に応じて保護者と学校双方にコミュニケーションをとることができるためのコーディネーター配置）

POINT

◎すぐに事故現場に駆けつけ、対応することが肝心である
◎事故発生を安全教育に生かしていくことが大切である
×事故を一過性のものとしてとらえてはいけない

第3章 こんなときどうする？ ポイントはここだ！

部活動や学校行事で事故発生！

➡ けがをした児童生徒と
ほかの児童生徒への対応を考えて指導する

質問例

部活動や体育祭等で骨折と思われる大きな事故が発生した場合、あなたはどう対応しますか？

部活動や学校行事に伴う重大事故の発生

今日の児童生徒にとって、部活動や学校行事のない学校生活は考えらないだろうし、実際に部活動や学校行事が果たしている教育的役割にはきわめて大きなものがある。[1]

しかし、他方でこれらに関連した大きな事故が発生している。栃木県那須町で起きた雪崩で、登山部員7人と教員1人が死亡した事故は最大級の部活動事故であり、柔道部の合宿中に生徒が意識不明となった事故は訴訟に発展し、顧問教員の監督責任が問われた。[2] 学校行事でも、外国への修学旅行中に列車事故に遭い、引率教諭を含めて28人が死亡した痛ましい事故もある。こうした事故は当該児童生徒だけの問題ではなく、全児童生徒の心の問題となる場合もある。今日**部活動や学校行事などに伴う事故防止対策は学校教育における大きな課題**となっている。

緊急対応、搬送者や付き添い者の確認

質問例は骨折を疑われるような重大事故であり、「危機管理対応マニュアル」等に従って全教職員が行動することになる。児童生徒の事故の状況を養護教諭が確認することになるが、体育祭のような場合には学校医が出席していることもあり、学校医の判断を参考に最終的には学校長が決断する。校長の指示を受けた教職員が保護者の意向に従い指定の病院に搬送する手続きや連絡をする。

部活動の場合は顧問が生徒に付き添うことになるが、残りの児童生徒については副顧問等が生徒指導に当たり、病院での保護者対応や治療等が終了した段階で、帰校して児

[1] 部活動については、従前の中高等学校学習指導要領に引き続き新学習指導要領においても、「総則」の学校運営上の留意事項の一つとして盛り込まれた。部活動は、スポーツや文化、科学等に親しませ、学習意欲の向上や責任感、連帯感の涵養等、学校教育が目指す資質・能力の育成に資するものであり、教育課程との関連が図られるよう留意すること。その際、地域の人々の協力、社会教育施設や社会教育関係団体等との連携など、持続可能な運営体制が整えられるようにすること（一部省略）。

[2] 平成21年に大分県立高校剣道部の生徒が熱射病で死亡した事故で、県が負担した賠償金を当時の顧問らに請求するよう、両親が県に求めた訴訟の控訴審で、平成29年10月、福岡高裁は元顧問に100万円を負担させるよう県に命じた一審判決を支持し、県の控

童生徒に状況を説明する。けがの状態を心配しており、練習等の相手方である場合もあるからである。体育祭の場合には、行事が続行中であれば生徒指導部か保健部の教員が付き添うほうが適切である。治療の状況がわかり次第、児童生徒にも何らかの形で説明したほうがよい。

部員や全校児童生徒への報告と心のケア

前述したように重大な事故については、児童生徒が混乱し不安に駆られるものである。何も知らされないと疑心暗鬼の状態になってしまう。したがって、当事者の個人情報の流出にならない範囲内で、保護者の許可を取った上で丁寧に説明することが必要である。

また、**養護教諭やスクールカウンセラー等が児童生徒の心のケアに当たる体制を整えておくことも大切である。**❸

部活動や行事の取組み体制と事故防止対策

部活動や学校行事等では事故が起こりやすい。そのため、**事故を未然に防ぐ対策や事故発生時の対応策等を部活動や行事計画等に位置づけておくことである。**水泳・体操・柔道・登山等、事故が起こりやすい部活動や運動会・体育祭等の学校行事については、事前に活動計画を提出させ顧問等の指導者に必ず同席させるなど、事故対策を十分立てておくことである。最近では「ピラミッド」や「タワー」など、不可抗力による怪我等の危険を伴う組体操を休止・停止する教育委員会が増えている。

また、事故発生時における校内の連絡体制を整備するとともに、保護者や教育委員会など関係諸機関への連絡・報告、さらに報道機関への対応等についてもあらかじめ考えておくことが必要である。

訴を棄却した。公務員個人の賠償責任を認めた高裁レベルの初の判決である。

❸ 質問例のような事故の場合には、学校全体で児童生徒の心のケアに当たる必要性は少ないものと考えられる。しかし、自然災害による死亡事故や不審者進入による殺傷事件、児童生徒の死亡事故や自死などの場合には、児童生徒は様々な心身の変調を訴えるようになる。

学校側はこうした状況に対して、組織的に対応していくことが必要である。校長のリーダーシップの下、生徒指導部や保健部等が中心となり、全教職員で児童生徒の心身のケアに当たる。児童生徒の精神的問題については、スクールカウンセラーの役割が大きい。学校は研究所や保健所などの専門機関と連携し、児童生徒の家庭での様子を聴き取り、保護者の不安解消にも努めるなど、家庭との連携を一層深めることが必要である。

第3章 こんなときどうする？ ポイントはここだ！

👉 POINT

◎部活動や学校行事では重大事故が起こる可能性がある
◎部活動の部員や全校児童生徒の心のケアを図ることも大切
×部活動任せ、行事担当者任せが重大事故につながる

窓ガラスを割ってしまった！

➡ 遊び場はどこか？　どこでもいい？
　事故防止の観点に立って学校生活の在り方を考える

質問例

廊下でキャッチボールをしていた野球部の生徒が投げたボールが窓ガラスに当たって破損しました。幸い生徒にけがはありませんでした。あなたはどう指導しますか？

器物破損と器物損壊

　質問例はいわば器物破損の問題であるが、場合によっては学校事故に発展することがある。したがって、生徒指導は2つの問題を踏まえた上で行われなければならない。

　教室で「おしくらまんじゅう」をしていたらガラスが割れてしまったとか、**学校生活ではガラスの破損につながる事故が多く発生している**。これらは児童生徒が必ずしも意図的に行ったわけではないが、他方では、意図的に体育館のガラスを大量に破壊するとか、火災報知器を壊す、トイレのドアを破壊するなどの行為が見られる。

　文科省の調査によると、暴力行為のうち「窓ガラスを割る」「机を壊す」「補修を要するほどのひどい落書きをする」「運動場に穴を掘る」「飼っている小鳥を殺す」など器物損壊に該当する行為が生徒間暴力に次いで多い。

学級生活のきまりと遊び場所

　今回はたまたまけが人が出なかったが、休み時間の教室におけるガラスの破損なので周りには多くの児童生徒がおり、けが人が出ることが十分予想される。

　まず担任等はボール遊びをしていた当事者を指導することになる。けが人がいる場合にはその手当てが最優先となる。次はボールの出所を確認することである（部活の仲間であることが多い）。さらに、教員への連絡、破損物の処理、破損届の提出という手順を踏むことになる。学校によっては校則で「危険な遊びはやめましょう」「公共物は大切にしましょう」などと定めているところがある。

●関連質問

　「本校ではほとんどの生徒が自転車で通学します。あなたはどのように指導しますか」

　地域によっては通学範囲が広大で自転車等を利用しないと登校が難しい学校がある。また、都市部でも電車等を利用すると時間がかかりすぎるというような理由で、自転車で通学する中高校生が多い。

　学校として一番の問題は安全な登下校であり、交通安全指導が大きな課題となる。自転車通学を登録制（許可制）にして実態を把握するとともに、管理を徹底化する。また、自転車置き場の整理整頓を心がけさせることも大切である。

　最も重要な問題が安全指導で「交通安全教室」を年間行事計画の中に位置づけて警察官の指導を受けて正しい自転車の乗り方やマナー、事故発生時の対処の仕方などについて、映像や体験を通して具体的に指導する必要がある。高等学校では、

学級活動でルールやマナーについて話し合う

校則にも関連した問題なので、「集団生活におけるルールやマナー」という題材を設定して、学級（ホームルーム）活動の中で取り上げることもできる。遊びの形態や場所、遊びと事故など、様々な小テーマをつくって具体的に検討させることが大切である。グループで検討させ全体発表をさせてもよいし、パネルディスカッションやディベートを行ってもよい。学級の実態や学年等によって工夫することが大切である。

学級で決まったことについて、児童会や生徒会の活動に反映させることもできる。また、質問例は部活の部員どうしの間での事故の可能性が高いので、部活動の在り方の問題として、部活動内部で検討させることも必要である。なぜなら、どこの部でも起こりうる問題だからである。

 ## 事故処理の方法と費用負担

最後はガラス破損の費用負担の問題である。多くの学校では教育活動にかかわって生じた損害等については公費で賄うのが普通である。当事者が「破損届」を担任に届け、担任は生徒指導部に提出し、そこで一定の判断が下され、最終的には事務室に報告され、適切な補修が施される。理由によっては、費用弁償と判断されることがある。

質問例の場合は、校舎内でのボール遊びが適切でなかったとはいえ、故意によるガラスの破損ではないので、注意にとどまるものと思われる。

交通警察官の協力で実際にバイク乗車の仕方の指導を行っている学校もある。

交通マナーの指導も大切である。集団で横に広がって歩行者や走行中の車に迷惑をかけたり、ときには人や車との接触事故を起こして交通事故の加害者になることもある。

担任を中心に生徒指導部の大きな指導項目の一つになっている学校もあるが、十分な効果が現れていない。今後は児童会・生徒会活動に位置づけるなど児童生徒自身の問題として取り組ませていくことが必要である。

●学校事故と損害賠償

体育の授業中に教員の注意義務違反などの指導上の過失によって事故が発生した場合、言い換えれば、事故の発生が予想されるにもかかわらず、適切な指導や安全配慮を怠った場合、刑事責任や民事訴訟による損害賠償を請求されることがある。民事訴訟の場合、弁護士費用などの裁判に要する経費は当事者の負担となる。

第3章 こんなときどうする？ ポイントはここだ！

☞ POINT

◎増加する器物破損と損壊に対する指導を強化する
◎学校生活のルールとマナーに従った遊びの在り方を考えさせる
×たかがガラスの破損くらいと思う気持ちが問題を大きくする

★ ★ ★

不審者が侵入した！

➡関係者だろう？　見たことがない人だ？
安全教育は学校における喫緊の課題

> **質問例**　校門から不審者が侵入しているところを2階の職員室から目撃しました。あなたはどう対応しますか？

子どもの安全確保のための取組み

　学校は、子どものたちの健やかな成長と自己実現を目指して教育活動を行うところであり、その基盤として安全で安心な環境が確保されている必要がある。しかし、不審者が侵入して教職員に危害を加える事件や下校中の児童生徒が殺害されるという事件が発生するなど、近年、学校や通学路における事件が大きな問題となっている。

　こうした事件の発生を防止し、子どもを犯罪から守るために、学校の安全管理体制の整備、教職員の危機管理意識の向上、子どもの安全を地域全体で見守る体制の整備や実践的な安全教育が求められている。

危機管理マニュアルに従った冷静な行動

　不審者が校内に侵入しており、ここでは「**危機管理マニュアル**」に従って行動することが大切である。[1] 校長の指示により、定められた方法で速やかに各教室に不審者侵入の事実が伝えられ、学校長は非常通報装置で教育委員会や関係諸機関に通報する。事務職員は生徒指導部主任と連携して監視カメラの映像を確認する。

　各教室では、児童生徒及び教職員の安全確保を第一にして「待機」「移動」の判断を下す。万が一教室に侵入した場合には、不審者確保ではなく不審者を興奮させないように対応し、説得する。危害が及びそうな場合にはあらかじめ用意しておいた防具（さすまた等）で身を守るとともに、移動経路を確認する。あるいはほかの教職員や警察等の応援があるまで、静かに待機する。

[1] 文科省は、全国の小中高の危機管理マニュアルの点検結果から、不審者侵入対策として、①校門、②校門から校舎入口、③校舎の入口の各段階で、施錠や防犯カメラ設置、校門から校舎入口までの通行場所の指定、死角の排除、受付での来訪者確認、名札着用などのチェック体制のマニュアルへの明記を各校に求めた。今回の調査で3段階のチェック体制を明記していたのは約6割だった。

[2] 付属池田小事件から学ぶ不審者発見時
・非常用押しボタンを使って連絡。内線連絡も
・けが人の有無を確認
・一人で取り押さえようとしない
・職員室は災害対応班に現場に向かうよう指示
・場合によっては職員室への連絡前に警察・消防に通報
・職員室は緊急通報するのか、児童を避難させるのかを判断

ロールプレイングで危機管理対応能力の育成

　学校安全は大きく３つの要素から構成される。「安全教育」は安全に関する意思決定の側面と、安全に関する望ましい習慣を形成する安全指導の側面がある。「安全管理」は学校環境や児童生徒の学校生活における行動の危険を早期に発見し、除去すること、事故発生時に適切な安全処置ができる体制を確立し、児童生徒の安全を確保することである。「組織活動」は、校内の協力体制や家庭・地域社会等との連携を目指すものである。

　安全教育は、生活安全、交通安全、災害安全の３つから構成されるが、質問例のような「校内への不審者侵入」のような問題については日頃の訓練が大切である。学級活動の時間の指導内容に位置づけて取り組んでみることも大切である。児童生徒を４〜５人のグループに分けて、ロールプレイングに取り組ませてみるのも効果的である。「教員」「児童生徒」「不審者」などの役割を与えて演技し、全員の前で発表する。児童生徒の対応力、スキルなどは確実に向上するものと考えられる。

　なお、質問例のケースでは、学校側の安全管理体制に問題がないわけではない。

教育課程と安全教育

　新学習指導要領では、「総則」第１「（小・中・高）教育の基本と教育課程の役割」の一つに、「安全に関する指導」を取り上げ、保健体育、技術・家庭科、特別活動、さらに各教科、道徳科、総合的な学習（探究）の時間等において適切に行うこと。また、生涯を通じ健康・安全で活力ある生活を送るための基礎が培われるよう配慮すること、とされる。

・救助班は複数で行動
・教職員１人が看護に当たり、他は内線電話（携帯電話）で職員室に状況を報告
・他の者も呼ぶ（大声・放送）
・誰がどこの病院へ搬送され、付き添い者は誰かを確認

❸ ロールプレイングを行う場合には、次のような注意を与えることが大切である。

・演技者はそれぞれの役割や立場を考えて、思いっきり演技をすること。
・演技者は途中で演技をやめない、笑い出さない、無理に黙り込んだりしないことに留意すること。観察者も重要な役割をもっていることに留意すること。
・観察者は、演技者の中で起こっていることを注意深く見ていて、気づいたことを後で発表すること。

●こんな質問が来る！
「職員室の場所は２階でよいか」２階は不審者の動きが把握できるが、１階は不審者に早期に対応できる。

第**3**章　こんなときどうする？　ポイントはここだ！

☞ POINT

◎安全教育は学校教育の大きな課題なので全校的体制で取り組む
◎ロールプレイングで危機管理対応能力を育成する
◎教科指導の中でも、教科の特質に応じた安全教育ができる

見知らぬ人に道を聞かれた！

➡ 一緒に車に乗る？　絶対に乗らない？
危険予測・回避能力を育てるとともに、適切な対処法を養う

> **質問例**　下校の途中、見知らぬ人から道を聞かれ、「わからないので車に乗って案内してくれ」と言われたが、「断った」との報告を児童生徒から受けました。あなたはどう対応しますか？

児童生徒の報告で、指導体制を整える

　児童生徒から報告を受けた教員は、最初に児童生徒の判断が正しかったことを伝えたいものである。「そうか」「危なかったね」だけで終わらせるのではなく、児童生徒の心の不安をしっかりと受け止め、その上で「君の行動は正しかったよ」「いい判断だったよ」とほめてあげることである。児童生徒自身の自信にもなり、学校生活の充実へとつながっていくことがあるからである。

　また、児童生徒からの報告を生徒指導部主任に報告し、**教職員全体で情報を共有するとともに、子どもの安全についての問題意識を高めていくことが大切**である。緊急の職員会議等では、具体的な生徒指導の在り方や対策等について検討されることになる。

地域ぐるみの学校安全体制の確立

　児童生徒の通学圏で同様なことが発生していないかどうかについて情報収集に努めることが大切である。周辺の学校との情報交換を進めるとともに、警察等地域の関係諸機関へ情報の提供を呼びかけることも必要である。また、「学校だより」や「学年通信」「学級通信」等を使って、保護者に情報を提供し、見回りへの参加を呼びかける。

　学校の教職員が報告を契機に早朝や放課後に学校周辺の巡回を行うことも大切であるが、巡回の範囲や時間などが限定されるため、保護者を含めた取組みが必要となる。この際、関係諸機関と協議して、警察官OBなどからなるスクールガード・リーダーによる指導やスクールガード（学

 スクールガード・リーダーは学校等を巡回し、学校安全体制及び学校安全ボランティアの活動に対して専門的な指導を行う。

　文科省は登下校時における安全確保対策の強化に努めるともに、スクールガード・リーダーやスクールガード（学校安全ボランティア）を活用し地域ぐるみで学校内外の子どもの安全を見守る体制の整備に努めている。

　安全マップを作成する場合には次のようなことに留意する必要がある。まずは安全マップに盛り込む情報の範囲をどう決めるかということである。学校や地域の実態等に応じて、防犯情報だけでなく、災害や交通事故等にかかわる情報を載せなければならないこともある。関連情報を得るためには、警察や市役所など関係諸機関との連携に児童生徒だけでなく、教員もかかわる必要がある。安全への配慮は当然である。

校安全ボランティア）の活動など、地域ぐるみの学校安全体制の確立を検討してみることも必要である。

 ## 実践的な安全教育の充実

　子どもの安全を確保するためには、子ども自身に危険を予測し、危険を回避する能力を養うための実践的な安全教育を進めていくことが必要である。

　学級活動の時間に、児童生徒自身で「通学路安全マップ」や「地域安全マップ」の作成に取り組ませることも一つの方法である。マップづくりには、必要な情報の収集や関係諸機関・保護者との連携、グループ内の協力など多様な力を必要とし、それが子どもたちの人間関係形成力を高め「生きる力」を育むことになるため、グループごとに作成させるよう工夫する。その際、地震や火災等の災害時の避難経路等との調整を図るよう配慮する必要がある。最終的には学校内で発表会を行い、優秀作品を学校での「通学路安全マップ」とすることがあってもよいだろう。

　また、子どもたちの危険予測・回避能力を養うだけでなく、実践的な対処能力を育てるために警察官や防犯の専門家などの協力を得て、「防犯教室」の開催に取り組むことも大切である。学校の全児童生徒を対象にした健康安全・体育的行事の一つであるから、年間指導計画に位置づけられていなければならないが、質問例のような問題が生じた場合には前倒しで実施することも考えられる。

各種の情報を地図上に表記するための工夫が必要になるが、その場合には社会科等の教員の協力や指導が必要になる。収集した情報に基づいて、危険箇所や危険回避場所（公共施設や「子ども110番の家」）等を明確に知らせる表記上の工夫をすること、実際に「登下校訓練」や「避難訓練」の際に活用して改善を図ることである。

●大切ないのちをまもるための「五つのやくそく」
・おおごえをだして、すばやく逃げよう！
・一人ではかえらない、あそばない！
・なんでもはなそうがっこうのこと、とうげこうのこと！
・くるまにぜったいのらない、ちかづかない！
・こうばんやきんじょのいえにしらせよう！
（文科省「大切ないのちとあんぜん」防犯教材小学校低学年用）

👉 POINT

◎児童生徒の対処の仕方をほめ、「安全」に関する問題意識を高める

◎保護者や地域、関係諸機関と連携した地域ぐるみの学校安全体制を確立する

◎「通学路安全マップ」を作成し、「防犯教室」を行うことによって、児童生徒の危機管理能力を育て、実践的な対処能力を養う

×子どもの声を軽く受け止めてはならない

「ヤングケアラー」かも？

➡ 家庭の問題に口出してもいいの？　支援につなげる？
丁寧に聴き出して支援につなげることが必要

質問例　学年会である担任から「最近Ａ男が遅刻や欠席が多く成績も下がり始めている。ヤングケアラーではないのか」との話がありました。学年としてこの問題にどう対応しますか？

ヤングケアラーとは

　厚労省は、法令上の定義はないが、一般に、**本来大人が担うと想定されている家事や家族の世話などを日常的に行っている子どものこと**と説明している。具体的には、「障がいや病気のある家族に代わり，買い物や・料理・掃除・洗濯などの家事をしている」「家族に代わり、幼いきょうだいの世話をしている」「障がいや病気のあるきょうだいの世話や見守りをしている」「目を離せない家族の見守りや声かけなどの気づかいをしている」「がん、難病、精神疾患など慢性的な病気の家族の看病をしている」「障がいや病気のある家族の入浴やトイレの介助をしている」などである。

　令和２年度に中学２年生と高校２年生を、令和３年度に小学校６年生と大学３年生をそれぞれ対象とした厚労省の調査では、世話をしている家族が「いる」と回答したのは小学校６年生で6.5％、中学２年生で5.7％、高校２年生で4.1％、大学３年生で6.2％。これは回答した中学２年生の17人に１人、高校２年生の24人に１人が世話をしている家族が「いる」と回答したことになる。**１学級につき１〜２人のヤングケラーがいる**ことになる。

学校の役割は「気づき」、支援機関に「つなげる」こと

　学年６学級規模の中規模の高等学校でも、ヤングケアラーの可能性がある生徒が18人〜36人程度いることになる。したがって、学年会の話題を全校的な取り組みへと広げていくことが必要となる。介護や看護のために、十分に学習する機会がなくなるだけでなく、部活動に参加することも

●ヤングケアラーの現状

　ヤングケアラーは家庭内のデリケートな問題であることから表面化しにくい。福祉、介護、学校等、関係機関でのヤングケアラーに対する研修が不十分。ヤングケアラーに対する支援策、支援につぐための窓口が明確でない。ヤングケアラーの社会的認知度が低く、支援が必要な子どもいても子ども自身や囲囲の大人が気付くことができない。

　「ヤングケアラー支援条例」設置道県は北海道、埼玉県など6県、入間市、那須町など13市町に及んでいる。なお、ヤングケアラーの所管は、令和5年4月より「厚生労働省」から「こども家庭庁」に移管した。

●中学生ヤングケアラーの一般的な特徴

- 部活動に入れなかったり辞めることが多く、居場所がない。
- 友人と話が合わなくなったり、行動パターンが違うことで、

難しくなり、友人関係が疎遠になり、進学や就職等の機会が奪われかねないからである。

　最近の出欠状況等を確認し、また、養護教諭からの情報等を手掛かりにして該当する生徒を生徒相談室等で個別に事情を聴いてもいいし、また、クラスごとにアンケート調査を実施して、対象となる生徒と面談をするなど、まずは当該校の実態を明らかにすること（気づき）が必要である。その上で共通理解を図り、支援へとつなげていくことである。

担当部署を決め、スクールソーシャルワーカーの力を借りる

　生徒指導部に担当させるなど既存の校務分掌の中に位置付けてヤングケアラーを「支えて」いく組織体制を確立する。校内的には家庭の問題に口出しをすべきではないとの異論が出ることも予想されるが、できるだけ担当部署や学年、スクールソーシャルワーカー等で生徒を支えていくことである。▶ そのため、当該校がこの問題にまず「気づく」ことが大事である。学校だけで解決が難しい場合にはスクールソーシャルワーカーを通して行政機関や児童相談所、NGO等の外部機関と連携して生徒を「支えて」いくことである。その場合、社会福祉士の資格を持つ「スクールソーシャルワーカー」等専門家の力を借りることが必要である。当該校がヤングケアラーの存在に「気づき」、当該校から行政機関等へと「つなぎ」、そして、行政機関等でヤングケアラーを「支えて」いく具体策を検討し実践していくことになる。

・疎遠になりやすい。
・遅刻や欠席、宿題ができなかったり、塾に行けないことから学習が遅れる。
・親以外の大人とのつながりが少ない。
・家庭ではほぼ大人、労働力として扱われるようになり、子どもでいられない。
　（黒光さおり『学校におけるSSWのヤングケアラー支援』）

▶ スクールソーシャルワーカーは、学校を基盤として、児童生徒の抱えるいじめ・不登校・児童虐待・暴力行為などの課題の解決に向けて活動し、児童生徒への支援を行うとともに、保護者への支援や学校や自治体等への働きかけなどを行っている専門職である。全国の公立の小・中学校・高等学校・特別支援学校や教育委員会などに配置されている。しかし、2021年度で3852人が配置されているだけで、その数は大幅に不足しているとされている。

👉 POINT

◎学校は家事や介護等に追われ、学習機会や友人との交流機会を奪われているヤングケアラーの存在に「気づく」

◎担当分掌を明確にして生徒を支えるが、難しい場合にはスクールソーシャルワーカーを通して支援機関に「つなぐ」橋渡しをする

◎ヤングケアラーを「支える」のは行政機関や児童相談所、NGOなどの外部機関

×家庭の問題だとして無視すること

かっとなって子どもを殴ってしまった！

➡ 指導なのか？　体罰か？
　体罰で従わせる指導は、本当の指導ではない

質問例 何度注意しても言うことを聞かないので、つい、かっとなって児童生徒の顔を殴ってしまいました。あなたがこの教員であったらどう対応しますか？

児童生徒に謝罪し、管理職に報告

文科省は、児童生徒に対する身体的侵害（殴る、蹴る等）や肉体的苦痛を与える懲戒（正座・直立等特定の姿勢で長時間保持させる等）は体罰に当るとしている（文科省通知「問題行動を起こす児童生徒に対する指導について」）[1]。

したがって、質問例のような行為は法律で禁止されている体罰に当たる。できれば、その場で直ちに児童生徒に謝罪するとともに、もし怪我等異常がある場合には直ちに適切な処置をとる。その上で、速やかに副校長（教頭）に報告するとともに、必要な指示を受けることにする。

教員と学校側の具体的な対応

副校長からの報告を踏まえ、校長は当該教員から事実関係を聴取する。教員には、体罰は人権問題であり、児童生徒と教員間の信頼関係を損なう問題であり、教育委員会に報告する事案であることを伝える。被害児童生徒や目撃した教職員からも事情聴取することになる。保護者には事実関係を正確に説明し、校長と加害教員が保護者に謝罪する。被害児童生徒は心理的に激しく動揺していることも考えられるので、担任を中心に心のケアに努める。臨時職員会議で事実関係を報告し、体罰の重大性や今後の生徒指導の在り方、学校の対応等について共通理解を図る。

さらに、全校集会や学年集会で児童生徒に事実関係を伝える。保護者会を開いて事実関係や学校の考え方について説明することも必要である。教育委員会に報告し、今後の対応について協議することも大切である。

[1] 令和3年度の公立学校の懲戒処分又は訓告等を受けた教職員の数は、4665人で、前年度より564人増加した。公立小中高などの体罰による処分は前年度より1人多い340人、私立は4人増加し95人、国立は昨年度と同じ1人だった。

[2] 学校教育法第11条は「校長及び教員は、教育上必要があると認めるときは、文部科学大臣の定めるところにより、児童・生徒及び学生に懲戒を加えることができる。ただし、体罰を加えることはできない」と定め、学校教育法施行規則第26条2項で「懲戒のうち、退学、停学及び訓告の処分は、校長が行う」としている。

[3] 体罰に当たる行為は、「殴る・蹴る」「長時間、正座をさせたり立たせたりする」「児童生徒がトイレに行きたがっているのに教室から出ることを許さな

なぜ体罰はいけないか

「かっとなって殴ってしまった」「体罰で気づかせようとした」「愛のムチ」など、感情的になったり誤った指導観に立ったりして体罰が行われることがある。

体罰は、児童生徒に対する人権侵害の問題である。人が人に対して、肉体的・精神的な苦痛を与えることは、どのような理由があっても許されるものではない。体罰は児童生徒に恐怖感や屈辱感を与えるだけでなく、児童生徒の劣等感や無力感を増大させ、教員に対する反抗心や憎悪の感情を植えつけることになる。また、暴力を容認する態度を育て、児童生徒の暴力行為やいじめの助長にもつながる。

体罰は児童生徒や保護者と教員との信頼関係を失わせることになり、体罰に依存する生徒指導は教員自身の指導力のなさを現したものであるといっても過言ではない。

学校における懲戒と体罰の禁止

学校教育法第11条は児童生徒に対する懲戒と体罰禁止を定めている。懲戒には退学、停学、訓告等3種の方法があるが、いかなる場合でも体罰は厳に禁止されている。

学校が懲戒を行う場合には、当該児童生徒から事情や意見を聴く機会をもつことが大切である。また、何が体罰に当たるのか当たらないのかについては、文科省の通知文等を踏まえて、多様な指導法を考えておかなければならない。なお「一定の限度内で懲戒のための有形力（目に見える物理的力）の行使が許容される」という判例もある。しかし、「言葉」を介した指導を行っている教育現場では、「力」に頼るのではなく、時間をかけて「言葉」による指導を行うことが大切である（P.268～270参照）。

い」「給食時間を過ぎても嫌いなものを食べるまで席に座らせておく」など。

「遅刻したり怠けたりした児童生徒を教室の外に出したまま放っておく」ことは体罰ではないが認められない。

許容範囲とされる指導には「放課後、教室に残す」「授業中に教室内で起立させる」「宿題や掃除をさせる」「授業中に勝手に立って歩くことが多い子どもを叱って席に着かせる」（いずれも肉体的苦痛を与えない場合のみ）など。

4 平成21年9月、「教師を足で蹴って逃げた子どもに対し、胸元をつかんで壁に押し当て大声で叱った」その行為は「体罰にあたらない」という最高裁判所の判断が下った。

最高裁の判断には様々な意見があるが、児童生徒を温かく見守りつつ、やってはならない行為に対しては厳しい態度で臨むことが大切である。こうした「指導力」をもつことが教育現場で求められている。

☞ POINT

◎体罰は人権問題であり、教員の指導放棄である
◎懲戒処分の際には、児童生徒や保護者にも弁明の機会を与える
×児童生徒は体罰で望ましい生活を取り戻すわけではない

経験のない弓道部の顧問を頼まれた！

➡ 引き受けるべきか？　断るべきか？
技術指導ができなくとも、前向きに対応する

> **質問例**　校長から、あなた自身にまったく経験がなく、技術指導ができそうもない弓道部の顧問をやってほしいと言われました。あなたはどう対応しますか？

 生徒の興味・関心の拡大と部活動の現状

　部活動は、共通の興味や関心をもつ生徒たちや教員によって組織され、しかも技術指導ができる教員によって営まれるのが最も理想的な形態であろう。

　しかし、現実には多くの教員は自らが興味や関心のある、技術指導ができる部活を担当しているわけではない。仮に教員の都合で部活動を決めるとしたら、設置できる部活は限定される。その結果生徒の不満は高まり、部活動は停滞することになる。時代の変化とともに生徒の興味や関心の領域は拡大していくが、学校側がそれに追いつけないのが現状である。また、顧問不足も生じることになる。

　教員としては、こうした部活動をめぐる現状と問題点等について理解を深めておくことが大切である。

 校長の申し出に対する対応

　対応の仕方として、次の３つの方法が考えられる。第一は、実際にはやりたくないが仕方なく引き受ける方法。この場合には、部活全体に配慮する姿勢は見られるが、部活指導に十分に力が入らないことが懸念される。第二は技術指導ができないので不安ではあるが、その分その他の部分でカバーしようと考えるもので、部活の生徒との関係がよくなり、部活は活性化する。第三は、部活を引き受けても十分な指導ができないため、校長の申し出を断ってしまうという立場。この場合には、部活全体の顧問配置に支障をきたし、部活が停滞するおそれがある。

　技術指導を判断基準にすると、多くの学校では部活が成

●運動部所属割合
　全国国公私立中学校での割合は、男子は運動部で72.8％、文化部11.0％、地域のスポーツクラブ18.6％、所属していない8.9％、女子は運動部で56.4％、文化部30.7％、地域のスポーツクラブ10.9％、所属していない10.7％となっている。（令和４年度「全国体力・運動能力、運動習慣等調査報告書」）。

●部活動の適正化
　顧問教員が専門的な指導を行えないことや、部活動指導が教員の長時間労働につながるなど、指導体制の適正化が求められている。
　そのため、学校教育法施行規則第78条の２に「部活動指導員」制度が盛り込まれた。
　また、スポーツ庁と文化庁は部活動の地域移行に向け「学校部活動及び地域クラブ活動の在り方等に関するガイドライン」を策定した（2022年）。部活動における休養日は「学期中は週当たり２

立しなくなり、生徒の要望に十分応えられない。したがって、第二のように、部活を通じて生徒が自己表現、自己実現できる場を確保し、そのために顧問としてできるだけのことをするよう心掛けていくことが期待される。

令和5年度から公立中学校の運動部の休日活動が、学校から地域に移行される。しかし、受け皿となる民間クラブや施設、費用負担、学校と民間との調整役などの課題がある。

 ## 部活動指導員の活用で技術不足を補う

技術指導ができない場合には、専門家である「部活動指導員」等に依頼する方法もある。校長の監督を受け、部活動の技術指導や大会への引率等を行うことを職務とする「部活動指導員」は全校配置には至ってはいないが、今後一層その活用が期待される。他に卒業生などの活用もある。したがって、あまり専門的な技術指導だけにこだわる必要はない。

しかし、顧問教員は何もしなくてもよいというわけではない。顧問教員としては、当該部活動に関わり基礎知識の習得や技術等を生徒と共に学び、また、基礎体力の向上やトレーニング等で生徒と共に汗を流すことも大切である。

 ## 安全対策には万全を期す

部活動には事故が付き物である。このことは運動部だけでなく、文化系の部活動についてもいえる。部活の顧問が活動場所にいること、校外での練習には事前に学校へ届け出ることなど、生徒の安全には十分配慮する義務がある。

日頃から安全対策に心がけるとともに、事故が発生した場合の緊急連絡体制を整備しておくことが肝要である。

日以上」とし、活動時間については「長くとも平日2時間程度、休業日3時間程度とし、できるだけ短時間に合理的でかつ効率的・効果的な活動を行う」としている（一部省略）。

1 実技指導、安全・障害予防に関する知識・技能の指導、学校外での活動（大会・練習試合等）の引率、用具・施設の点検・管理、部活動の管理運営（会計管理等）、保護者への連絡、年間・月間指導計画の作成、生徒指導に係る対応、事故が発生した場合の現場対応等の職務に従事。設置者及び学校側は部活動指導員に事前・定期研修を行う。

2 先輩・後輩の間で問題が発生することがあるので、顧問教員は生徒を十分観察するとともに、部員の生活を報告する「部活日誌」を提出させるなど、部員の様子に十分注意することが大切である。

第3章 こんなときどうする？ ポイントはここだ！

📝 POINT

◎生徒の希望に追いつけない学校の現状を理解する
◎技術不足は部活動指導員や卒業生等の活用で補う
◎安全配慮は教員としての義務である
×自分の都合で部活顧問を断ってはいけない

将来に夢も希望もない！

➡夢いっぱい？　夢がない？
将来に夢や希望を抱かせ進路指導につなげる

質問
例
「将来に何の夢も希望ももっていない」という児童生徒に、あなたは担任としてどう指導しますか？

子どもの現状

　今の子どもたちは夢や希望をもっていないといわれる。日常生活を普通に過ごすことができればよいといった感覚なのかもしれない。たとえ夢や希望を抱いたとしても容易にはかなえられない現実を反映した考え方なのかもしれない。少々幼稚なのか、難しすぎるのか、その理由は複合的にとらえることが必要である。

　人が生きていくためには、夢や希望をもつことが必要なのであろうか。第二次世界大戦中に存在したユダヤ人強制収容所では、人々はいつか解放される日を夢見て、希望の灯を胸中に抱き続けて生き延びたという。担任としては、学級の児童生徒たちに機会あるごとに夢や希望をもつことの大切さを語り続けたい。

夢や希望をもたせる生徒指導の実践

　夢や希望をもたない児童生徒に対して夢や希望をもたせるための教育は、学校全体で取り組まなければならない重要な課題である。中学校・高等学校で始まる進路指導につなげるためにも、小学生の段階から夢や希望を抱かせる教育に取り組むことが大切である。

　新小中学校学習指導要領では、学級活動の内容として新たに、「一人一人のキャリア形成と自己実現」が加わった。➡
「現在や将来に希望や目標をもって生きる意欲や態度の形成」はそのうちの一つである。児童生徒が目標をもって現在の生活を改善し、自己の性格や能力・適性等について考え、将来への夢や希望を膨らませるなど、自己の生きかた

1 小学校の学級活動の時間には、学級活動の内容（2）［日常の生活や学習への適応と自己の成長及び健康安全］や（3）［一人一人のキャリア形成と自己実現］の中で、学年の進級、児童会活動やクラブ活動の開始、中学校への進学などにかかわって、希望や目標をもち、よりよい生活を築こうとしたり、中学校の学級活動の内容（3）「一人一人のキャリア形成と自己実現」への接続を踏まえて将来の職業への夢や希望を膨らませる取組みを行うことも大切である。

●大人になったらなりたいもの
〈中学生男子〉
①会社員
②ITエンジニア・
　プログラマー
③公務員

についての考えが深められるよう、学級活動や学校行事等に取り組ませる必要がある。

　また、教科や総合的な学習の時間、クラブ・部活動などでもその特性に応じて夢や希望をもつことの大切について指導することができる。担任自身がどんな夢や希望をもっていたのか、今ももち続けているのかなど、率直に児童生徒に語りかけることで、児童生徒の夢や希望づくりに取り組ませる契機となる。夢や希望は、人が未来に向かう勇気を与えるからである。児童生徒の勤労観や職業観を育むために**夢や希望をもって将来の生き方や生活を考える能力（キャリアプランニング能力）を育てる**ことが大切である。

保護者や地域社会等との連携と社会的課題

　保護者が子どもたちに一定の価値観を強制する態度を改めることも必要である。子どもたちが抱きはじめた夢や希望を奪ってしまうことがあるからである。

　必要なのは抱きはじめた夢や希望を実現するための方法を教えることである。また、学級活動や道徳科などで保護者自身の夢や希望を児童生徒の前で語ることも大切である。家庭では話を聞かない子どもたちも、教室では尊敬の念をもって聞くことになるからである。同様に地域の人々から職業生活の喜びや社会的役割などについて講話をいただくことも児童生徒の夢づくりを進めることになる。

　一方、子どもたちが夢を描き、希望を実現させることのできる社会を形成していくことは、社会や大人に課せられた大きな課題である。

④ゲームクリエイター
⑤YouTuber・動画投稿者
⑥学者・研究者
⑦教師・教員
⑧野球選手
⑧医師
⑨サッカー選手
〈中学校女子〉
①会社員
②マンガ家・イラストレーター
③公務員
④教師・教員
⑤パティシエ
⑥幼稚園の先生・保育士
⑦美容師・ヘアメイクアーティスト
⑦ITエンジニア・プログラマー
⑦看護師
⑦医師
⑪薬剤師
（第一生命保険株式会社「大人になったらなりたいものベスト10」2023年）

🄑 新学習指導要領では、特別活動がキャリア教育の中心に位置づけられている。小中高での成長を記録する**教材（キャリア・パスポート）**の導入も盛り込まれ、学級活動などで活用することになった。

第**3**章　こんなときどうする？　ポイントはここだ！

👉 POINT

◎子どもに夢や希望を与えることは教育の大きな営みである
◎夢や希望をもたせる教育はキャリア教育の端緒である
◎教科や道徳科、特別活動などを通して夢と希望づくりの教育を進める
×夢や希望をもちにくい時代と観念してあきらめてはいけない

場面 69 ★★ 10年後の自分を思い描けない！

➡ 目先のことにとらわれずに
10年後の将来を設計する

> **質問例** 「明日のことさえわからないのに、10年後の自分なんて思い描けない」という児童生徒を、あなたはどう指導しますか？

 児童生徒の悩みや迷いに共感し、自己理解を深める

「明日のことさえわからない」という児童生徒は、心の中に何か問題を抱えているのかもしれない。人間関係で悩んでいるのかもしれないし、進路問題であるのかもしれない。いずれにしてもこうした発言を繰り返す児童生徒に寄り添い、その悩みや苦しみを共感的に受け止めることから始めなければならない。

担任を中心に、生徒指導部や教育相談部の教員との連携が必要になるし、特にスクールカウンセラーの援助が大切である。担任としては、当該児童生徒がしっかりと自分の悩みや問題等にしっかり向き合い、自らの力で解決できるよう支援することが大切である。

 小さな目標を設定し大きな目標につなげる

将来設計をさせるためには、まず小さな目標を設定し、大きな目標へとつなげていくことが大切である。そのためには、自己理解を深める取組みを進めることが必要である。学級（ホームルーム）活動の時間に、自分の長所や短所、自分の得意分野や趣味、性格など、自己理解を深める活動を行うことになる。自己理解が思うように進まないときには、友達のよいところや改めてほしいところ、友達の特徴などについて考えさせることによって、他者理解による自己理解の深化を図る取組みを行うこともできる。

自己理解が深まった段階で、次は小さな目標づくりに進むことになる。「明日は遅刻しない」「授業中は寝ない」「掃除当番はサボらない」「部活に出る」「宿題は必ずやる」

 令和３年度の公立中学校の職場体験の実施率は28.5％と、令和元年度の97.9％から大きく低下。また、公立高校のインターシップ実施率は元年度の85.0％から低下し52.9％だった。いずれもコロナ感染症の影響はあるが、実施率向上が今後の課題である。

❷ これまでもインターンシップと関わるキャリア教育の重要性や必要性については学習指導要領などでも示されてきた。小学校学習指導要領の総則第4 児童の発達の支援1（3）で「児童が、学ぶことと自己の将来とのつながりを見通しながら、社会的・職業的自立に向けて必要な基盤となる資質・能力を身に付けていくことができるよう、特別活動を要としつつ各教科等の特質に応じて、キャリア教育の充実を図ること」とし、新たな中学校や高等学校の学習指導要領でもほぼ同様な趣旨

など、規則正しい生活をするように普段の生活習慣を改めることが、やがて、将来を思い描くことのできる児童生徒をつくっていくことになる。

 ## 体験学習により将来像を描かせる

　学年全体で、卒業生が進路選択で留意したことや進路先での生活について話をする「卒業生と語る会」を設けたり、地域の職業人を招いて職業の意義や役割、喜びなどについて講話をしてもらう機会を設けることは、将来を思い描けない児童生徒にも将来の職業生活を考える契機となる。また、**職場体験学習を実施**することによって、自ら選んだ職場で一定期間従業員とともに生活することによって得られる勤労の喜びや充足感や達成感等は、児童生徒の将来に対する思いを育んでいくことになる。**インターンシップも効果的である。**

 ## 学級活動の中で、将来の設計計画

　小さな目標づくりから始めて、職業講話や職場見学・職場体験学習の実践を踏まえて、中学校の学級活動の時間に、新学習指導要領の学級活動の内容（３）「ウ　主体的な進路の選択と将来設計」を取り上げる。そして「自分の夢や希望」「人生と生きがい」「10年後の私」などについての題材を設定、話し合いや発表活動を展開することにより、自らの**ライフプランの作成**や進路計画の立案に取り組ませたい。将来像を思い描くことのできない児童生徒もこうした学級での取組みを通じて、将来に対する明確な方向性を考えることができる。キャリアプランニング能力を育む教育はキャリア教育で求められている能力の一つである。

が示されている。新中学校学習指導要領特別活動の学級活動の内容（３）「一人一人のキャリア形成と自己実現」では、イ　社会参画意識の醸成や勤労観・職業観の形成　ウ主体的な進路の選択と将来設計が取り扱われる。さらに、学校行事の（５）勤労生産・奉仕的活動では、勤労の尊さや生産の喜びを体得し、職場体験活動などの勤労観・職業観に関わる啓発的な体験が得られるようにすることが示されている。同様の趣旨は新高等学校学習指導要領でも示されている。

❸ 高等学校の場合には、中学校と異なって、単に進路の選択だけでなく、進路選択決定までが期待されている。

❹ 総合学科の高等学校では「産業社会と人間」が原則履修科目とされており、高校での履修プランの設計や自らの将来像を描く取組みなどが行われている。科目履修時の最後に「ライフプラン」の発表会を開く学校も多い。

☞ POINT

◎将来を思い描けないのは児童生徒自身の中に何か問題がある
◎小さな目標に取り組ませ、将来を考えさせる機会を用意する
◎学級活動の中で、時系列的に「10年後の私」を思い描かせる
×将来を思い描けない＝ダメな児童生徒と突き放してはいけない

なぜ働かないといけないの？

➡ かったるい？　夢の実現？
　働くことは自己実現のためである

質問例
「人はどうして働かなくてはならないのか、よくわからない」
という児童生徒がいます。あなたはどう指導しますか？

 ## 疑問を感じ始めることは、指導のよい機会

　「人はどうして働かないといけないの？」という疑問を投げかけられたら、教員はどう答えるだろうか。「そのうちわかるよ」「お父さんに聞いてみな」「そんなことよりしっかり勉強しなさい」などと答えてしまうかもしれない。

　子どもの疑問に教員が真正面から対応しようとしない問題だけでなく、子どもたちの勤労観や職業観を養うためのきわめてよい機会を失ってしまうことにもなる。したがって、なぜ働くのかだけでなく、何のために勉強しなければならないのかさえわからなくなってしまう。

 ## 考えさせる材料は転がっている

　子どもたちの今までの人生経験を振り返らせることによって、働くことの意義を考えさせることもできる。誕生からこれまで、多くの人の援助や支えがあって生活を維持できたこと、そのために両親が一生懸命に働いてくれたことなど、自らの人生を振り返らせることによって具体的に「働くこと」の意味を考えさせることができる。

　また、「ニート」と呼ばれる若者が約75万人もいることについてどう思うか、学級内の議論を通じて働くことの意義を考えさせるのも一つの方法である。➊さらに、「働かざる者、食うべからず」という言葉から、働くことを考えさせる実践もある。

 ## キャリア教育に取り組む好機

　「人はどうして働かなければならないの？」という児童

➊ 内閣府の『子供・若者白書』（令和4年度）で発表しているほぼ「ニート」に該当する若年無業者数（15〜39歳の非労働力人口のうち求職活動も家事も通学もしていない人）は約75万人である。総務省の労働力調査では、若年無業者数（15〜34歳の非労働力人口のうち家事も通学もしていない者）は、令和3年平均で57万人である。

　なお、「フリーター」とは、15歳〜34歳で、男性は卒業者、女性は卒業者で未婚の者で、雇用者のうち勤め先における呼称が「パート」または「アルバイト」である者、完全失業者のうち探している仕事の形態が「パート・アルバイト」の者、非労働力人口のうち希望する仕事の形態が「パート・アルバイト」で、家業も通学も就業内定もしていない「その他」の者である。令和4年は132万人と前年より減少している。

生徒の疑問に向き合うためにも、キャリア教育を進める必要があるが、ようやく学校教育おいても定着し始めた。

平成23年1月の中教審答申「今後の学校におけるキャリア教育・職業教育の在り方について」では、**キャリア教育とは「一人一人の社会的・職業的自立に向け、必要となる能力や態度を育てることを通して、キャリア発達を促す教育」**と定義され、これまでより明快なものとなった。

また、国立教育政策研究所は、「職業観・勤労観をはぐくむ学習プログラムの枠組み」を開発し、キャリア発達を促す視点に立って、将来自立した人として生きていくために必要な枠組みの基本軸として「人間関係形成能力」「情報活用能力」「将来設計能力」「意思決定能力」等4領域8能力を例示した。平成23年1月の中教審答申では、内閣府の「人間力」や経産省の「社会人基礎力」、厚労省の「就業基礎能力」等を参考に、「社会的・職業的自立に向けて必要な基礎となる能力」として示したのが「基礎的・汎用的能力」で、「人間関係形成・社会形成能力」「自己理解・自己管理能力」「課題対応能力」の4能力で構成されている。

各教科や道徳科、特別活動、総合的な学習（探究）の時間等、学校における全ての教育活動を通して、こうした「能力」や「態度」を育てていくことが求められる（本書p.265〜267参照）。

体験活動を通じて理解の深化を図る

「職場体験」や「インターンシップ」等を通して体験的に働くことの意義や目的を考えさせることができる。職場での多様な経験は教科や学活での理解を一層深化させる。

---

2 キャリアとは、個々人が生涯にわたって遂行する様々な立場や役割の連鎖及びその過程における自己と働くこととの関係づけや価値づけの累積のことである。

発達とは生涯にわたる変化の過程であり、人が環境に適応する能力を獲得していく過程である。その中で、キャリア発達とは、自己の知的、身体的、情緒的、社会的な特徴を一人ひとりの生き方として統合していく過程である。

●学校教育に求められている姿
（社会人として自立した人を育てる観点から）
〇学校の学習と社会とを関連付けた教育・生涯にわたって学び続ける意欲の向上
〇社会人としての基礎的資質・能力の育成
〇自然体験、社会体験等の充実
〇発達に応じた指導の継続性
〇家庭・地域と連携した教育
（「キャリア教育の手引き」）

第**3**章　こんなときどうする？　ポイントはここだ！

👉 POINT

◎疑問を感じ始めたことを大切に、身近なところから考えさせる
◎キャリア教育を推進し、職場体験やインターンシップ等体験活動で理解を深化させる
×抽象的に理解させるだけでは、決して能力や態度は育たない

★★★

進路目標が見つからない！

➡ 担任を中心に「キャリアプランニング能力」の育成
を図る

場面 71

質問例 ある生徒から「将来の進路目標が見つからない。将来何をして
いいのかわからない」との相談を受けました。あなたは担任と
してどう指導しますか？

将来の進路目標が見つけられない生徒たち

全国高等学校PTA連合会とリクルートの第10回「高校
生と保護者の進路に関する意識調査」報告書によると、高
校生が進路選択に関する気がかりとして、「やりたいこと
が見つかない、わからない」（36.4％）、「自分に合ってい
るものがわからない」（35.4％）、「自分で決断する自信が
ない」（21.0％）などの項目が比較的多い。性別で見ると、
いずれも女子のほうが男子より比較的多い。今の高校生
は、「やりたいものが見つからない、わからない」「自分に
合っているものがわからない」など、自分の能力・適性や
目標などが見えないことへの不安を抱えている。

学級活動等で自己理解の学習を展開

発達段階的に、中高校生は自我に目覚め、自己を探求し
始めるとともに、その過程で、自分と社会とのかかわりや
将来の生き方について関心を抱く時期であり、進路の選択
を迫られ、自分の意思と責任で選択決定しなければならな
い時期である。したがって、教員は「将来のことや職業に
ついて考えなさい」「自分のやりたいことや向いているこ
とを探しなさい」「自分の進路なのだから自分の責任で決
めなさい」などと指導することになる。教員として当然の
指導であろうが、前述の調査に見られるように中高校生の
中には、そうした段階に達していない生徒もいる。したが
って、質問例のような相談も当然予想される。

担任としては、学級（ホームルーム）の状態を確認して
学級全体で取り組む必要性がある場合には、進路指導部や

● **中学校における
キャリア教育**

中学校では、学級活
動の時間だけでなく、
各教科の学習を通し
て、自己の生き方を探
究したり、将来就きた
い職業や仕事への関
心・意欲を高める。ま
た、社会や産業の変
化、労働者の権利や義
務等についての理解を
深める学習を進める。

これらの学習を通し
て目指す職業や上級学
校を選択する力を身に
付けさせる。卒業生や
保護者、職業人の講話
や社会や職業人などと
直接触れ合う5日間の
職場体験も大きな刺激
となる。

● **塩野七生さんの言
葉**

作家の塩野七生さん
は母校での特別授業の
中で、生徒の質問に答
えて次のように語った。
「知らないというこ
とは、可能性がたくさ
んあるということ、将
来やりたいことがわか
らないほうが健全。目
の前の山を、足元を見
ながらまず登る。登っ

教育相談部等の協力を得ながら、**学級活動の時間や総合的な学習（探究）の時間等の中で、自己理解を深めさせる活動を展開する**。自分がやりたいことや将来のことを考えさせる前に、その自分とは一体何なのか、自分のよさや特長はどこにあるのかなどについて考えさせ発見させることが先決である。特に、教育相談部の教員やキャリア・カウンセラー（P.194参照）等の協力を得ることが大切である。

 学校全体でキャリアプランニング能力を育む

キャリア教育の発達段階でいえば、小学生は「選択の探索・選択にかかる基盤形成の時期」、中学生は「現実的探索と暫定的選択の時期」、高校生は「現実的探索・試行と社会的移行準備の時期」である。いずれの時期においても「人間関係形成・社会形成能力」の育成はもとより、「自己理解・自己管理能力」「課題対応能力」「キャリアプランニング能力」など、中教審が提示したキャリア教育で求められる「基礎的・汎用的能力」を育成しなければならない。

新学習指導要領において、キャリア教育の中心となるのが「特別活動」の時間である。従前の学習指導要領では、「学業と進路」が学習の中心であったが、新学習指導要領では、「社会生活と職業生活との接続」「社会参画意識の醸成」「主体的な進路の選択と将来設計」などを学習課題として「一人一人のキャリア形成と自己実現」を目指す。

カリキュラム・マネジメントの視点に立って、特別活動や教科、総合的な学習（探究）の時間等との連携や職場体験や就業体験（インターンシップ）、上級学校見学や体験入学、職業人等による職業講演会などの諸行事を設定し、生徒の自己理解や課題対応能力、キャリアプランニング能力の育成を図らなければならない。▶

たら、また別の山が見えて来るから」などと、勉強や進路に悩む生徒たちを激励した（読売新聞令和元年11月）。

わからないことが健全という塩野さんの言葉を信じて、まずは一歩前に踏み出したい。

▶❶ 新中学校学習指導要領「総則」第4生徒の発達の支援1生徒の指導を支える指導の充実（1）「学習や生活の基盤として、教師と生徒との信頼関係及び生徒相互のよりよい人間関係を育てるため、日頃から学級経営の充実を図ること。また、主に集団の場面で必要な指導や援助を行うガイダンスと、個々の生徒の多様な実態を踏まえ、一人一人が抱える課題に個別に対応した指導を行うカウンセリングの双方により、生徒の発達を支援すること」とされる。「特別活動」においても、ガイダンスとカウンセリングの趣旨を踏まえた指導を求めている。

第3章 こんなときどうする？ ポイントはここだ！

☞ POINT

◎学活や総合的な学習（探究）の時間で、「自己理解」から始める
◎学活を中心に教育活動全体で、キャリアプランニング能力の育成を図る
×考える手がかりを与えない指導を進めてはいけない

進路選択で一番大切なこと！

➡ 進路を決めることは
自らの可能性を一つずつ消去することである

質問例 生徒から、「進路選択で何が一番大切ですか」と尋ねられたとき、あなたはどう対応しますか？

進路指導の６領域と進路決定への支援

中学校・高等学校における進路指導は、次のような６つの領域を中心にして行われている。

- 個人資料に基づいて生徒理解を深める活動と正しい自己理解を生徒に得させる活動
- 進路に関する情報を生徒に得させる活動
- 啓発的経験を生徒に得させる活動
- 進路に関する相談の機会を生徒に与える活動
- 就職や進学等に関する指導・援助の活動
- 卒業生の追指導に関する活動

質問例はこれらのうちの就職や進学に関する指導・援助の活動で、進路の選択決定への支援が大きな課題となる。

進路選択についての相談相手

進路選択に当たっての相談相手として最も多かったのが「母親」である（84.6％）。高校生の進路選択で母親が最も大きな影響を与えていることが伺える。中学生段階までは両親の影響がより一層強いものと考えられる。

次が「父親」（45.5％）で、「友人」「担任の先生」「兄姉」「塾・予備校の先生」「先輩」などと続いている。「担任・進路指導の先生以外の先生」「小中学校時代の先生」など、学校関係者は担任の先生を含めて62.3％となる。なお、「相談相手はいない」（1.9％）と回答した生徒がいることにも留意しておきたい。進路指導を進めるに当たってはこうした実態把握が欠かせない（以上「第10回高校生と保護者の進路に関する意識調査」）。

1 一般にスクールカウンセラーは心の問題を「治療」することが中心になるが、キャリア・カウンセラーの場合は職業生活における自己実現のための「開発」的な指導が多い。学校によっては、キャリア・カウンセリングを専門的に行うキャリア・カウンセラーと呼ばれる教員を置いているところもある。

● **進路選択決定の手順**
将来設計を描く（自分の将来について考える。将来就きたい職業を考える）
↓
自己理解を深める（自分の能力、適性、興味・関心、性格や生きがいなどについて考える）
↓
進路決定をする（就職か進学か、進路選択の目的をはっきりとさせる）
● **就職**

就職の目的を明確にする

↓

自らの意思と判断で進路を決定する

　進路指導では、「早く進路を決めなさい」と指導することが多い。しかし、本当にそうした指導でよいのであろうか。不十分な自己理解のもとで、しかも将来のことや進路のことを広く、そして深く考えていない段階で進路を決定することができるであろうか。

　初めは自分のやりたいことや興味のあることをどんどん広げていくことが必要である。その上で、次にそれぞれの問題についての情報収集を図り、複数の選択肢を比較検討してみることである。捨てていくものもあるし、残るものも出てくる。最後は、**社会的現実と現実的な自己理解とをすり合わせて最終判断し、自己決定する**ことである。たとえ保護者や友人、教員などに相談するとしても、最終的には自己決断することが大切である。選択したことに誇りと責任をもつことができるからである。

 ## 進路決定のための条件整備

　学級活動や総合的な学習（探究）の時間などで、生徒の自己理解を深める学習や進路適性、主体的な進路選択と将来設計等について考えさせるとともに、学校行事として啓発的経験をさせる機会を与えることが大切である。また、生徒の進路相談に対応するために**すべての教員がカウンリングの知識やスキルを養う**ことや、**全教育活動を通してガイダンスの機能を充実させる**ことに配慮することが必要である。

　進路相談室の設置や進路情報の充実、あるいはキャリア・カウンセラーの配置など、進路相談に関する条件整備に心がけることも重要である。◗

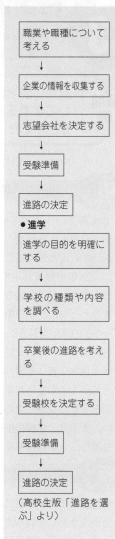

職業や職種について考える
↓
企業の情報を収集する
↓
志望会社を決定する
↓
受験準備
↓
進路の決定

●進学

進学の目的を明確にする
↓
学校の種類や内容を調べる
↓
卒業後の進路を考える
↓
受験校を決定する
↓
受験準備
↓
進路の決定

（高校生版「進路を選ぶ」より）

☞ POINT

◎**進路を絞る指導から広げる指導へと転換する**
◎**進路選択を支援する校内における条件整備に心がける**
×**他律的に進路を決めることを促してはいけない**

第3章　こんなときどうする？　ポイントはここだ！

★★★

場面 **73** 職場体験をやる意味があるのか？

➡ いい体験だった？　無駄な時間？
勤労観や職業観を育てるよい機会

質問例　職場体験学習の事前指導の時間に生徒から「勉強時間をカットしてまで5日間も職場体験をやる意味があるのか」という質問が出ました。あなたは担任としてどう答えますか？

 ### 生徒の心理的環境を理解する

　平成20年の中教審答申では、小学校での職場見学、中学校での職場体験活動、高等学校での就業体験（インターンシップ）活動等を通じた体系的な指導の推進を提言。さらに、28年中教審答申では、小中高を見通した充実を図るためのキャリア教育の中核となる特別活動の役割を明確にするとともに、学びの履歴といわれる「キャリア・パスポート」の活用を図ることや地域との連携・協働を求めた。

　質問例のように、受験を控える中学生にとって、5日間の職場体験学習は受験への不安をかき立て、心理的圧迫となっているのかもしれない。担任としては、生徒の心理的状態を考慮しながら職場体験学習に取り組まなければならない。まずは、学級の生徒の心理的環境を理解し、それに寄り添うことから指導を始めなければならない。

 ### 職場体験学習の意義とねらい

　職場体験学習の意義に疑問をもっていたり、半ば遊び気分でやろうとしている生徒に対しては、学級活動の時間にこれまでの職場体験学習の成果（報告書等）を参考にしてその意義を考えさせる方法もあるより具体的に失敗や反省なども含めて考えさせるほうがよい。

　職場体験学習の意義については、以下のようなことが考えられる。

- 勤労の尊さや意義を理解する
- 職業や進路の選択と社会的自立に必要な望ましい勤労観

1 新高等学校学習指導要領「総則」第1款4では、次のように体験学習を位置づけている。「学校においては、地域や学校の実態等に応じて、就業やボランティアに関わる体験的な学習の指導を適切に行うようにし、勤労の尊さや創造することの喜びを体得させ、望ましい勤労観、職業観の育成や社会奉仕の精神の涵養に資するものとする。」

2 新中学校学習指導要領特別の教科道徳の第3「指導計画の作成と内容の取扱い」の2(5)には、「生徒の発達段階や特性等を考慮し、指導のねらいに即して、問題解決的な学習、道徳的行為に関する体験的な学習等を適切に取り入れるなど、指導方法を工夫すること。その際、それらの活動を通じて学んだ内容の意義などについて考えることができるようにすること。また、特別活動等における多様な実践的活動や体験

や職業観を身に付ける

• 創造する喜びや共に生きる喜びを味わう

• 多様な人々とつながり、人間としての生き方を学ぶ

　こうした意義を踏まえて、職場体験学習に疑問をもっている生徒に真正面から向き合いたいものである。

 ### 計画的な職場体験学習と校内支援体制の確立

　職場体験学習に疑義をもたせないため、あるいはそれ以上に職場体験学習のねらいを達成するためには、事前事後の取組みが大切である。体験したい職業や企業探しから始めて、決まった企業や職業に対する調査活動、体験活動中の記録、最終的にはレポートにまとめさせ、発表から報告集作成まで、生徒自身に任せることも大切である。職場体験学習は、こうした一連の学習過程を通じてはじめて意義のある体験学習となり、生徒の達成感や充足感も高まる。キャリア・パスポートへの新たな記録となるので、5日間という時間を無駄にしない取組みが求められる。

　そのためには、職場体験学習をキャリア教育の一環として「特別活動」の時間を中心に明確に教育課程に位置づけ、全教職員で取り組む校内体制を確立しなければならない。PDCAサイクルに従って実践を評価し、次年度へ生かしていくことも必要な取組みである。そうした実践があれば職場体験学習に疑問を投げかける生徒もいなくなる。

　また、道徳科の時間にその体験を生かして、人間としての生き方を考えさせる取組みを行うこともできる。なお、職場体験学習に際しては何よりも安全指導を十分心がけることが大切である。

活動も道徳科の授業に生かすようにすること」と示されている。

●ダメな対処法・考え方

　担任は批判者や反発者を排除する指導を行ってはならない。学級には、考え方や性格の異なる多様な児童生徒がいること、それが学級を豊かにしていることを忘れてはならない。職場体験に疑問をもっている生徒を排除するのではなく、こうした生徒の発言を前向きにとらえて、職場体験の意義を浸透させる格好の機会と考えることが大切である。

3 キャリア・パスポートとは、児童生徒がこれまでのキャリア教育に関わる諸活動について、学級活動やホームルーム活動を中心として、各教科等と往還し、自らの学習状況やキャリア形成を見通したり振り返ったりしながら、自身の変容や成長を自己評価できるよう工夫されたポートフォリオのこと。

第3章　こんなときどうする？　ポイントはここだ！

👉 POINT

◎生徒の声を無視せずに生徒の心理的環境を理解する

◎前年度の「報告集」を使い、職場体験学習の意義を理解させる

×学級ごとの恣意的な取組みは、かえって生徒の反発を招くことになる

★★
場面 74 私の進路なのに親が口を挟んでくる!

➡ 就職か専門学校か? 大学か?
聞くことは大事、しかし最後は自分自身の判断で決める

質問例 「私は、就職するか専門学校に行きたいのに、親は大学に行けと言って口を挟んでくる」と生徒から相談を受けました。あなたは担任としてどう指導しますか?

希望進路に関する親子間の意識の違い

　高校生が進路を考える際に影響を与える人物は、両親とりわけ母親の影響が大きい。高校生の卒業後の「希望進路」については「大学・短大」が70.3%、「専門学校」13.2%、「就職」15.3%となっている。[1] 他方、保護者の希望は、「大学・短大」59.3%、「専門学校」6.8%、「就職」9.0%と多少の違いはあるが、近年「子どもの希望する進路ならどこでもいい」が増えつつある（23.4%）。

　進路選択で保護者にやめてほしいことについては「望みを高く持ちすぎないでほしい」（33.3%）、「プレッシャーばかりかけないでほしい」（27.3%）、「自分の考えを押しつけないでほしい」（25.9%）「勉強や成績の話ばかりするのはやめてほしい」（25.1%）、「頭ごなしに夢や進学先・就職先の希望を否定しないでほしい」（18.0%）などの回答が多い（全P連・リクルート第10回「高校生と保護者の進路に関する意識調査」）。

悩みを受け止め、進路指導部の指導につなげる

　担任としては、できるだけ早期に面談を行い、親の考えや本人の希望に耳を傾けるよう心がける。本人が自ら言い始めるのを待って、担任は生徒の聴き役に回り、生徒自身で問題を整理し、課題を発見できるよう援助していくことが大切である。その上で、進路指導（相談）部の教員やキャリア・カウンセラーに連絡を取り、担任とは別の視点からの指導を依頼する。すでに、担任との相談を通じて問題についての理解がかなり深まっているものと考えられる。

[1] 専修学校は学校教育法124条に定める学校のことで、職業や実際生活に必要な能力を育成し、また、教養の向上を図ることを目的とした教育が行われ、高等課程、専門課程、一般課程などが置かれている。このうち、高等課程を置く専修学校は高等専修学校、専門課程を置く専修学校は専門学校と称することができる。

　なお、「大学・短大」には、専門職大学や専門職短大等も含まれる。

[2] 質問例のような問題は中学生でも起こる問題であるが、中学卒業生の98.8%が高等学校へ進学しており、就職率は0.1%である現状を踏まえると、高等学校に焦点を合わせて考えたほうがよい。

　ちなみに高等学校卒業後（現役）の大学・短大進学率は59.5%で、専修学校進学者は16.7%、就職率は14.7%である（学校基本調査：2022年）。

生徒の生の声を参考に、最終的には自己決定させる

　進路相談部では、担任との相談を通して自己理解が深まっていることを前提に、専門的立場から進路選択の考え方や進路決定の在り方等について指導する。その場合、すでに進路相談活動で収集された、「進学か専門学校か」について悩んだ生徒の生の声を判断基準の参考にさせるのも一つの方法である。

　「多様な考え方や意見をもつ人に出会える大学で経験や視野を広げる」「もっと学問を深めることが自分自身の可能性を広げる」「専門学校は少人数制、最先端の知識と技術が学べ、資格取得にも有利で就職率も高い」「生半可な気持ちで専門学校に入っても卒業できない」など、多様な考え方や意見が寄せられている。こうした事例を参考に、最終的には自分で進路を決めさせることが大切である。❷

生徒の悩みに応える相談体制の充実を図る

　進路指導の課題は、すべての生徒に共通するものであり、学活・ホームルーム活動や学校行事、総合的な学習（探究）の時間などを活用してその解決に取り組んでいくことが大切である。しかし、進路指導の課題は、生徒一人ひとりの課題であり、生徒一人ひとりが自ら解決を図るべきものである。特に、主体的な進路選択の能力・態度を育成するためには、**生徒が抱いている悩みや課題を、自分の力で、自分なりに解決できるよう援助していくことが大切**である。そのためには、進路相談が重要な役割を果たすことになる。❸

　学校における進路相談活動を校務分掌に明確に位置づけるとともに、進路相談室の設置やキャリア・カウンセラーの配置などに取り組んでいくことが必要である。

❸ 進路相談の形態は、学期に1回行う定期相談、生徒の希望に応じて行う随時相談、教員の必要に応じて行う呼び出し相談、生徒との接触の機会をとらえて行うチャンス相談などの形態がある。また、相談の対象によって、生徒個人を対象とした個人相談、複数の生徒を対象とするグループ相談、生徒と保護者を同時に対象とする三者相談などの形態がある。

　進路相談は、全教員の理解と協力の下、全校的な体制をもって推進することが大切であるが、中でも、生徒をよく知っている担任の役割が重要である。また、進路指導主任を中心に進路指導部などの援助体制が整っていることも欠かせない。

　なお、相談活動に当たっては、意思決定の責任は生徒や保護者にあること、生徒や保護者自身が問題解決に努め、教員は援助する側に回り、生徒が自発的に決断できる条件づくりを進める。

第**3**章　こんなときどうする？　ポイントはここだ！

👉 POINT

◎担任は進路指導部と連携して、生徒の進路選択を援助する
◎進路相談の活動を充実するための校内体制の確立に努める
×生徒の自主性に任せるだけの進路指導は真の進路指導とはいえない

部活動と受験勉強の両立についての相談！

➡部活をやめるか？　続けるか？
　どちらにせよ自分で決断することが大事

質問例
「親はそろそろ部活をやめて勉強に集中しろと言うが、受験勉強もしなければならないし部活もやめたくはないと悩んでいる」との相談を受けました。あなたは担任としてどう指導しますか？

生徒の声に傾聴し、解決への手がかりを見つける

「受験勉強もしたいし部活もやりたい」という悩みは、発達段階的に進路問題を抱えている生徒たちにとって、当然に直面する問題である。誰もがかつて経験した悩みの一つでもある。当該生徒は今まさにそれに直面しているといってよいのか、あるいはようやく向き合うことになったというべきなのか、担任としては全力で生徒支援を行わなければならない事態である。

まずは、悩み苦しみ始めた生徒の言い分に共感し、悩む生徒に寄り添う形で、生徒の心の内をじっくり聴くことである。悩みを聴くだけで、生徒は落ち着きを取り戻し、気持ちの整理ができるようになり、自ら解決への方向性が見えてくるかもしれない。

生徒自身で決めるように指導

担任としては、「やめろ」「続けろ」「両立させろ」など、その理由を含めて何も言わないほうがよい。どちらに決まろうとも問題はなく、どちらも正しいからである。**親や他人が何を言おうと、それは決断への判断材料の一つであり、最終的には本人自身が自ら決断しなければならない。**そうでなければ、決断後の対応に支障をきたすことになるからである。

部活の顧問に相談に行かせるのもこうした考え方に基づいて行われることが大切である。❶部活の顧問と連携して、生徒自身で決めるよう指導を進めたい。進路指導部の相談係を紹介するのは、どちらにするのかが決定した後で十分

❶ 部活動は、学級や学年を超えて同好の生徒たちが自主的・自発的に集い、顧問教諭のもと、個人や集団としての目標をもち、切磋琢磨することを通じて、人間関係の大切さや組織を機能させることの重要性を学ぶことができる活動である。

生徒が充実した部活動を送ることは、自己理解を深めながら自らを高めていく力の育成、人生を豊かに歩んでいこうとする意欲の喚起、さらには自分の進路を見つけ、目的意識をもって生活していこうとするなど「生きる力」の育成につながる。また、継続的な学習により部活動の特性である専門的な知識や技能の習得を図ることができる。部活動がもつ教育的な意義はきわめて高い。

●新中学校学習指導
　要領における部活
　動の規定
①スポーツや文化及び
　科学等に親しませ、
　学習意欲の向上や責

である。その後、保護者との面談の機会を用意して、生徒の決意を表明させ、新たな出発に向けての保護者の支援と援助を求めることも大切である。

 ## 学級活動での生徒指導

部活と進路に関する問題は、中高校生が直面する問題の一つである。したがって、**あらかじめ学級の活動計画の中に位置づけて取り込むことが大切**である。

新中学校学習指導要領の学級活動の内容の（1）学級や学校の生活づくりへの参画「ウ　学校における多様な集団の生活の向上」の中で、たとえば、「部活と学習」「部活と進路」などの題材を設定して、生徒相互の話し合いや体験発表、上級生の経験等を活用したガイダンス、地域の文化・スポーツ団体やボランティア団体の人々などを招致しての講演会などを展開していくことが考えられる。

進路実現に向けての在り方として、いろいろな立場から「部活はやめるべき」「続けるべき」「両立する」など、多様な考え方が紹介され、さらに成功談や失敗談等が語られることになり、決断に向けての判断材料となる。

 ## 相談活動の活性化に取り組む

学級活動等で部活問題を取り上げるとしても、何らかの機会に同様の問題が生じてくることも考えられる。したがって、**進路相談を含めた教育相談活動を充実させ、活性化**していかなければならない。

進路指導部を中心に、学年を支える指導体制を確立するとともに、キャリア・カウンセリングの考え方やスキルを養うための校内研修に取り組むことも大切である。また、**部活動の地域移行化**など新たな課題も生まれてきており、その動向が注目される。

任感、連帯感の涵養、互いに協力し合って友情を深めるといった好ましい人間関係の形成等に資するものであるとの意義があること。
②部活動は、教育課程において学習したことなども踏まえ、自らの適性や興味・関心等をより深く追求していく機会であることから、〜各教科等の目標及び内容との関係にも配慮しつつ、生徒自身が教育課程において学習する内容について改めてその大切さを認識するよう促すなど、学校教育の一環として、教育課程との関連が図られるよう留意すること。
③〜学校や地域の実態に応じ、教員の勤務負担軽減の観点も考慮しつつ、部活動指導員等のスポーツや文化及び科学等にわたる指導者や地域の人々の協力、体育館や公民館などの社会教育施設や地域のスポーツクラブといった社会教育関係団体との連携を図ること。（中学校学習指導要領解説　総則編・一部省略）

POINT

◎生徒の声を傾聴し、自分自身で決断させるよう指導する
◎学級活動の年間指導計画に位置づけて、問題への対応を進める
×進路指導を担任に任せっきりにしてはいけない

習熟度別授業を導入してほしい！

➡学力や能力に合った授業を展開し、
児童生徒の個に応じた指導を進める

質問
例
「進路実現に向けて、習熟度別授業を取り入れてほしい」と訴えてきた児童生徒に、あなたはどう対応しますか？

児童生徒の声を受け止め、個に応じた対応を進める

習熟度別授業をしてほしいと訴えてきた児童生徒は、授業内容がわからないのか、受験への対応が不十分なのか、教科担当者に不満があるのかなど、まずは児童生徒の声を率直に受け止めることが大切である。[1]

「授業の内容が難しくて理解できない」という場合には、各教科で「わかる授業」や「楽しい授業」づくりに取り組み、学期や年度末には評価を行い改善に生かしていくようにする。[2] また、授業の内容が不十分で、必ずしも受験に対応していないとの不満がある場合には、放課後や土曜日等を活用して補講授業等を行い、児童生徒の要望に対応するよう工夫するのも一つの方法である。

学校の考え方と習熟度別授業

習熟度別授業とは、学習内容の習熟の程度によって学級や学習集団を編成して授業を進める方法である。したがって、学級や学習集団は学力や能力によって分けられる。

実は、習熟度別授業の問題点はここにある。習熟度別授業により、「個に応じた指導」が行われることになると考えられるが、他方では学級間や児童生徒間に大きな学力差を生み、そのことが生徒間差別につながるという意見もある。また、児童生徒たちの学力や人間力は、多様な人間関係の中でこそ育まれていくという考え方もある。

教員は訴えてきた児童生徒の考え方や希望をしっかりと受け止めた上で、学校がこれまで続けてきた教育理念を丁寧に説明し、理解を図るよう指導を進めることである。

[1] 学習指導は、その形態から「一斉学習」「グループ学習」「個別学習」の3つに分類することができる。「一斉学習」は、教員が学級全体に一斉に授業する形態で、学習内容の普遍化と学習の効率化が期待され、明治時代以来続けられてきた方法である。「グループ学習」は、学級を少人数のグループ（班）に分けて進める形態で、子どもたちの教え合いや学び合いなどが期待される。「個別学習」は、一斉学習の批判から生まれてきたもので、個人差に応じて学習を進める形態であり、個人差には「学力」「適性」「興味・関心」などが考えられる。「習熟度授業」は主として「学力」に注目した授業形態である。

[2] 仮説実験授業を展開した板倉聖宣は「わかる授業」を否定する立場から「たのしい授業」を主張した。彼は「たのしい」と「わかる」の4つの組合せ、

保護者や児童生徒の希望を生かした教育活動の展開

　児童生徒が進路実現に向けて、習熟度別授業の導入を希望するということは、保護者も同じように考えているのか、あるいは保護者の考え方を反映した児童生徒の希望表明であったのかもしれない。そうした意味で、当該校における進路指導の在り方や進め方等について保護者の意向を確認することも必要である。習熟度別授業もそうした考え方の中で発生した問題であるとも考えられるからである。

　すべての児童生徒の自己実現を図る学校としては、**習熟度別授業を希望した児童生徒や保護者の考え方を前向きにとらえて学校改革に取り組む**ことが大切である。

 個に応じた指導の展開

　学習指導要領では、「個別学習やグループ別学習」「学習内容の習熟の程度に応じた学習」「児童（生徒）の興味・関心等に応じた課題学習」「補充的な学習や発展的な学習」などの学習活動を取り入れた学習や「教師間の協力による指導体制」など、**指導方法や指導体制の工夫改善により、「個に応じた指導」の充実を図る**ことを求めている。❺

　今日の学校現場では、多様な児童生徒を抱え指導方法や指導体制の改革を進める必要性が高まっている。その意味でも、児童生徒や保護者等の意見を反映した授業改革に取り組んでいくことが大切である。しかし、習熟度別学習や補充的・発展的学習を行う場合には前述した問題点を解決すること、学校内での協力体制を確立することが必要である。学校の主役はあくまで児童生徒であり、教員は彼らを支える伴走者なのである。

「たのしくてわかる」「たのしいがわからない」「たのしくないがわかる」「たのしくなくてわからない」を示して、最悪の組合せは、「たのしくないがわかる」とした。板倉にとってたのしい授業とは「たのしさそのものが目的」となる授業のことなのである。

❺　新小中高等学校の学習指導要領では、「総則」に「児童生徒の発達の支援」という項目が新たに立てられた。
　1児童生徒の発達を支える指導の充実、2特別な配慮を必要とする児童生徒への支援、(1)障害のある児童生徒などへの指導、(2)海外から帰国した児童生徒などの学校生活への適応や、日本語の習得に困難のある児童生徒に対する日本語指導、(3)不登校児童生徒への配慮、(4)学齢を経過した者への配慮などが示されている。個に応じた学習は、前述の1に属する。

第3章　こんなときどうする？　ポイントはここだ！

👉 **POINT**

◎児童生徒の希望を受け止めた上で、学校の考え方を説明する
◎児童生徒や保護者の考え方を踏まえ、指導法や指導体制を改善
◎児童生徒の自己実現を目指す進路指導体制を確立する
×学校の教育方針に合わないからと頭から否定してはいけない

志望理由に何を書いたらいいの？

➡ 何をしたいの？　何もないの？
　　志望理由には本人の強い願いや希望が表現されている

質問例
推薦入試の願書に、志望理由を記入する欄があります。「何を書いたらよいのかわからない」と相談に来た生徒に、あなたは担任としてどう指導しますか？

入学試験制度の多様化

高等学校の入学者選抜については、過度の受験競争の緩和や偏差値偏重の是正の必要性などが指摘され、「選抜方法の多様化」「評価尺度の多元化」の観点から改善が進められてきた。その結果、生徒の多様な能力・適性や意欲、努力の成果、活動経験などについて、種々の観点から、優れた面や長所を積極的に評価することができるよう、改善が進められている。⬛

具体的には、推薦入学の拡大、面接、集団討論、小論文・作文、実技検査などの活用、調査書の活用の工夫といった取組みや、近年増加傾向にある不登校生の受け入れに特別な扱いや配慮を行うなどの例が挙げられる。また、大学入試では、2021年度から総合型入試（AO入試）、学校推薦型選抜（推薦入試）、大学入学共通テストなど、多様な入試方法が採用された。

推薦入試の概要

推薦入試では一般的に、次のような方法で総合的に合否が判定される。第一は、書類審査である。内申書や調査書による学習成績や学校生活の状況、校長の「推薦書」などによって、学力や人物評価が行われる。第二は、面接や小論文などが課せられる場合が多い。面接では、あらかじめ願書に記入された志望動機や志望理由などについて質問されることがある。第三は、学校によっては学科試験が行われる場合もある。

いずれにしても、推薦入試の場合には、願書に記入する

⬛ 平成14年度から中学校生徒指導要録における教科の評定が目標に準拠した評価（いわゆる絶対評価）による評定を記載することとされ、高等学校入学者選抜についても、調査書の客観性・信頼性を高めるなど、適切に対応していくことが求められている。

● **大学や短大を選択するためのチェックポイント**
- 将来の職業を考え、志望学部・学科を決める。
- 校風・建学の精神や教育方針を調べる。
- 学部学科の教育内容を調べる。
- 教員構成を確認する。
- 教育施設・設備を確認する。
- キャンパス・ライフの様子を確認する
- 取得できる資格・免許や検定を調べる。
- 卒業生の就職など進路状況を調べる。
- 入試科目や合格可能性を検討する。

ときや面接試験のときに志望理由や動機を聞かれることが多く、事前に指導しておくことが肝要である。

相談に来たことを評価することも大切

生徒に対して「なんで今頃相談に来たの」と批判せずに、「よく来たね」とほめてあげることから指導を始めたい。日頃担任への自発的な相談がない生徒に対しては、特に必要な働きかけである。

その上で、**生徒自身に志望理由を書かせてみる**ことが大切である。志望理由を書けないから相談に来たのであるが、なんでもよいから実際に書かせてみることである。そして、何回も練習させることである。内容が重要であること、丁寧に、しかも誤字や脱字がないように書くことの大切さなどを気づかせる指導が求められる。

志望理由が推薦入試のポイント

志望理由を記入する場合には、次のような3つの内容を記入することが必要である。第一は、**この学校を選んだ理由**を書くことである。建学の精神や教育方針、教育課程や行事の特色、教員構成や教育施設・設備などの側面から選択理由を明らかにすることである。第二は、この学校で一体何をしたいのか、何を学びたいのか、その理由を具体的に述べることである。そして、最後に**入学への強い意欲と熱意**を示すことが大切である。

さらに、担任としては、すでに進路指導部には様々な書き方の見本があることを伝えて、進路指導部の教員からも指導を受けることを勧める。

●専修学校選びのポイント

- 専門学校・各種学校か無認可校かを確認する。
- 設置課程を確認する。
- 募集学科・募集定員を確認する。
- 授業内容を確認する。
- 教員構成を確認する。
- 教育施設・設備を確認する。
- 取得できる資格を確認する。
- 就職指導・就職状況を確認する。
- 入学選考方法を確認する。

●高校入試制度の変化

全国で高等学校の特色化・魅力化に向けた取り組みが進むとともに、高等学校の入試制度も変わりつつある。

例えば、「一般選抜」の学力検査の回数増、「一般選抜」に面接試験導入、「推薦選抜」の導入増、高校や学科の特色を生かした「特色選抜」の導入、「外国人生徒選抜」など。

第3章 こんなときどうする？ ポイントはここだ！

👉 POINT

◎**入試制度が多様化して、推薦入試が増大していることに気づかせる**

◎**相談に訪れたことを評価し、自ら志望理由を書くよう指導する**

◎**志望理由の記入内容を説明した上で、再度書かせ、推敲させる**

×**教員が手取り足取り書かせても、本人の決意や熱意は伝わらない**

★★

就職面接で家族構成などを聞かれた！

➡当たり前のこと？　差別？
就職協定破りについては毅然として抗議する

質問
例

「就職試験の面接で、家族構成や親の職業を聞かれて困ってしまった」と報告に来た生徒がいます。あなたはどう対応しますか？

生徒からの事情聴取と保護者への連絡

　就職試験後、報告に来た生徒に対しては事情を聞く前に「就職試験についての報告書」に記入させることが必要である。**➊** 報告書には、面接試験の有無やその内容、健康診断や作文、提出書類の有無やその内容などが盛り込まれている。面接試験の内容としては、自分や家族の本籍や出身地、家族構成、保護者や家族の職業、自分の思想・信条、信仰等を聞かれることがあるが、上の質問例で返答に困った生徒への質問はまさにこれらに該当するものである。

　これらはいずれも公正な採用選考を実施する上で問題となるもので、「全国高等学校統一応募書類」にも違反する。**➋** 報告を受けた担任は直ちに進路指導部の就職係に連絡を取る。保護者に対しては、生徒同席のもとで事情を説明し、質問の内容が生徒の人権にかかわるもので、公正な採用選考に反している旨を伝えるとともに、今後の対応について詳細に説明する。

「違反行為」に対する一般的な指導の流れ

　当該生徒に対する事情聴取を行った進路指導部の担当者は、「報告書」をもとにして進路指導部主任に報告する。進路指導部主任は事情を精査した上で、校長に報告するとともに、校長の命を受けた主任は「早期選考・三局要請文の違反事実の疑いに係わる通報票」を作成する。**➌** 事実確認を行った校長は直ちに教育委員会に連絡し、「通報票」を提出する。教育委員会はハローワークに当該企業に対する調査と指導依頼を行うことになる。

➊ 東京都教育委員会の例である。健康診断が行われた場合の血液検査や色覚検査など、具体的な例が載せられている。提出書類については、戸籍謄本や住民票の提出などが盛り込まれている。

➋ 平成17年3月、応募書類の様式が一部変更された。
- ●履歴書等に係わる改訂事項
- ・「氏名」欄の押印を不要とした。
- ・「生年月日」欄に平成を加えた。
- ・「保護者氏名」欄を削除した。
- ・「資格等」欄の「取得年月日」を「取得年月」とした。
- ・「資格等」欄を縮小し、「志望の動機」欄を拡大した。
- ・「所属クラブ等」欄を「校内外の諸活動」欄に名称変更した。
　なお、中学校の場合は、応募書類「職業相談表（乙）」、という。

人権尊重の視点に立った指導の展開

入学試験や就職試験における提出書類の書き方や面接試験の受け方等については、学級（ホームルーム）活動の中で行うこともできるが、一般的には年間行事計画に位置づけられた進路指導部の「進路説明会」等の行事の中で、進学と就職希望者別に実施されることが多い。進路指導部では個別の対応もしている。

その場合に重要なことは、**人権尊重の視点に立った進路指導**を進めることである。質問例のような、家族構成や親の職業は本人の就職にはなんら関係がない事柄である。本人の能力や才能、意欲等とは無関係のところで、採否が決定されるようなことがあってはならない。

教員に求められる人権感覚と校内指導体制の確立

生徒一人ひとりの人権を尊重するという立場から、公正な採用選考を確保するためには、採用選考の方法が就職の機会均等等を保障しているかどうかを見抜く人権感覚が教員に求められる。そのためには、教員自身が人権感覚を養うための機会をもたなければならない。人権教育を教育方針の一つに掲げ、校長のリーダーシップの下、進路指導部主催の人権にかかわる各種の研修会を開催することなどを通じて、**教員自身が人権感覚を磨き、また、公正な採用選考の在り方等に関する研修を進めていくことが大切**である。

さらに、就職差別につながるような問題が発生した場合、対応の仕方や指導の方法等に関する校内規定を定め、問題に対応するための校内体制を確立しておくことも大切である。

➌ 東京都教育委員会の例である。三局要請文（東京都教育委員会教育長、東京都生活文化スポーツ局長、東京都産業労働局長の三者連名の要請文）違反として、選考時の面接内容には、本籍・出身地に関すること、思想・信仰に関すること、生い立ちに関すること、住宅環境等に関することなどを挙げている。

● **就職活動の流れ**
①企業からの求人票の公開（7月1日から）
・保護者や担任、進路担当の先生との相談
・企業に関する情報収集
↓
②受験する企業の決定
③応募書類の作成（全国高等学校統一応募書類）
↓
④就職試験の受験・採用選考開始（9月16日以降）
・選考（学科試験・作文・面接・適性検査・健康診断）
・学校への報告
↓
⑤結果通知の受領

第**3**章 こんなときどうする？ ポイントはここだ！

👉 **POINT**

◎保護者に連絡するとともに、校長から教育委員会に連絡する
◎学級活動や進路指導の行事等で人権尊重の教育を進める
◎教員自身も人権感覚を磨き、校内指導体制を確立する
×たいした問題ではないとするのは、人権感覚がないという証拠

模試結果を掲示するって?

➡ 進路意識の向上にはつながるが、
下位者のモチベーションは下がる

質問例 「進路意識を高めるため、模擬試験の結果を氏名とその順位や得点をつけて、廊下に掲示したい」という進路指導部の考え方に、あなたはどう対応しますか?

模試結果の公表と進路意識の高揚

受験 (採用試験) のことが眼中にないかのように楽しく学校生活を送っているとか、受験が近づいているのにあまり緊張感がないなどということは、学校生活にはよく見られる光景である。担任や進路指導部の教員は生徒の進路実現に向けて、いかに生徒たちの意識を高め、受験準備に努力させるか、大変苦労するところである。

模擬試験の結果を公表するというのも、そうした生徒の実態を反映して考え出された取組みの一つであるといってよい。確かに効果が期待できると思われるが、それも一時的な現象で終わってしまう可能性もある。また、その効果も、成績の上位者には一定の効果が期待されるが、多くを占める成績の中下位者にとっては、かえって劣等感を植え付けることになり、あまり効果が期待されない。生徒のプライバシーに関する問題を公表することに対する批判もある。したがって、職員会議は堂々巡りを繰り返し、容易に決定されないことが懸念される。なぜなら、いずれの考え方にも長所・短所があるからである。

模試結果の公表と生徒の反応

「ライバルがわかるので、競争心がわき、学習意欲が高まる」「成績上位者はかえってプレッシャーを感じ、下位者は劣等感を抱き、中位者は根拠もないのに安堵し、上位者や下位者を話題にして"できる、できない"の噂話に夢中になる」「順位の発表は30位くらいまでにする」「プライバシー保護のため、名前は公表しない」など、生徒たち

1 賞罰や競争など、外発的誘因によって進路意識を高めようとする取組みは、一時的には効果を発揮するが、必ずしも長続きはしない。また、成績優秀者にとっては一層向上心を高めることになるが、中下位者の者にとっての効果はあまり期待できない。かえって逆効果となることも懸念される。

いかに、進路意識を高め進路実現に向けて生徒に努力させるかは、進路指導部をはじめ、担任が抱えている大きな課題である。

●中学校の進路指導と業者テスト

中学校における進路指導は、高等学校への進学率が高まる中で、長年、業者テストの偏差値などに過度に依存したものとなっていた。このため、文科省では、都道府県教育委員会などに対する通知等を通じて、中学校の進路指導を生徒一人ひとりの能力・適性などを考慮した本来の進路

からも様々な反応が寄せられるだろう。

したがって、模試の結果公表については、生徒の考え方や保護者の意向を十分聞いた上で、最終的には教員側で判断することになる。生徒や保護者の意見の中には、検討に値するよい提案が寄せられるかもしれない

 ## 外的刺激より内的刺激による動機づくり

行動の動機づけには大きく分けて２つある。１つ目は外発的動機づけで、２つ目は内発的動機づけである。

外発的動機づけは、賞罰や競争など、他者からのインセンティブによって活動を促進しようとするものである。模試の結果公表はこれに該当するものと考えられる。

他方、内発的動機づけとは、行動を起こす者の心のうちに目標や目的、興味や関心等の灯をともすことである。これらの内発的誘因が永続的に進路意識を高め、進路実現に向けての取組みを活性化させることになる。

 ## 内的刺激を与える進路指導への取組み

進路指導部や学年は、生徒の進路意識の向上と進路実現に向けての取組みを一層活性化させるために、学校全体や学年ごとに、仕事や学問の楽しさや喜び、やりがいや生きがい、社会的役割などに気づき、考えさせる「進路講演会」などを定期的に開催するなど生徒の心を揺さぶる機会を随時設けることが大切である。

また、進路指導部や教育相談部などを中心に、開発的な教育相談の展開に心がけ、生徒の悩みや迷いを受け止める教育相談体制を充実させることも必要である。

指導に立ち返るよう求めた結果、現在ではすべての都道府県において、中学校の進路指導の際、業者テストの偏差値などに過度に依存することがなくなっている。

平成５年２月の文部次官通知では、業者テストと教職員の服務について、中学校が業者テストの実施に関与することを厳に慎むべきであるとした上で、授業時間中及び教職員の勤務中に業者テストを実施してはならないこと、教職員は業者テストの費用の徴収や監督、問題作成や採点に携わることがあってはならないこと、などが求められた。

また、生徒の進路選択や学校の選択に関する指導は偏差値に頼って行われるのではなく、学校の全教育活動を通じて的確に把握した生徒の能力・適性、興味・関心や将来の希望に基づきなされるべきである、とした。

第**3**章　こんなときどうする？　ポイントはここだ！

POINT

◎模試結果の公表は長短様々な課題を抱えている
◎生徒や保護者に受け入れられる内発的動機づけを工夫する
◎生徒の心の中に進路に向けての灯をともす機会を随時用意する
×安易な取組みは逆効果を生むことになる

問題のある子をどうにかして！

➡ 誠意をもって対応し、相互の信頼関係を構築
要求などの前提となっていることの事実関係は明確に

質問例
「A君は乱暴だしクラスのまとまりを乱す問題児だから何とかしてほしい！　違うクラスにするとか、転校をさせてもらいたい」と保護者からの要望がありました。あなたはどう対応しますか？

理不尽な要求をする親の増加

昨今、学校や教員に対して自己中心的で理不尽な要求をする親の実態が、テレビドラマやニュース番組などで何度も取り上げられている。例えば次のようなことがある。

- うちの子が入学記念のクラス写真で中央でなく端にいるが、うちの子を中心に写真を撮り直してほしい。
- すでに決まった学芸会の配役を変えて、うちの子を主役にしてほしい
- 子どもが家でヒヨコを育てたが、ニワトリになったので学校で引き取ってほしい
- うちの子がクラスの代表に選ばれないのはおかしい。ただちに決定を取り下げて、うちの子を代表にすべきだ
- うちの子が受験する模擬試験の日と運動会の日が重なっているので、運動会の日を変えてもらいたい。
- うちの子が石を投げて学校の窓ガラスを割って注意を受けたが、石が当たったぐらいで割れるようなガラスを使っている学校のほうが悪い
- うちの子が先生から注意されたとして職員室に乗り込み延々とクレーム

このような理不尽な要求や無理難題を要求する親のことをさした「モンスターペアレント」という用語が、流行語にもなったりしている。🔳

対応の仕方次第でますます溝が深まる

「何とかしてほしい」との要望であればまだしも「違うクラスにするとか転校させるなどの措置をとってもらいたい」ということになると、「はい、そうします」というわ

🔳 「モンスターペアレント」は和製英語である。アメリカ合衆国には、ヘリコプターペアレント（helicopter parent）という用語があるが、これは子どもの試験や面接についてくるような高等教育における過保護や過干渉の親に対する用語である。

🔳 自己中心的で理不尽な要求に対して、教員はその対応にかなりの時間を割かなければならないため、授業の教材準備、部活動の指導、児童生徒への学習や進路などの個別指導あるいは生活指導などの時間を奪われ、十分な指導を行う上で支障をきたしている。さらには、教員がそのことによって体調を崩してしまい、勤務を休むといった状況に追い込まれてしまうことも少なくない。

また最近は保護者から訴訟を起こされた際への対応として、教員が個人で「教職員賠償保険」に入るケースも

けにはいかない。特に、後半の要求は、自己中心的で理不尽な要求であるといわざるをえない。[2]

しかしながら、その保護者に対して、頭から「そんなことは無理ですよ！」と突き返しても、根本的な解決にはならない。また新たに「お宅の学校の教員は、保護者が訴えたにもかかわらず、無視して問題を放置した。その教員をほかの学校に転勤させるか辞めさせてもらいたい」とのクレームが来ることにもなりかねない。そのような対応では、ますます学校と保護者の間の溝が深まるだけである。

保護者の話をよく聴き、丁寧な対応を心がける

保護者を「モンスターペアレント」などととらえて見構えたりせずに、複数の教員で保護者の話に耳を傾け（途中で反論しない）、その内容を記録することである。その上で、保護者の話の根拠と、要求の背景をつかむ必要がある。[3]

質問例のような場合、保護者は我が子からのごく限られた一部の情報をもとにして、A君について正しく理解することなく話していることもある。A君に対して誤解や曲解をしていたり、誤った先入観をもっていることもある。

そのようなことであれば、A君の人権を守るためにもはっきりと訂正すべきであり、保護者が要求している根拠がないこともはっきり伝えることが必要である。

またクラス替えや転校などは、相手の立場があるので簡単にはできないことも毅然とした態度で伝えることが重要である。さらに、担任としての、A君をはじめとした児童生徒への指導の実践あるいは今日の児童生徒の実態などについて説明し、理解を得たり協力をお願いすることも必要である。

増えているという。また、教育委員会などで、そのような苦情や要求などに対する専用の窓口を設置しているところもある。

[3] たとえ要求が理不尽な内容であっても門前払いせず、まずは話をよく聴いて、なぜそのようなことを要求するのかといった、その背景にあることをしっかり把握する必要がある。その際、伝えるべきことはきちんと伝えるとともに、誠意をもって対応することも大切である。また、その対応については、自分止まりにすることなく、上司に報告するとともに学年会などでも話し合って共有していくことも必要である。

何度も同じようなことが繰り返されたり、数多くの要求がある学校では、一本化された相談窓口を設置し、そこで専門的に対応することも一つの方策である。組織として対応することが必要である。

POINT

◎理不尽な要求などであってもまずは保護者の話に耳を傾ける
◎根拠を確かめ、誤りがあれば指摘し、誤解などを解く
×「モンスターペアレント」などととらえ、最初から保護者に正対しない対応は避ける

★★

場面 81 宿題が多すぎる！

➡ 学校での学習が何より大切
塾や予備校との学習の違いを説明

質問例

「宿題が多すぎて困る。うちの子は塾に行っていて帰りは21時を過ぎる。塾に通っている子もたくさんいるので、十分配慮して宿題を出してほしい」という電話がありました。あなたはどう対応しますか？

 学習塾や予備校通いをする児童生徒

　地域により異なるが、学習塾や予備校に通う児童生徒の数は多い。土曜日や日曜日に集中授業を行うところもあるが、多くの子どもたちは、平日から毎日のように学習塾や予備校に通っている。帰宅時間が20時・21時になるなどはごく普通で、時には22時を過ぎることもある。夕食も家族そろってとはいかなくなる。学習塾や予備校に通うと、そのための予習や復習、また宿題などもあり、子どもたちは大変多忙な生活を余儀なくされる。

　学習塾や予備校に子どもを通わせている保護者にしてみれば、希望の学校に合格するには、学習塾や予備校は欠かせないと思っていることもあって、学校での宿題が多いと、学習塾や予備校等での学習に支障が出ると考えるのかもしれない。**1**

 学校での学習が何より大切

　質問例のような苦情があった場合は、学校での学習を最も大切にすることの必要性を、保護者が納得するように丁寧に時間をかけて話し合ってみることだ。質問例の場合も、決して、学校教育の重要性や宿題が多いとの指摘に対する教員の考えを一方的に話してはいけない。これまでの「ゆとり教育」が学力低下問題を生み出したとする考え方もあることを踏まえると、学校教育だけに頼っていては目標とする学校に合格できないと考える保護者も少なくないという事実を踏まえる必要がある。

　だからといって、学校教育よりも学習塾や予備校での教

1 学習塾や予備校通いの実態を詳しく調査し把握することも必要である。1週間にどの程度通っているのか。家庭での学習時間をどの程度とっているのかといったことも把握しておきたい。さらに大切なことは、学習塾や予備校での学習が、本人に合っているのかどうか、成果が上がっているのかどうか、本人の意思や意欲などに支えられているのかどうかといったことも大切である。このことなどをもとに学級保護者会で話し合ってみるのもよいだろう。

2 これからの学校教育では、①基礎的・基本的な知識・技能の習得、②思考力・判断力・表現力等の育成、③学習意欲の向上や学習習慣の確立、④豊かな心や健やかな体の育成のための指導の充実をバランスよく図ることが求められている。

　ここにも述べられているように、小中学校を通して、学習習慣を

育を重視する保護者のこういった考えを受け入れるわけにはいかないこともあり、時間をかけて丁寧に対応する必要がある。

 ## 学校教育の目標と宿題

　教育は、教育基本法の第1条に定められた「教育は、人格の完成を目指し、平和で民主的な国家及び社会の形成者として必要な資質を備えた心身ともに健康な国民の育成を期して行われなければならない」という教育の目的や、このことを実現するために、同じく第2条に定められた教育の目標「幅広い知識と教養を身に付け、真理を求める態度を養い、豊かな情操と道徳心を培うとともに、健やかな身体を養うこと」「個人の価値を尊重して、その能力を伸ばし、創造性を培い、自主及び自律の精神を養うともに、職業及び生活との関連を重視し、勤労を重んずる態度を養う」「正義と責任、男女の平等、自他の敬愛と協力を重んずるとともに、公共の精神に基づき、主体的に社会の形成に参画し、その発展に寄与する態度を養うこと」「生命を尊び、自然を大切にし、環境の保全に寄与する態度を養うこと」「伝統と文化を尊重し、それらをはぐくんできた我が国と郷土を愛するとともに、他国を尊重し、国際社会の平和と発展に寄与する態度を養うこと」を達成するために行われていることを説明し、**学習塾や予備校とは異なった学校教育の重要性や必要性を理解してもらうことが必要である。**

　そして、学校で出される宿題なども、このことを実現するためのものであるとの理解を得る必要がある。

確立することはきわめて重要であり、家庭との連携を図りながら、家庭学習も重要であるという理解を得る必要がある。ただ、塾や予備校に通っているかどうかは別として、家庭との連携を図ることが必要であること、そして宿題や予習・復習など家庭での学習課題が適切に課せられているかどうかといった配慮は必要である。特に、中学校や高校のように指導が教科・科目別に行われていると、一人ひとりの教員が宿題や予習・復習など家庭での学習課題をたくさん出すと、全体的には膨大化し、生徒の負担が過重になってしまうこともある。特に新学期などは、各教員が意気込み過ぎて、宿題などが全体的には膨大化し、生徒の負担が過重になってしまうこともあるので、全体として調整するなどの配慮が必要であることにも触れるとよい。
（P.52、P.60参照）

☞ POINT

　◎学校教育と学習塾や予備校での教育の目的や目標の違いをしっかりと説明し、学校教育の重要性を認識してもらう
　◎宿題は学校教育の目的や目標などを達成するための手段であることを説明
　◎学習塾や予備校での学習が子どもの負担にならないよう配慮する

発表学習では受験に対応できない！

➡ まずは保護者の指摘内容を受け止め、その後
授業のねらいや学校教育の目的を自信をもって説明する

質問例 保護者から「先生の授業は発表学習などが多くて子どもは楽しいようだが、これでは受験に通じる学力が育たないのでは？」という内容の電話がありました。あなたはどう対応しますか？

保護者の言い分をよく聴き、受け止める

まずは、失礼のないように丁寧にしっかりと保護者の言い分を聴く必要がある。教員には「傾聴力」といった相手の話を丁寧に聴くことのできる力やそれを実践することのできる心の余裕も必要である。**１**

教員は、保護者の言い分をよく聴いた上で、適切な回答をすべきである。保護者の指摘などに関して、事実関係が間違っていたり、誤解や曲解が生じていることもある。そのような場合でも、決して頭ごなしに否定したり、「そんな事実はありません」などと一方的に攻撃するような対応は避けるべきである。電話で口論が始まってしまったのでは元も子もない。

保護者といえども、間違った理解の上で話すこともある。それでも保護者の指摘内容をしっかりと受け止めて話し合うことが必要であり、その点で教員には寛容な心が求められる。**２**

学校教育と受験勉強

「発表学習などが多く取り入れられ」と保護者が指摘していることもあるので、全体の授業時間の中でどの程度をそれに充てているのかといった客観的な事実を伝えることも必要である。そして、その発表学習のねらいや教育的な効果などを、保護者にもわかりやすい言葉で説明する。

学力を単に知識の量でとらえるとなると、一斉授業でいわゆる「教え込む授業」に終始することのほうがよいのかもしれないが、学校教育においては、単なる知識の量だけ

---

 １ 保護者からの意見や要望あるいは苦情などは、寛容な心で受け止めたい。教員が気づいていないことや知らなかったことに対する情報の提供や、学校や授業などの改善に有用なことも少なくないからである。「外部の気づき」を大切にすることが必要である。

２ 確かに、最近は、学校への不合理な要求や苦情などをいう保護者を「モンスターペアレント」などと呼ぶことがあるが、それでも耳を傾け、プロフェッショナルな教員であるとの自覚と責任のもとで、その不合理を指摘する必要がある。拒否的な態度は問題を一層こじれさせることも少なくない。

３ 変化の激しい「知識基盤社会」の時代といわれる21世紀においては、確かな学力、豊かな心、健やかな体の調和を重視する「生きる力」の育成がますます重要になってきてい

で学力を判断するわけではない。

　学校教育は、教育基本法に定められた教育の目的（第1条）や教育の目標（第2条）の達成を目指して行われる。さらに詳しくいえば、学校教育法にも教育の目標や目的が校種ごとに示されているので、これらの内容も踏まえて、学校が行う教育と特定の学校へ入ることを目指した塾や予備校などとの教育の違いを丁寧に回答すべきである。

 ### 「生きる力」の育成の重要性と発表学習

　面接での回答に際しては、今日の学校教育が求めていることの一つは、いかに社会が変化しようと、自ら課題を見つけ自ら学び、自ら考え、主体的に判断し、行動し、よりよく問題を解決する資質や能力、自らを律しつつ、他人とともに協調し、他人を思いやる心や感動する心などの豊かな人間性、たくましく生きるための健康や体力などの「生きる力」の育成であることに触れる必要がある。

　新中学校学習指導要領「総則」では、学校の教育活動を進めるに当たっては、各学校において、**主体的・対話的で深い学びの実現に向けた授業改善を通して、創意工夫を生かした特色ある教育活動を展開する中で**、思考力、判断力、表現力等を育むとともに、主体的に学習に取り組む態度を養い、個性を生かし多様な人々との協働を促す教育の充実に努めること、道徳教育や体験活動、多様な表現や鑑賞の活動等を通して、豊かな心や創造性の涵養を目指した教育の充実に努めることなどの実現を図り、**生徒に生きる力を育むことを目指す**ものとするとしている（一部省略）。

　このことを踏まえ、**発表学習などを多く取り入れた授業を実施している**ねらいを説明する必要がある。

る。教育基本法や学校教育法も改正され、知・徳・体のバランスとともに、基礎的・基本的な知識・技能、思考力・判断力・表現力などや学習意欲を育てる教育が大切とされている。この観点からは、変化の激しい社会にあって、耐用年数の短い知識を覚え込ませるといった学習や教育はすでに過去のものになりつつあるといえる。

●**主体的・能動的な学習と大学入試改革**

　これからの大学入試は、受験生の「学力の3要素」を多面的・総合的に評価する入試に転換することになった。つまり、単に知識だけではなく、思考力・判断力・表現力、さらに学ぶ態度などが総合的に評価されることになる。したがって、発表学習や討論、ディベートなどの主体的・能動的な学習活動（アクティブ・ラーニング）が有効となる。

　そうした意味で、主体的・能動的な学習が真の学力形成に役立つことを説明したい。

☞ POINT

◎保護者の学校や授業などに対する要望に耳を傾け「よく聴く」
◎発表学習を実施している趣旨などを丁寧に説明し納得してもらう
×頭から否定したり、正論をまくし立てるような対応をすると話がこじれやすい

★★

場面 83

留年が決定した！

➡これまでの指導の経緯を説明し、成果のあった点についてはきちんと認めほめることも必要

質問例

卒業に必要な単位が修得できず原級留置（留年）が決定した生徒がいます。このことを担任として生徒本人や保護者にどのように伝えますか？

原級留置（留年）となった経緯を説明

　生徒にとって、その年度に卒業できるかどうかは、将来の人生設計にも深くかかわっているということもあり、原級留置（留年）は深刻な問題である。それだけにその結果については、**生徒本人はもとより、保護者にも丁寧に説明することがまず求められる。**❶

　その際、単位が取れなかった科目の1年間の定期考査や小テストの結果や提出物（レポートや課題等）の評価、欠課状況などの資料を教科担当者の教員からもらい、納得のいく説明ができるよう準備しておくことである。❷

　ときとして、就職先や進学先が内定している場合もあるが、これらは高校を卒業することが大前提であり、卒業が認められないとなると、これらの内定も無効になってしまう。そのようなことがあれば、この問題はなおさら深刻になる。しかし、高校を卒業するには、卒業要件が法的に決められているだけに、単なる温情で卒業を認めるわけにはいかないのである。

　本人や保護者にしてみれば、「そこを何とかしていただきたい」という気持ちであることは察しがつくが、決定は決定として曲げるわけにはいかないことも、丁寧に説得することが必要である。

　その際には「今後のことはこれから一緒に考えていこう」「教員も支援やサポートなどを惜しまない」ということを伝えるとともに、しっかりとした学力を身に付けて、自信をもって卒業することの大切さを話すことも必要である。

❶まず、本人と保護者に電話ではなくて、直接話すことが必要である。本人や保護者にとっては、このことは大変重大なことであり、決して軽々に取り扱わないことが基本的に重要である。

❷本人や保護者への説明に際しては、当然これまでの指導の経緯も再度説明する必要がある。その際、指導してきたのに期待に応えてくれず残念だったとか、これまで指導してきたのにしっかりやってくれなかったなどと生徒を責めるようなことは避けなければならない。むしろ、結果は残念ではあったが、よく頑張ったことが一つでもあればそれにスポットを当てて、本人のよい点を認めたりほめたりしたほうがよい。そして、本人や保護者を励まし、将来の在り方や生き方などについて真剣に話し合っていこうとする態度で接することが必要である。

「入口」から「出口」までの継続的な指導

　学校においては、年度単位で指導していることもあり、年度末になって急に進級できなかったとか、卒業が認められなかったなどということは通常あまりない。それまでには1学期・2学期・3学期あるいは前期・後期といったように指導期間が長く存在している。その間に、「このままでは進級や卒業が危ない」旨の指導や助言をしているはずであるし、ぜひともそのような指導や助言をしておくべきである。

　本人や保護者にも学業に一層努力することの必要性を繰り返し指導することが必要である。「出口」の段階で慌てて指導するのではなく、1学年の初めから終わりまで、入学から卒業まで、「入口」から「出口」までの継続的な指導が必要である。

避けなければならない中途退学

　高等学校では、進級や卒業が認められないと中途退学（中退）してしまう生徒も少なくない。[3]

　当該生徒と、カウンセリング・マインドをもって話し合い、長い人生においては、速く走るときもあれば、ゆっくりと歩むときも、少し後に戻って再度出発するときだってあることや、本人が十分納得できる学力などを身に付けて卒業した後に社会に出て活躍する人だっていることを、当該生徒に伝えることも必要である。そして、「もうどうでもいいや」といった投げやりな態度になるようになることなく、前向きに学校生活にチャレンジする力を育てることが必要である。

[3] 留年が決定してしまうと、その多くの生徒が高校を中退してしまうという。目的や目標があり積極的な考え方に立っての中退であれば必ずしも否定しなくてもよいが、目的や目標をもたないまま中退してしまうことは、その後の人生を考えると決していいことではない。できるだけ学業継続の気持ちを大切にする考えを育むことが重要である。特に、3年生時に卒業が認められなかった場合、もう1年頑張れば卒業も可能となるので、これまでの努力を認め、自信をもたせることも必要である。

　これに関連して中退を防止する上での対策を問われることもある。その際ぜひ回答に含めたいことは、この生徒にあと1年間頑張らせる目標をもたせることの必要性について触れることである。人は誰でも、目的や目標などがあれば頑張ることができるものである。

POINT

◎留年が決定した生徒の立場に立って丁寧な対応を
◎留年となったことに対する説明責任
◎今後のことを真剣に向き合って話し合っていくことが必要
×これまで頑張ってこなかったことを責めない

第3章　こんなときどうする？　ポイントはここだ！

場面 84 けがの治療費を支払え！

➡ まずは子どものけがの状況を把握
迅速に、丁寧かつ誠意のある対応を

質問例 保護者から「体育の授業中に子どもがけがをした。管理責任は学校にあるのだから治療費を支払ってくれ」という請求がありました。あなたはどう対応しますか？

まずは本人の状態を確認

授業時間をはじめ学校でけがなどをして病院にかかったということで、その費用の請求があった場合、費用のことはさておき、まずは本人のけがなどの状態や事故が発生した状況などを正確に把握する必要がある。

授業中であれば当然担当教員が気が付き、校長や副校長などの管理職に連絡をするとともに、養護教諭や校医と相談して適切に対応をすることが必要である。状況によっては、学校でその児童生徒を病院に連れて行かなければならない。

しかし、授業中には教員も気づくことができず、その子ども自身もその場ではたいしたことはないと思って教員に告げなかったのかもしれない。ところが家に帰ってみると意外に痛みが増したり、出血したりするなど症状が悪化することもある。

いずれにしても、教員自らが直接家庭を訪問するなどして、お見舞いするとともに、自分の目で子どもの健康状態などを確認することが必要である。そして、授業中の安全管理や安全指導が不十分であった点があれば、謝罪する必要がある。➡

日本スポーツ振興センターへの請求と支払い

今回の事故が学校の管理下で生じたものであることが確認されれば、独立行政法人日本スポーツ振興センター法及びその施行令等に基づき、医療費などは一定の条件のもとに支払われる。この法律などでは、医療費、療養などに伴

1 学校においては、児童生徒の安全管理は最も重視する必要があることの一つであり、児童生徒の安全を保障する義務と責任が学校と教員にはある。現実には、多くの児童生徒を預かる学校では、けがなどの事故は起こりがちである。起こってしまったら、その対応が重要になってくる。ポイントは、迅速であることと、誠意をもって対応することである。そして、教員一人で対応することなく、その事故等について、校長や副校長などの上司に伝えるとともに対応の在り方について指導助言を受けることである。これらを十分踏まえて、できるだけ早く保護者にも連絡することである。その際、事故の状況にもよるが、保護者に心配をかけまいと過小評価して、「たいした事故ではありませんが」などと勝手に判断したり、情報を正しく伝えなかったりすることがあってはならない。客観的な事

って要する費用、障害が伴う場合は障害見舞金、死亡した場合の死亡見舞金などの規定がある。

なお、独立行政法人日本スポーツ振興センター法施行令の第5条では、災害共済給付にかかわる災害は、「児童生徒等の負傷でその原因である事由が学校の管理下において生じたもの。ただし、療養に要する費用が5000円以上のものに限る」「学校給食に起因する中毒その他児童生徒等の疾病でその原因である事由が学校の管理下において生じたもののうち、内閣府令で定められたもの。ただし、療養に要する費用が5000円以上のものに限る」など5項目が定められている。このような、法に基づいた対応についても言及する必要がある。

 ## 再発防止策の検討と対策の必要性

学校へ電話してきた保護者への丁寧かつ誠意のある対応が何よりも求められるが、このようなことがなぜ発生したのかといった点について、その原因と対策を講じる必要がある。そして二度とこのようなことが起きないように、学校全体としての対応策についても検討していくことが必要である。そこでは、安全指導と安全確認が重要になるが、それとともに小さなことでも教員に相談できる開かれた児童生徒と教員の関係や開かれた学校づくりも大切なことである。

なお、学校における保健管理及び安全管理に関して必要な事項等を定めた「学校保健安全法」や「学校保健安全法施行令」や「学校保健安全法施行規則」などの規定についても理解しておくことが必要である。

実に基づいて伝えることが重要である。また、この事故に対して、学校ではどのような対応をとっているか、あるいはとったかなどを丁寧に伝えることが必要である。

2 「学校の管理下」とは次の場合であることを独立行政法人日本スポーツ振興センター法施行令第5条第2項で示している。
・学校が編成した教育課程に基づく授業を受けている場合
・学校の教育計画に基づいて行われる課外指導を受けている場合
・休憩時間中に学校にある場合、その他校長の指示又は承認に基づいて学校にある場合
・通常の経路及び方法により通学する場合
・その他、これらの場合に準ずる場合として文部科学省令で定める場合

第3章 こんなときどうする？ ポイントはここだ！

POINT

◎まず子どもの健康状態を心配している旨を保護者に伝え、学校管理下の事故は、法令に基づいて治療費等が支払われることを説明する
◎学校全体で事故の再発防止の必要性についても触れること
×教員一人で対応したり、勝手に事故を過小評価したりしない

通学時の子どもたちの行儀が悪い！

➡ 連絡いただいたことへの感謝の意を伝え
学校の指導の実態を説明する

質問例

「登下校の際に歩道いっぱいに広がり、ときには自転車に乗ったまま騒いでいる者もいて迷惑である。どんな指導をしているのか？」という電話が地域の方からありました。あなたはどう対応しますか？

まずは相手を確かめてお礼を

まずは丁寧に対応することが必要であるが、できたら電話の相手を確かめる。場合によっては、今後の対応などで、相手を訪問し詳しく説明する必要もあるためである。

この種の電話は、おそらく学校の近隣の方であることが想定されるから、日頃の学校へのご理解とご協力をいただいていることに対しての感謝の念を伝えることも必要であり、「日頃から何かとご迷惑をおかけして申し訳ございません」といった旨も伝えることである。学校に電話してくるということは、本当に困っておられ、思い余ってのことであると察することが必要である。

生徒指導の方針を伝える

日頃から学校として、登下校に関して指導している事柄もきちんと伝える必要がある。その際に重要なのは「何もやっていないわけではありません」「学校としても指導しています」などと学校の立場を説明したり、弁解がましく受け取られてしまったりするような言い方をしないことである。

日頃の指導を述べるとともに「今後はご指摘いただいたことを踏まえてさらに指導を重ねます」「早速生徒指導担当に伝え、具体的な方策を検討します」などと話すべきである。そして、指摘いただいたことに対して、改めて感謝の気持ちを伝えたい。「また苦情か」「とにかく聞くだけ聞いておこう」などという態度で対応はしてはいけない。

1 決して「また苦情か」「しつこい人だなぁ」などと受け止めないことである。気の付きにくい地域での児童生徒の様子などを学校に教えていただくことにはむしろ感謝の気持ちをもちたい。だからこそ、本文にもあるように、「まずはお礼」ということになる。時折、電話での言い争いになってしまうこともあるが、このようなことは厳に慎しまなくてはいけないことである。

2 児童生徒には、登下校中の道路での迷惑行為や危険行為などを学級活動やホームルーム活動や集会などで、具体的に話すことも必要である。特に最近多く見られるスマホ等を使用しながら歩道上をかなりのスピードで走る自転車、道いっぱいに広がって話しながら歩き、ほかの歩行者に道を譲ることをしない児童生徒なども少なくない。このようなことを自分がされたらどうか

早速、行動を起こすこと

電話の対応がいかに丁寧でも、その後何も行動を起こさないのでは失礼になる。電話のあった方の不満が怒りへと転じてしまうことにもなりかねない。

地域住民の声に対しても「すぐ対応する学校」であることが大切である。例えば、対応策を学年や生徒指導部などで話し合ったり、全校集会や学活等で全児童生徒に指摘のあった内容を具体的に話して注意を喚起したり、登下校の際に教員によるパトロールを実施したり、児童会・生徒会に協力を求めて全校挙げてのキャンペーンを行ったりするなど、実態に合った方策を考え実践することである。[2]それも、できるだけ早く実施することが重要である。また、学校だけでは不十分なことがあれば、保護者や地域の方々にご協力を願うといったことも考えられるし、最寄りの警察などの関係諸機関に協力を願うこともある。

地域とともにある学校づくり

実践に取り組んだならば、その取組みの経緯やその経過などを、電話のあった方へ連絡をすることだ。そして、今後も一層生徒指導に力を入れていくことや、学校教育への理解と協力を重ねてお願いしたい旨を伝える。[3]

今後は、「地域住民の声」を大切にする学校から、さらに一歩踏み出し、「地域とともにある学校」づくりへと転換していくことを伝える。実際に、学校と地域住民等が力を合わせて学校運営を進めるコミュニティ・スクール（学校運営協議会制度）が増えている（P.91の注を参照）。

といったシミュレーションを取り入れた体験学習などを行ってみるのもよい。

[3] 地域の方々との定期的な懇談会などをもつことも、このような事態を発生させない方策になるかもしれない。特に、生徒指導をめぐる問題や課題を話題として、その場を活用し、日頃から、学校や児童生徒の実態や学校の生徒指導の取組みなどへのご理解をいただくとともに、そのことへの地域の方々の協力を依頼することである。ある学校や地域では、生徒の登下校の際の交通パトロールを生徒会が中心となり生徒の利用度の高い道路に立ったり交差点などで安全指導を教員とともに実施したり、地域の方々のボランティア活動などで交通安全の指導やパトロールを実施したりしている。児童生徒自身の力や保護者や地域の方々の力を借りることも必要である。

第3章 こんなときどうする？ ポイントはここだ！

🖐 POINT

◎お礼や感謝の気持ちで指摘事項を受け止め、指導の現状を説明
◎具体的に対応すること、すぐに対応することが求められる
◎学校全体としての改善のための行動（アクション）の重要性
◎連絡のあったことについては上司にも連絡
×決して苦情などと受け止めず、聞きっぱなしにしない

場面 86 ★★ 生徒のバイク通学に困っている!

➡ 迷惑をかけていることをおわびし
現場に担当の教員とともに急行して状況を確認

> **質問例**
> 「うちのマンションにバイクをとめて通学している生徒がいて困っている」という電話が地域の方からありました。あなたはどう対応しますか?

 相手と場所を確かめて丁寧な対応を

こういった例についても、まずは丁寧に対応することが必要である。どこの誰からの連絡かを確認したいが、個人名などは教えてもらえないことも少なくない。少なくとも学校として確認することは、「どこのマンションか」「どの地域に駐車してあるのか」ということである。

そして、迷惑をかけていることへの謝罪と、日頃の学校へのご理解とご協力をいただいていることに対しての感謝の気持ちを伝えることも必要である。学校に電話をしてくるということは、住民の方々、特に小さな子どもたちの安全上のことなど、本当に困っている状況があってのことであると察することが必要である。

 バイク指導のことについてきちんと伝える

学校としてどのようなバイク指導をしているのかもきちんと伝える必要がある。その際には「学校としても指導していますので」などと学校の立場を説明したり、弁解がましい言い方をしないことが大切だ。「早速生徒指導担当に伝え、具体的な方策を検討します」「これからすぐご指摘いただいた場所に出かけてみます」と即行動に移りたい。もしこのことが事実であれば、違法駐車にもなりかねず、不法行為であるとの認識をもつことが必要である。

 早速、現場に急行

電話の内容を管理職に連絡し、その後の対応の在り方について指導を仰ぎたい。管理職からは「いつ」「誰と」「ど

1▶ 場面85と同様に、学校だけでは対応が不十分な場合は、保護者や地域の方々に協力を願うといったことも考えられる。この質問例の場合は違法駐車ともかかわるので、警察との連携も必要になる。早急にアクションを起こすことが必要である。

2▶ 今回の質問例に見られるような違法な駐車は、指導が強まると段々と学校から離れたところに駐車する傾向がある。ある意味では「いたちごっこ」になりかねないので、根本的で徹底的な指導が必要である。特に、他人に迷惑をかける行為であるばかりでなく、相手の身の安全にもかかわる問題でもあるので、行為の重大性について徹底した指導が必要である。また、当該生徒を特定することも指導を早めることになるので、情報を収集して当該生徒を特定し、個別面談指導で、なぜ禁止されているバイク通学をしているのかと

んなことを」「どれくらい」そして「どのような返答」をしたのかといったことを問われるので、このことを踏まえて、資料を作成するなどして臨むことである。そして、電話を受けた教員とともに生徒指導部の教員も一緒に、できるだけ早く現場に出向くことが必要である。

現地では、不法に駐車されているバイクの実態を把握するとともに、自校の生徒の所有物かどうかを確認する材料（ナンバープレート・車種・色や車体の特色など）もよく注意して得てくることだ。もし、電話を受けた際、相手を特定できていれば、そこを訪問し、把握した実態や今後の対策などについても伝えてくることが必要である。🅱

バイク通学厳禁の方針の徹底

バイクで通学している生徒を特定し、指導を強化することも必要である。特に、マンションへの駐車は不法行為であることをきちんと伝えることである。そして、法に基づいて処罰されることもありうることを強く指導することである。🅱

また、このことは、保護者にも連絡する必要があるから、改めて、学校の「バイク通学に対する考え方」「バイク通学の厳禁」などを連絡したり保護者会などでこのことを取り上げ、趣旨を徹底していく必要がある。

特に質問例のような課題では、注意を促した当座の期間は守られるが、しばらくするとまた元の状態に戻ってしまうということも少なくないので、継続的な指導が必要であることにも留意する必要がある。🅱

いったことについて、カウンセリング・マインドを十分踏まえて対応し、その要因と背景の根本的な解決を目指すことが重要である。

🅱 バイク（車）の「三ない運動」について問われることもある。三ない運動とは、免許を取らせない、買わせない、運転させないの3つの『ない』を校則に定め、交通安全指導を進めようとするもの。最近はこれに「乗せてもらわない」を加えた「四ない運動」、さらに「親は子供の要求に負けない」を加えた「四＋1ない運動」と呼ばれることもある。

しかし、最近は廃止する自治体もある。また、高校生といえども「車社会の一員である」との認識から、バイク（車）から遠ざけるよりも、正しい乗り方などの交通安全指導を徹底すべきだとする考え方もあり、「ヤングライダースクール」などを設置して実技講習会を開くところもある。

👉 **POINT**

◎お礼や感謝の気持ちで指摘事項を受け止め、指導の現状を説明
◎現場に生徒指導部の教員とともに急行し、状況を確認
◎生徒に対して違法駐車などの厳禁を含めたバイク指導の徹底
◎「指導の継続性」の重要性
×決して苦情などと受け止めず、聞きっぱなしにしない

叱られたと子どもがショックを受けている!

➡ 日頃から子どもの心に
傷をつけないような言動が求められる

質問例

「忘れ物をして先生からひどく叱られたとショックを受けて子どもが帰ってきた。いったいどんな指導をしたのか伺いたい」と保護者から電話がありました。あなたはどう対応しますか?

まずは誠意をもって対応

まず大切なことは、保護者からの電話に誠意をもって対応することと、客観的な事実に基づいて指導した内容を隠さずに正確に伝えることだ。[1]「どんな指導をしたのか」などと言われるとつい構えてしまい「ごく普通に注意しただけです」などと自分をかばっているような発言をしがちである。これでは保護者の気持ちを逆なでしかねない。

保護者からこのような電話があったということは、子どもの表情や言動に普段との大きな違いを感じたからである。教員の認識と子どもや保護者の認識は違っているのだということに気づく必要がある。そして、それがごく普通のことだったのか、特段のことであったのかは、指導した事柄を客観的な事実に基づいて伝えてからの判断になるのである。

その意味で、まずは子どもの様子や状態を気にかけるということが必要なことであり、そのような理解が得られるような話をすべきである。その上で、指導した内容について、客観的事実に基づいて正確に話すことだ。

子どもの言い分との違いがあったら

子どもの言っていることと教員の言っていることの不一致が見られることも多い。[2] その場で対立を続けることは避け、まずは「そう受け止めているのですか」と子どもの言い分や受け止め方をいったんは受容したい。そして「そう受け止められているとしたら言葉が足りなかったということなので、その点については申し訳ありませんでした。し

[1] このような電話を受けた後、まず行うことは、校長などの管理職に、電話の内容、どう対応したか、結果どうなったかなどについて報告することだ。また、報告書などの一定の用紙などが準備されている学校では、それに丁寧に記録し、所定の手続きをとることが必要である。特に、「どう対応したか」や「結果どうなったか」については、客観的な事実に基づいて記載することが必要である。その際注意することは、結果などを教員にとって都合のよいような書き方にしないことである。客観的な事実のみを記載するようにすることが必要である。

かし、指導の真意は○○○○にあったので、その点についてはぜひご理解ください」と伝えることが必要である。そして「お子さんには、もう一度私の気持ちを丁寧に伝え直します」などと再指導を行う旨を伝えることも必要である。

　もしそこで電話を本人に代わることができるなら「ショックを与えてしまってごめんね」などと子どもの心を少しでもケアする言葉をかけつつ、保護者に話したことを優しくわかりやすい言葉で伝えることだ。そして「このことについては明日話そうよ」と、わだかまりをもたずに安心して登校できるようにする配慮も必要である。

忘れ物が多い要因の解明

　「お宅のお子さんは忘れ物が多いので困っています。家庭できちんと指導してください」などと、保護者まで非難してはいけない。もし忘れ物が多い子であったら、その要因などを明らかにすることが必要だ。そして、そこから導き出された対応策を保護者の協力を得ながら、本人に指導していくことが大切である。❸

保護者の要望に応えて対策案を提示

　「先生何かいい方法はないでしょうか」などと問われた場合には、まず生活習慣の見直しを求めるが、他の保護者がよく行っている具体的な方法を伝えることがあってもよい。例えば、「チェックシート」や「忘れ物ボード」「マグネットボード」などの作成である。内容は保護者と児童生徒とよく話し合って決めるよう勧める。児童生徒との話し合いができただけでも一歩前進と考えることである。

❷電話だけでは保護者が納得せず、子どもの気持ちも収まらないという状況があれば、管理職などの上司の指導のもとに家庭訪問を行い、一層誠意をもって対応することが必要である。その際も、教員が弁解したり子どもを責めるようなことはせず、まずは保護者の言い分に耳を傾けることが重要である。聴くことによって事が解決につながっていくことも少なくない。いわゆる「傾聴力」を教員はもつべきである。このことも、面接の折に触れるとよい。

❸このようなことを通して、忘れ物を少なくしていくことができれば、それは指導の成果である。教員はそのようなことができるからこそ、また、そのようなことに取り組めるからこそ、プロフェッショナルなのである。

👉 POINT

◎まずは子どもの状態を聞き、できるだけ早くフォローする
◎「忘れ物チェックシート」や「忘れ物ボード」などを活用して、生活習慣の見直しを勧める
×弁解したり、逆に子どもや保護者に矛先を向けてはいけない

弁当を持参させる！

➡ 学校給食は食育の重要な機会
保護者とよく話し合い、柔軟な対応が必要

質問例
「食物アレルギーがあるので、学校給食ではなくお弁当をもたせます」との申し出が保護者からありました。あなたはどう対応しますか？

何よりも大切な「食」

　子どもたちが、健全な心と身体を培い、豊かな人間性を育み「生きる力」を身に付けていくためには、何よりも「食」が重要である。知育・徳育・体育の基礎として「食育」が位置づけられているのもそのためである。

　健全な食生活を実践できるようにすることは、心身の成長や人格の形成に大きな影響を及ぼすため、特に子どもにとっては重要である。食育における、学校給食の役割にも大きいものがある。

学校給食の趣旨と学校給食法

　我が国の小学校・中学校・義務教育学校・中等教育学校（前期課程）・特別支援学校（小学部若しくは中学部）で実施されている給食は、「学校給食法」に基づいて実施されている。義務教育諸学校の設置者は、これらの学校において学校給食が実施されるように努めなければならないとされている。

　この学校給食法も、学校給食が児童生徒の心身の健全な発達に資するものであり、児童生徒の「食」に関する正しい理解と適切な判断力を養う上で重要な役割を有しているとの認識に基づいて制定されているのである。

慎重な対応が必要

　特定の食物を摂取することによって、アレルギー症状を起こすといった健康上の障害が生じたのでは、学校給食の本来の目的や目標を達成することはできなくなってしま

- ●学校給食における食物アレルギー対応の大原則
- ・食物アレルギーを有する児童生徒にも、給食を提供する。そのためにも、安全性を最優先とする。
- ・食物アレルギー対応委員会等により組織的に行う。
- ・「学校のアレルギー疾患に対する取り組みガイドライン」に基づき、医師の診断による「学校生活管理指導表」の提出を必須とする。
- ・安全確保のため、原因食物の完全除去対応（提供するかしないか）を原則とする。
- ・学校及び調理場の施設設備、人員等を鑑み無理な（過度に複雑な）対応は行わない。
- ・教育委員会は食物アレルギー対応について一定の方針を示すとともに、各学校の取組を支援する。
（文科省「学校給食における食物アレルギー対応指針」平成27年3月）

う。場合によってはアナフィラキシー・ショックを起こして命にかかわることもあり、実際に食物アレルギーで子どもが死亡するといった事例もある。そのため、今回のような保護者からの食物アレルギーに関する申し出には、慎重に対応することが必要である。

まず、子どもの食物アレルギーの実態について詳しく保護者から聴くことである（文科省の2022年調査では、食物アレルギーのある小学生の割合は6.3%）。学校医や専門医等からアドバイスを受けることも必要となる。結果については、校長などの管理職や栄養教諭、養護教諭、栄養士等にも連絡し、遺漏のないよう対応する。

学校給食への対応方法についても保護者と相談

特にアレルギー症状を引き起こす特定食物については詳しく把握することが必要である。この特定食物の種類や量などにもよるが、特定食物が含まれていない献立だけでも給食を取ることが可能なのかどうかも検討し、保護者とも相談する必要がある。このような柔軟な対応について検討し、それが不可能であれば、弁当を持参することを認めることになる。

これまでに、偏食や特定の食物嫌いを矯正するために、すべての児童生徒にすべて出された食物を残すことなく飲食することを強く指導していた学校も多く見られた。しかし、現在では食べる前に食べる量を調整して配膳したり、残すことを禁止するといった風潮も弱まったりしているなど、学校給食に柔軟な対応が見られるようになった。食物アレルギーを有する児童生徒にも給食を提供することを原則としながらもより柔軟な対応が必要である。

▶ アレルギー症状を起こす特定食物は、魚類や肉類のほか、牛乳、鶏卵、貝類、エビ、カニ、大豆、穀類、そば、チョコレート、キウイフルーツ、クルミ等のナッツ類、バナナ、マツタケ、ゼラチンなど多種多様である。食品衛生法施行規則で、特定原材料として、その表示が義務づけられているものには、エビ、カニ、卵、小麦、そば、落花生、乳などの品目がある。

▶ 食物アレルギーは、じんましんやせき、嘔吐などの症状を引き起こす。複数の症状が急激に出る全身性のアナフィラキシーが起きることもある。

前掲の2022年の調査では、アナフィラキシーを起こしたことがある児童生徒は5万1881人。アナフィラキシーなどを想定した緊急対応の模擬訓練をした学校は26.8%。アナフィラキシーが起きた際には、すぐに自己注射薬「エピペン」を打つかどうかで救命率が大きく変わる。そのため、エピペン注射練習も必要とされる。

POINT

◎子どもの安全や健康を最優先することが必要
◎学校給食には教育上のねらいがあることを忘れない
◎その子にとっての最善策を教員と保護者がよく話し合う
×食物アレルギーは命にもかかわるので決して軽視しない

第3章　こんなときどうする？　ポイントはここだ！

★★★

場面 89 不登校生徒の保護者が「放っておいて！」

➡ マニュアル的な対応には限界がある
その子どもの実態に合った対応策が必要

質問例
不登校生徒に電話をしたり手紙を書いたり家庭訪問なども繰り返し行いましたが、最近保護者から「もううちの子のことは放っておいてほしい」と言われました。あなたはどう対応しますか？

複雑な不登校の背景や要因

令和4年度の全国の不登校児童生徒数は約29万9048人（高校は約6万575人）で、依然として我が国の大きな教育課題となっている。不登校になったきっかけや要因は多様であり、かつ複雑である。まさに、10人いれば10通りの背景や要因がある。

また、さらに複雑なのは、時間の経過とともに、これらの不登校の背景や要因などが変化している事例も少なくないことである。そのため、**画一的な、マニュアル的な対応だけでは解決が難しいのである。**

登校指導がいいとは限らない

まずは、不登校の背景や要因は複雑であり、一人ひとりに合わせて適切に対応なければならないということを押さえておこう。必ずしも、本人に手紙を繰り返し書いたり、電話を何度もかけたりすることがいい方策だとは限らないのである。むしろそれが子どもの負担になり、「しつこい先生だ！」「ウザい先生だ！」「いい加減にしてほしい！」などと思われてしまうこともある。これでは教員の努力の成果は期待できないことになる。◗

大切なことは、その児童生徒の実態をしっかりと把握し、心と心が通じ合うような、相互の信頼関係に裏付けされた、温かな人間関係や信頼関係が形成されているかどうかである。この温かな人間関係や信頼関係の構築が基盤であることを面接でも述べる必要がある。

◗ 不登校の児童生徒への対応では、往々にして「早く学校に来なさい」「頑張ればできるはず」「とにかく学校に来なさい」といったように、本人に頑張りを求めてしまうことがある。本人は、学校に行きたくて頑張っているけれども行けないからこそ困っているのである。

このような場合は、学校というプレッシャーを取り除いてあげたほうがよいともいわれている。例えば「無理に学校に来なくてもいいよ。長い人生、ゆっくりと歩むときもあれば、立ち止まったり後戻りしたりすることだってあるんだから」「その代わり、来られるようになったら来なさい、みんなあなたのことをいつまでも待っているよ！」などと言ってあげたほうがきっとメンタル的に楽な状態になるのではないだろうか。

保護者の真意を確かめる

「うちの子のことは放っておいてほしい」と言った保護者の真意を確かめる必要がある。このことについては電話では十分話せないので、学校へ来ていただくか、当該生徒の許可を得てからこちらが家庭訪問をする必要がある。この課題は、そんなに簡単に解決する問題ではないことも心しておきたい。

保護者との面談では「放っておいてほしい」という思いがどのような状況の中で出てきたのか、例えば本人と保護者の話し合いの中で本人がそう言っているのか、単に保護者がそう思っているのか、いずれの場合にせよ、それはどうしてなのかといったことについて時間をかけて話し合うことが必要である。むしろ、保護者にはそのことについて話してもらうことが、教員はその話を聴くことが大切である。もし、子どもがそのようなことを話しているとなると、これまでの指導の在り方を再検討してみる必要がある。

 ## 対応の見直し

前述のことを子どもが話しているようであれば、これまでの対応の在り方を見直す必要がある。その際、特に大切なのは、本当に子どもの声をよく聴いていたかどうか、教員がよかれと思って一方的に話してはいなかったか、また、真に相手の置かれている状況に共感していたか、相手の心や気持ちを受け入れていたかどうかといった観点が重要になる。今後は、このような視点に立った対応をする必要がある。

目 中学校学習指導要領（総則）に、不登校生徒への配慮として、「保護者や関係機関と連携を図り、心理や福祉の専門家の助言又は援助を得ながら、社会的自立を目指す観点から、個々の生徒の実態に応じた情報の提供その他の必要な支援を行うものとする」と示されている（小学校・高校も同じ内容）。

●オルタナティブ教育（代替教育）

学校教育法上の学校とは異なる非正規の教育機関で行われている教育のことで、フリースクール、サポート校などがある。ヨーロッパのシュタイナー学校やアメリカのチャータースクールなどもその一つである。

第3章 こんなときどうする？ ポイントはここだ！

👉 POINT

◎不登校になるきっかけや要因は様々であるため、それへの対応もまた様々であり、その子どもの実態に合った対応策が必要

◎保護者の真意を確かめ、家庭での生活の様子など子どもの実態の把握に努める

×決して画一的な、マニュアル的な対応ではうまくいかない

★★★

場面 90 「令和の日本型学校教育」って？

➡ できるだけわかりやすくポイントだけ話す
新学習指導要領との関係に絞って説明

質問例　クラスごとの「学級懇談会」で、保護者の一人から「最近耳にする『日本型学校教育』というのは新しい学習指導要領の内容とどこが違うのですか？」と質問がありました。あなたはどう説明しますか？

 ### 予測困難な時代に求められる子どもの資質・能力

中央教育審議会は令和3年1月、社会の在り方が劇的に変わる「Society 5.0」の到来、また先行き不透明な「予測困難な時代」を迎えるに当たって、子どもたちに育まなくてはならない資質・能力について、「一人一人の児童生徒が**自分のよさや可能性を認識するとともに、あらゆる他者を価値のある存在として尊重し、多様な人々と協働しながら様々な社会的変化を乗り越え、豊かな人生を切り拓き、持続可能な社会の創り手となることができるようにすること**」として、新学習指導要領の着実な実施とともに、これからの学校教育を支える基盤的ツールとして、ICTの活用を求めた。

 ### 「令和の日本型学校教育」とは

学校が学習指導のみならず、生徒指導の面でも主要な役割を担い、児童生徒の状況を総合的に把握して教師が指導を行うことで、**子どもたちの知・徳・体を一体で育む「日本型学校教育」**は、諸外国から高い評価を受けている。

他方で、「学校の負担が増大」「子供の多様化」「学習意欲の低下」「教師の労働環境悪化」「ICT活用が低調」「人口減少による学校教育の維持・質の保証」「新型コロナ感染症対策」等の課題がある。こうした課題を解決するためには、「学校における働き方改革の推進」「GIGAスクール構想」「新学習指導要領の着実な実施」が必要とされる。

 ### 「令和の日本型学校教育」実現のための2本柱

令和時代の子供の学びは、個別最適な学びと協働的な学

▶1 情報社会（4.0）に続く新たな社会のことで、サイバー空間（仮想空間）とフジィカル空間（現実空間）を高度に融合させたシステムにより、経済発展と社会的課題の解決を両立する人間中心の社会である。なお、狩猟社会（1.0）、農耕社会（2.0）、工業社会（3.0）ことである。

▶2 日本型学校教育が果たしてきた役割
①学習機会と学力の保障
②全人的な発達・成長の保障
③身体的・精神的な健康の保障

びの2本柱となっている。まずは、基礎的・基本的な知識・技能等を確実に習得させ、思考力・判断力・表現力等や、自ら学習を調整しながら粘り強く学習に取り組む態度を育成するため、支援が必要な子供により重点的な指導を行うことなど効果的な指導を実現することや、子供一人一人の特性や学習進度等に応じ、指導方法・教材等の柔軟な提供・設定を行うなどの「指導の個別化」が必要である。

また、基礎的・基本的な知識・技能等や情報活用等の学習の基盤となる資質・能力等を土台として、子供の興味・関心等に応じ、子供一人一人に応じた学習活動や学習課題に取り組む機会を提供することで、子供自身が学習が最適となるよう調整する「学習の個性化」も必要である。「指導の個別化」と「学習の個性化」を教師視点から整理した概念が、新学習指導要領の「個に応じた指導」で、この「個に応じた指導」を学習者視点から整理した概念が「個別最適な学び」である。

次の柱は**協働的な学び**である。個別最適な学びが孤立した学びに陥らないよう、**探究的な学習や体験活動等を通じ、子ども同士で、あるいは多様な他者と協働**しながら、他者を価値ある存在として尊重し、様々な社会的変化を乗り越え、持続可能な社会の創り手となることができるよう、必要な資質・能力を育成する「協働的な学び」を充実する。**一人一人のよい点や可能性を生かすことで、異なる考え方が組み合わさり、よりよい学びを生み出す。**知・徳・体を一体的に育むためには、教師と子供、子供同士の関わり合い、自分の感覚や行為を通して理解する実習・実験、地域社会での体験活動など、様々な場面でリアルな体験を通じて学ぶことの重要性が、AI技術が高度に発達するSociety 5.0時代にこそ一層高まる。

● **子供の学び・義務教育**

① 新たなICT環境や先端技術の活用等による学習の基盤となる資質・能力の確実な育成、多様な児童生徒一人一人の興味・関心等に応じ意欲を高めやりたいことを深められるる学びの提供

② 学校ならではの児童生徒同士の学び合い、多様な他者と協働した探究的な学びなどを通じ、地域の構成員の一人や主権者としての意識を育成

③ 生活や学びにわたる課題（虐待）の早期発見等による安全・安心な学び

第3章 こんなときどうする？ ポイントはここだ！

👉 **POINT**

◎ 全ての子供たちの可能性を引き出す、個別最適な学びと、協働的な学びを実現する

◎ 新学習指導要領の着実な実施により、「令和の日本型学校教育」を実現する

教師の服務事故とは？

➡ 職責の重さに鑑み高い使命感と倫理観が必要
　 児童生徒と教員との間に深い信頼関係が必要

質問例 教師の服務事故の具体例を挙げ、服務事故が起こってしまう理由を説明してください。また服務事故を防ぐために日頃からどのようなことに気をつけますか？

教員の服務事故

　約144万5千人いる（令和2年度）教員の多くは公立学校の教員である（約65%）。公立学校の教員は地方自治法により「服務の宣誓」をしなければならない。教員として発令される最初の日に、教育委員会主催の行事の中で、あるいは校長室等で校長等の前で「宣誓書」を読み上げたり署名したりする。

　また、マスコミ等を通じて、教員のわいせつ行為や体罰、飲酒運転等の報道に触れることがある。令和3年度「公立学校教職員の人事行政状況調査について」では、懲戒処分の状況が公表されている。➊ 具体的には、交通事故、体罰、わいせつ行為等、公費の不正執行又は手当等の不正受給、国旗掲揚・国歌斉唱の取扱いに関わるもの、個人情報の不適切な取扱いに関わるもの、パワーハラスメント等教職員同士のトラブルに関わるもの等である。これらが、いわゆる教師の服務事故に該当する。

地方公務員の服務の根本基準

　服務（公務員が職務遂行上又は公務員としての身分に伴って守るべき義務ないし規律）に関して、地方公務員と民間企業の従事者とはどう違うのだろうか。また、教育公務員と一般公務員ではどう違うのだろうか。憲法第15条に基づき、地方公務員は全体の奉仕者として公共の利益のために勤務し、かつ職務の遂行にあたっては、全力をあげてこれに専念しなければならない。

　また、法律に定める学校は、すべて公の性質を持ってい

➊ 公立学校教員の懲戒処分等（令和3年度）
・交通事故（2366件）
・体罰（340件）
・個人情報の不適切な取扱い（342件）
・性犯罪・性暴力等（215件）
・公費の不正執行・手当等の不正受給（51件）
・パワーハラスメント等教職員同士のトラブル（58件）
　なお、わいせつ教員対策法が令和4年4月から施行された。

● もう一度確認しよう服務の基礎知識
・服務の根本
・服務の基本的事項
・行政処分
・教職員が負う責任
・服務事故再発防止研修

➋ 教育公務員特例法第1条
　「この法律は、教育を通じて国民全体に奉仕する教育公務員の職務とその責任の特殊性に基づき、教育公務員

る。したがって、公立・私立を問わず、法律に定める学校の教員は、全体の奉仕者であって、自己の使命を自覚し、その職責の遂行に努めなければならない。特に教育公務員については、教員の職務と責任の特殊性に基づき、その身分取扱などについて、国家公務員法や地方公務員法に対する特別法として、教育公務員特例法を設けている。**➡**

地方公務員の服務義務

服務義務は、大きく分けて「職務上の義務」と「身分上の義務」がある。**➡** 服務義務に違反した場合は、懲戒処分の対象となり、重大な義務違反に対しては刑罰の対象となる。

教職員としての職責の重さと高い使命感と倫理観

教職員は、児童・生徒の成長に大きな影響を与えることから、専門的知識はもとより、豊かな人間性と使命感が求められる。東京都では、その職責の重さを十分に理解し、倫理観や規範意識等をより一層高め、服務の厳正に努めることが必要であるとする「教職員の服務に関するガイドラインについて」を策定しているが、各道府県でも同様のガイドラインを策定しているので参考にするとよい。

教職の場は児童・生徒と教員との信頼関係の下で成り立っている。もし、教員のわいせつ行為や体罰、飲酒運転等の法律違反が発覚すると、児童・生徒との信頼関係が崩壊し、保護者から強い批判が投げかけられる。さらに、教員自身の家族も奈落の底に突き落とされることにもなる。

教員を志す者はもちろんのこと**教員には、その職責の重さに鑑み、高い使命感と倫理観が求められる。**

の任免、給与、分限、懲戒、服務及び研修等について規定する」

➡ 〈職務上の義務〉
- 法令及び上司の職務上の命令に従う義務
- 職務に専念する義務
〈身分上の義務〉
- 信用失墜行為の禁止
- 秘密を守る義務
- 政治的行為の制限
- 争議行為の禁止
- 営利企業等の従事制限

● **子供たちや自分を守る、具体的な行動を考えよう（例 わいせつ行為）**
- 個別指導は絶対に一人で行わず複数で
- 不必要な身体的接触は決して行わない
- 自家用車など密室で2人きりにならない
- 管理職の許可なく、児童生徒の自宅を訪問しない
- わいせつ行為は刑法違反、青少年健全育成条例違反、児童福祉法違反等に該当する可能性がある重大な非違行為である
- 性的言動は全てセクシュアルハラスメント

👉 POINT

◎教員は全体の奉仕者であって、自己の使命を自覚し、その職責の遂行に努めなければならない
◎教育は児童・生徒と教員との信頼関係で成り立つ
◎服務事故は自分だけではなく、家族を巻き込むことにもなる

スマホが欲しいとせがまれた！

➡ 子どもと保護者がよく話し合うことが大切
　様々な問題の存在や家庭でのルールづくりの必要性を助言

質問例　保護者から「友達のほとんどはスマホ（スマートフォン）をもっているので私も買ってほしいと子どもから購入をせがまれている」との相談を受けました。あなたはどう対応しますか？

スマホの利用と様々な問題

　近年児童生徒が、スマホやタブレットでインターネットを利用する機会が急増している。

　それに伴って、インターネット上での「学校裏サイト」（学校非公式サイト）などを利用し、特定の児童生徒への誹謗中傷が行われたり、出会い系サイトなどにアクセスして不当な料金を請求されたり売春などの事件に巻き込まれたりするケースも多く見られるようになった。

　このような問題も発生している折、子どもにスマホをもたせることに保護者の心配が高まっている。この相談をしてきた保護者も、子どもの要求に困り果てている状況がうかがえる。

まずは、保護者の考えを聴く

　子どものスマホの所有率が年々高まっていることは事実であり、子どもから購入をせがまれるといったことは起こりがちなことである。そこで、相談を受けた教員としては、子どもがスマホを所有することについて、**保護者はどのように思っているのか、どう考えているのかなど**といったことを、まずよく聴くことが必要である。

　例えば、両親が働いており、急用などが起こった際に緊急に連絡したことが時折あるとか、スマホを正しく利用する方法などを身に付けさせたほうがよいと考えているのか、あるいは逆に、様々な問題がスマホにまつわって起こっているから絶対に児童や生徒の年齢ではもたせるべきでないと考えているのかなど、事情も考え方も様々だからである。

●スマホ、使い始めの主な注意点

〈ルール作り〉
・時間（何時まで／何分間まで）、場所（寝室に持ち込まないなど）、場面（食事中は使わない）
・子どもと一緒に考え、守れるルールを作る
・守れなかった時のペナルティーを決める

〈SNS〉
・自分や家族、友だちの個人情報は書き込まない
・居場所が特定できる内容や写真はアップしない
・友だちの写真をアップする場合は必ず許可をとる
・一度載せたら完全には消せない
・LINEは誰でもつながらないように設定する
・最初は家族間で使い、マナーや表現方法を学ばせる

〈その他〉
・アプリは親がまず使う。位置情報や電話帳機能など目的外の情報にアクセスするものは要注意

また、父親と母親とで考え方が一致しているのかどうかということも聴くようにする。この件に関しては、十分保護者間でも方針や考え方を確認した上で、子どもともよく話し合うことが必要だからである。子どもから購入をせがまれても、このことについて何度も何度も話し合うことの大切さを助言する。

 ### 家庭でのルールづくりの必要性を助言

家庭での話し合いの結果、必要がない限りスマホ等をもたせない。また、親子での話し合いの結果スマホ等をもたせることを認めることになったとしても、保護者が子どものスマホの所有についてしっかりとした考え方をもち、その利用に関して、子どもとの一定の約束事を厳に守らせることが大切である🔟

例えば、学校へのスマホのもち込みが禁止されている場合はスマホを学校にもっていかないこと、有害サイトへのアクセスはしないこと、他人に迷惑をかけるようなメールや書き込みは一切しないこと、最初に設定されたこと以外、特段料金のかかる行為はしないこと、使用料金は一定の金額を超えないこと、フィルタリングを設定することなどがある。そして、この約束事を守れなかった場合には、スマホの所有をやめることにするなど、しっかりとしたルールづくりを助言したい。

最近では、子どもの非行や犯罪被害防止のために、スマホなどの使い方のルールを示す自治体も増えている。家族がいる場所で使う、食事や夜9時以降は使わない、個人情報を書き込まない。許可なく写真や動画をアップロードしないなど、より具体的である。

（朝日新聞2019年2月16日）

🔟 きちんとルールを定めた後も、子どものスマホ利用の状況を保護者がきちんと把握する必要がある（P.66参照）。

●ダメな対処法
　教員のほうから「認めるべき」「絶対に許可してはいけない」などと、一方的に考えを話してそれを強制してはいけない。あくまで子どもと保護者の間で話し合い、保護者が決断することが必要である。なお、このことに関して学校としての方針などがあれば丁寧に説明する必要がある。

●学校における携帯電話の取扱い等について（文科省通知）
　小中学校については、携帯電話の学校への持ち込み原則禁止。ただし、緊急連絡など止むをえない場合には例外的に認める。高校の場合には、教育活動に支障が生じないよう校内における使用制限。「ネット上のいじめ」等に対する取組の徹底などを求めた。

第3章 こんなときどうする？ ポイントはここだ！

👉 POINT

◎スマホの利便性と危険性について子どもと保護者が話し合うことを勧める
◎買い与えるのであれば、一定のルールづくりを行う必要性
×教員の意見を押し付けるようなことはないようにしたい

場面 93 学校の教育内容はどう変わったの？

➡ 保護者にとって聞きなれない用語や難しい内容を
いかにわかりやすい言葉で話すかがポイント

質問例　保護者から「今度学校の教育内容が変わったと聞いたが、何が
どのように変わったのか教えてほしい」との質問がありまし
た。あなたはどう対応しますか？

 学習指導要領が目指す教育の実現と新学習指導要領

令和3年度『文部科学白書』では、学習指導要領が目指す教育の実現について次のように述べている。

> 学習指導要領は、子供たちが全国どこにいても一定水準の教育を受けられるようにするために、学校が編成する教育課程の大綱的基準として、国が学校教育法等に基づいて定めるものであり、これまで、おおむね10年ごとに改訂してきています。令和2年度から順次実施されている学習指導要領では、よりよい学校教育を通じてよりよい社会を創るという理念を学校と社会が共有し、社会と連携・協働しながら新しい時代に求められる資質・能力を育む「社会に開かれた教育課程」の実現を重視しています。その上で、子供たちの「生きる力」を育むために、主体的・対話的で深い学びの視点からの授業改善やカリキュラム・マネジメントの充実を通して、これからの時代に求められる資質・能力を一層確実に育むことを目指しています。➡
>
> 近年、情報技術の急激な進展を背景とした人工知能（AI）の飛躍的な進化やグローバル化の進展などに伴い、社会の変化は加速度を増し、複雑で予測困難となってきています。一人一人の子供たちが、自分の良さや可能性を認識するとともに、あらゆる他者を価値のある存在として尊重し、多様な人々と協働しながら様々な社会的変化を乗り越え、豊かな人生を切り拓き、持続可能な社会の創り手となることができるようにすることが求められます。このような時代において、子供たちが未来を切り拓くために必要な資質・能力を確実に育成するため、平成28年12月の「幼稚園、小学校、中学校、高等学校及び特別支援学校の学習指導要領等の改善及び必要な方策等について（答申）」を踏まえ、29年から31年に学習指導要領等の改訂が行われました。➡

1 「生きる力」を育むことの理念を重視した新しい学習指導要領について、保護者や地域社会の共通理解を図っていくことは、これからの学校教育、特に「開かれた学校づくり」を推進していく上でも重要である。

● 「生きる力」
- 基礎基本を確実に身に付け、自ら課題を見つけ、自ら学び、自ら考え、主体的に判断し、行動し、よりよく問題を解決する資質や能力
- 自らを律しつつ、他人とともに協調し、他人を思いやる心や感動する心などの豊かな人間性
- たくましく生きるための健康や体力など

2 新学習指導要領の実施は、小学校が令和2年度から全面実施され、中学校は令和3年度から全面実施された。高等学校は、令和3年度までが移行期間で、令和4年度から年次進行で実施されている。

新たな学習指導要領の特色

　新たな学習指導要領では、小学校は5・6年に教科としての「外国語」が設けられ、これまでの「外国語活動」は3・4年で行う。中学校の「外国語」の英語の授業では、授業を実際のコミュニケーションの場面とするため、英語で行うことを基本としている。高校では、公民科に必修の科目の「公共」を新設し従来の「現代社会」はなくなった。地理歴史科では「地理総合」「歴史総合」が設置され、「探究」の名称がついた「古典探究」「地理探究」「日本史探究」「世界史探究」「総合的な探究の時間」が設けられた。

　また、知識の理解の質を高め資質・能力を育む「主体的・対話的で深い学び」の実現を目指し、「何ができるようになるか」を明確化し、子供たちに育む「生きる力」を資質・能力として具体化し、「何のために学ぶのか」という学習の意義を共有しながら、授業の創意工夫や教科書等の教材の改善を引き出していけるよう、各教科等の目標及び内容を、①知識及び技能、②思考力、判断力、表現力等、③学びに向かう力、人間性の三つの柱で再整理されている。さらに、主体的・対話的で深い学びの実現に向けて、「アクティブ・ラーニング」等の導入などによる授業改善や各学校におけるカリキュラム・マネジメントの確立などが示されている。

　なお、小中学校の教育内容の主な改善事項として、①言語能力の確実な育成、②情報活用能力の育成、③理数教育の充実、④伝統や文化に関する教育の充実、⑤体験活動の充実、⑥外国語教育の充実、が示されている。**3**

3「学校の教育活動を進めるに当たっては、各学校において主体的・対話的で深い学びの実現に向けた授業改善を通して、創意工夫を生かした特色ある教育活動を展開する中で、児童に生きる力を育むことを目指すものとする（一部省略）」としている。また、「生きる力を育むことを目指すに当たっては、学校教育全体並びに各教科、道徳科、外国語活動、総合的な学習の時間及び特別活動の指導を通してどのような資質・能力の育成を目指すのかを明確にしながら、教育活動の充実を図るものとする。その際、児童の発達の段階や特性等を踏まえつつ、①知識及び技能が習得されるようにすること、②思考力、判断力、表現力等を育成すること、③学びに向かう力、人間性等を涵養すること、が実現できるようにするものとする（一部省略）」としている（新小学校学習指導要領総則）。

第3章　こんなときどうする？　ポイントはここだ！

☞ POINT

◎学習指導要領は学校教育の基準を示すものであり、時代の進展や社会の変化などとともに、ほぼ10年ごとに改訂されてきたことも説明する必要がある
◎専門用語や難しい内容をわかりやすい言葉で説明
◎学習指導要領改訂の特色や変化の内容を具体的に伝える

世話をしてくれた子どもにお礼が言いたい！

➡本人はもとより
全児童生徒に人助けの大切さについて紹介する

質問例 「駅で気分が悪くなった私の世話をしてくれたのは、制服から判断するとお宅の子どもさんだと思います。その子に感謝の気持ちを伝えたいのですが」という電話がありました。あなたはどう対応しますか？

学校としても大変うれしいこと

学校への電話はいつも苦情ばかりではない。質問例にあるような児童生徒の美談もある。

このような電話をもらった場合は、本校にそのような優しく温かな心をもつとともにその実践ができる行動力のある児童生徒がいたことは、学校としても大変うれしいことであると、率直にその気持ちを相手に伝えることが大切である。

次に、その当日の様子を少し詳しく話してくれるようお願いする。というのは、いずれはこのような児童生徒がいたことを、子どもたちにも伝える必要がある。そのためにもその経緯などを詳しく聞いておくことが必要なのである。

そして、ご丁寧に連絡をくださったことに対して、**学校として今後児童生徒の集会などを利用して、電話をいただいたそのお気持ちを児童生徒に伝えます**といった、今後の対応などについてお話しをする。**■**

全校集会で顕彰

全校集会では、連絡をいただいたことを全児童生徒に伝えるとともに、当該児童生徒に対しては当日お礼の言葉をきちんと伝えることができなかったが改めて感謝の気持ちを伝えたいとの気持ちで電話があったことなども詳しく伝える。**■** そしてこのような行為は「他人を思いやることのできる温かな心」「生命を大切にし、人権を尊重するという心」「正義感や公徳心に満ちあふれた行動」であることな

■ このような電話があった場合は、その内容をまず校長などの管理職に伝えることが必要である。またそのあとに、本文で示したような内容を再確認した上で、すべての児童生徒に伝えるとともに、道徳教育の一層の推進を提言するとよい。教育の成果を一層生かしていくということである。

■ 当該児童生徒が判明したら、保護者へも電話の内容を伝えることが必要である。保護者も我が子の優しい温かな心やその対応力や行動力などをほほえましく思うに違いない。改めて家庭でもそのような行為の大切さなどを本人に伝え称賛することも大切である。

どを踏まえて児童生徒をほめるということが必要であり、学校としてもそのような心豊かな思いやりのある温かな心をもった児童生徒がいることは、大変誇りであるということを率直に児童生徒に話すことが必要である。

　特に最近の子どもたちは、自己中心的傾向が強く、他人の立場に立つことや相手の心を思いやるといったことに欠けるとの指摘もある中で、このような行為はまさに美談であるといったことも伝えることにする。

　このような話を聞いた児童生徒一人ひとりは、きっとすがすがしい気持ちになるとともに、学校に対する愛校心や誇りをこれまで以上にもつとともに、今後の一人ひとりの児童生徒の生き方（在り方生き方）にもよい影響をもたらすことになると思われる。

道徳教育の推進の契機とする

　面接では、このことをきっかけとして、これまでの道徳教育を一層推進することが必要であるということも指摘しておきたい。

　道徳教育では、児童生徒一人ひとりが人間尊重の精神と生命に対する畏敬の念を培い、それらを家庭、学校、社会などでの具体的な生活の中に生かすことができるようにしなければならないことを、面接の折に触れて話すことが重要である。というのは、このような事実を単に当該児童生徒に知らせてほめるだけで終わりとせずに、今後の、特に道徳教育推進に役立つようにするといった着眼点を述べるのである。きっとそれは、広い視野に立った回答になるはずである。

●ダメな対処法・考え方

　あってはいけない対応としては、電話の内容を「自分止まり」にしてしまうことである。たとえそのとき、丁寧な電話対応をしたとしても、「自分止まり」にせずに、学校全体で共有することである。このことによって、教員一人ひとりのこれまでの児童生徒観にも影響を与えるはずである。

●ココにも注意！

　たとえこのような電話があったとしても、当該児童生徒の氏名や住所などを電話の相手に伝えてはいけない。このようなことで、児童生徒の情報を聞き出そうとすることはないと思われるが、それとは関係なく、「児童生徒の個人情報」はきちんと守る必要があるので留意すべきである。

第3章　こんなときどうする？　ポイントはここだ！

👉 POINT

◎学校としても大変うれしいと率直に伝える

◎思いやりのある心、温かな心、相手の立場に立っての行動などの大切さを全児童生徒に伝える

◎道徳教育の一層の推進の重要性を全教職員で確認することが必要

×電話の内容を自分止まりにせず、校長や保護者などにも報告が必要

学校からの騒音が迷惑!

➡学校教育にも理解を得るとともに
学校から周辺に出る音が軽減されるように努力する

> **質問例**
>
> 「学校から聞こえてくる騒音に悩まされている。最近は施設開放で夜遅くまで活動し、土日も部活動などがあり、落ち着いた生活ができない」との電話がありました。あなたはどう対応しますか?

学校の騒音は「校害」?

学校は元気な子どもたちが活発な活動をしている場所であり、様々な音や声を発している。学校の校内放送、音楽の授業での楽器の音や歌声、運動会などの学校行事の際の放送や音楽そして歓声など取り上げればきりがない。

放課後や休日の部活動、学校の施設開放に伴う地域の方々の学校での活動も盛んになってきている。近隣に住む人々の中には、学校からの聞こえてくる声や音を騒音と感じる人も少なくなく、「校害」などと呼ばれることもある。**1**

無視することなく丁寧に対応

電話の主は学校の近隣の方であることは間違いない。騒音だけでなく、日頃何かと迷惑をかけていることも予想できる。一般には、学校から聞こえてくる音や声などは当然ありうることとして、苦情にはならないことが多い。しかし、学校に隣接して生活している人々にとっては、毎日毎日朝から夜までということもあって、苦痛と感じることもあるだろう。それは、そこに住んでみなければわからないことでもある。だからこそ、そのような苦情に対しては、**無視することなく、慎重かつ丁寧に対応することが必要である。2**

具体的には「うちの学校は部活動が活発なので」「うちの学校は明るく元気にをモットーとしている」「学校なので多少の音が出るのは当然」などと、一方的に相手の苦情に対して弁解気味のことを言ったり、相手の話を否定するような話をしてはいけない。まず大切なのは、相手の話や

1 学校内では特段気にならないことであっても、学校へ申し出た人にとっては、学校から聞こえてくる音は騒音なのである。まずは、相手の立場に立つことが大切である。

2 こうした苦情は、住宅が密集している都市部の学校ではよく起る問題である。

これからの学校は、地域と一体となって子どもたちを育む「地域とともにある学校」へと転換していく必要がある。また、地域においても、学校と連携・協働して地域住民が子どもたちの成長を支える活動に参画する基盤を整備することが重要である。

コミュニティ・スクール(学校運営協議会制度)で学校を取り巻く諸課題について検討し、地域住民等の参画により地域全体で子どもたちの学びや成長を支える「地域学校協働活動」の中で具体的な取組みを進めていく(P.243の注を参照)。

言い分をよく聴くということである。そしてそれらを受容し、共感する姿勢や態度を示すことなのである。

学校の立場や多様な活動への理解

　学校においては、多数の児童生徒が活動しており、それに伴い必要な音楽や放送あるいは児童生徒の声などの音が発生することは避けられない。活動が活発な学校ほどこれらの音量は高まることもある。申し出のあった近隣の人からすれば、これが「騒音」となるのである。[3]

　このギャップは埋めがたいところもあるが、指摘を受けた教員としては、まずはこの学校が有する特殊な事情を丁寧に説明し、理解を得る努力をする必要がある。だからといって我慢してくださいの一点張りでは、相手も「はいそうですか」とはいかないだろう。

　そこで、次なる対応としては、そのような指摘に対して、学校が努力していることを具体的に説明することだ。例えば、楽器などを演奏する場合は、住宅から最も離れた教室をあてているとか、スピーカーは住宅の少ないところから学校の校舎に向けて、しかもやや下に向く角度で設置し、利用する際の時間や音量も制限しているとか、児童生徒の声が大きくなりがちな場合は教室の窓を閉めさせるなどの努力を学校や子どもたちはしていることをきちんと説明するのである。そして、最後に「今日ご指摘のあったことは上司や生徒指導部の教員などにも伝え、ご迷惑を少しでも減らすことができるように努力します」「今後とも本校の子どもたちの教育活動にご理解とご協力をお願いいたします」と伝えることだ。

[3] 騒音に関しては「騒音規制法」がある。この法律は、各種の騒音から、国民の健康を保護することを目的として、工場や事業場や建設作業などから出る騒音に対し、様々な規制や許容限度などを定めている。しかし、学校は、この法律の対象にはなっていない。だからといって、近隣の人々に一方的に我慢するのが当然だなどと考えるのは誤りである。

●学校環境衛生基準
　学校保健安全法に基づく学校環境衛生基準では、教室内の等価騒音レベル50デシベル以下、窓を開けている時は55デシベル以下が望ましいとされる。なお、東京都環境局による生活騒音は、日常の人の話し声は50〜61デシベル、大声の場合は88〜99デシベル。ピアノは80〜90デシベルとされる。

第3章 こんなときどうする？　ポイントはここだ！

☞ POINT

◎これからの学校は、学校の目標やビジョンを保護者や地域住民と共有し、「地域とともにある学校」への転換が必要

◎改善策を具体的に考え、それをできるだけ早く実行する

×学校教育だからといって、近隣の方々に迷惑をかけてもいいというわけではない

学校の災害対策は大丈夫ですか？

➡ 安全計画がなければ至急作成する、
あれば見直しを進める

質問例 学級の保護者会で、「学校の災害対策はどうなっているか」との質問がありました。あなたはどう対応しますか？

災害対策に弱い学校

学校安全に関して、これまで学校は様々な取組みを行ってきた。教科や学校行事、部活による事故対策、交通事故対策、不審者対策など枚挙に暇がない。多くの実践があり、指導の成果がある。

しかし、安全教育のうち「防災教育」については必ずしも十分とはいえない。多くの学校では、火災や地震を想定した避難訓練や初期消火訓練等を行い消防署等の指導を受けてはいるが、どこか年中行事化している実態もある。保護者会での指摘を受けて再検討してみるよい機会である。

学校安全の考え方と安全教育の見直し

学校や教員には、児童生徒の生命や身体の安全を確保するために必要な指導・監督を行う義務がある。**学校安全は、安全教育と安全管理、組織活動を3本柱としている。**安全教育は安全学習と安全指導からなり、安全学習は教科や特別活動等の学習を通して安全についての法則性や理論について学び、安全指導は生活の中にある危険に気付いて、的確な判断の下で適切に対処し適切な行動が取れるような態度や能力を育成することを目指している。なお、安全管理は対人管理と対物管理からなり、組織活動は校内の協力体制の確立と保護者や地域との連携が課題となる。

この際、学校で行ってきた安全教育を見直し、安全学習と安全指導との有機的な関連を図るとともに、学校保健安全法に基づき、阪神・淡路大震災や東日本大震災等の知見を踏まえて、学校安全計画を策定し、消防署等関係諸機関

1 安全教育は、安全学習と安全指導とを統合する概念である。内容としては、生活安全、交通安全、災害安全の3つを含むが、防災を含めて考えるのが妥当である。安全教育のねらいは事故をなくすことのみが目的ではない。心身ともに健康で安全な生活を送るための態度と能力を身に付けることが重要であり、常に安全に行動することができ、それが持続的な態度となる人を育てることである。

・安全学習—理科、社会、家庭などの教科や総合的な学習（探究）の時間、特別活動等を通して安全に関する知識・技能を習得する。

・安全指導—学級（ホームルーム）活動や学校行事、部活動等を通して、危険に気付いて的確な判断のもとで適切に対処したり、事故が起こった際にも適切な行動が取れるように、実践的な態度や能力の育成を目指して、計画的・継続的に進められるものである。

の指導の下で避難訓練を実施することが必要である。

子どもの「生きる力」の育成を図る

学校では、子どもが「自ら判断できる力」を育てることが課題となっている。マニュアルの暗記ではなく問題の構造を理解し、判断し行動し、常にそれを修正する力である。「自ら判断できる力」が注目されたきっかけは「釜石の奇跡」である。それは新しい学力観と共通している。教科や特別活動、総合的な学習（探究）の時間等を活用して、こうした生きる力を育成することが大切である。

最近では、ICTを使った教材を防災教育に活用する取り組みが広がっている。デジタル技術によって効率よく避難経路を考えたり、被災地とオンラインで遺構を見学したりするなど、防災意識を高める効果が期待される。

保護者や地域社会との連携を進める

防災教育に関しては、保護者や地域社会等との連携が大切である。保護者会等で災害に関する学習会を学校側と共催で開いたり、学校での避難訓練に保護者が参加したり、地域の避難訓練に生徒が参加するなどを考える必要がある。

また、全国の公立学校の9割が災害時の地域住民の避難所に指定されている。防災面でも学校と地域社会との連携が欠かせない。地域住民等の参画により、地域と学校が連携・協働しながら、地域全体で子どもの成長を支え、地域を創生する活動を行っている**地域学校協働本部**や**学校運営協議会（コミュニティ・スクール）**などと連携して、防災学習や防災訓練等に取り組むなど、地域社会全体で防災教育に取り組む体制を確立することが期待される。

2 「津波てんでんこ」（津波の避難は1秒を争うので、てんでんばらばらに逃げるしかない）の教えで（想定にとらわれない、その時の状況下で最善を尽くす、自ら率先して避難するの3原則）岩手県釜石市鵜住居地区の児童生徒約570人全員が無事に避難した。8年前から取り組んだ防災教育の成果といわれる。

3 **地域学校協働活動**は、学習支援や部活動支援、子どもの安全見守り、防災キャリア教育、郷土学習、学校周辺環境整備など、家庭教育支援、地域活動などを行っている。こうした地域学校協働活動は、社会教育法第5条2項に位置づけられている。

なお、第3次「学校安全の推進に関する計画」では、学校安全に関する組織的取組や安全教育の充実、学校の施設・設備の整備充実、学校安全に関するPDCAサイクルの確立、家庭、地域、関係諸機関との連携・協働の推進を求めている。

第**3**章 こんなときどうする？ ポイントはここだ！

👉 POINT

◎学校安全体制と安全教育の見直しを進める
◎自ら判断し、主体的に避難行動できる児童生徒を育てる
◎学校運営協議会や地域学校協働本部等との連携を進める
×安全教育を他人事と考えること

学校での様子がわからない！

➡ 保護者・家庭側の問題とせず、
組織上の問題としてとらえて対応を考える

質問例 保護者から、わが子の学校での様子がわからないという連絡が
あった場合、どのように対応しますか？

早速上司に報告し連絡内容について確認・協議する

連絡を受けた学級担任はその内容を自分だけの問題とは
せずに、早速学年主任にその内容を伝えることである。こ
うした問題はどの学校種においても生じることであるが、
比較的小中高校へと段階が進むにつれて減少する傾向のよ
うである。また、それは保護者等の学校に対する関心度と
も比例しているという考え方もある。つまり学年、あるい
は小中高へと段階が進むにつれて、学校に対する保護者の
関心が薄れる、いうことである。

これらのことを踏まえて、相談を受けた学年主任は学年
会の問題にするとともに、学年主任は校長や副校長（教
頭）等も参加する主任会議（運営委員会）での協議課題と
する。なぜなら、保護者や地域社会との協力・連携なしに
は学校運営を進めることが難しいからである。

連絡の内容と課題の整理・検討

児童生徒は保護者に学校や学級の様子をあまり伝えてい
ないことも多く、学校からの連絡文書等も保護者の元には
届かないことがある。他方、学校側にしても、三者面談や
PTAの会合など保護者に直接説明する機会や、学校だよ
り、学年・学級通信（だより）などの発行回数が少ないな
ど、学校から発信される情報が少ないことが問題として挙
げられるだろう。

学校運営には広聴・広報活動の充実が重要

学校は教育目標の実現に向けて、保護者や地域住民の声

●こんな質問が来る！

質問例に続けて、
「学校の様子を知らせ
るために他に何ができ
るか」「学年通信を発
行するときに保護者に
何を伝えたいか」など
の質問が来ることがあ
る。

**● 地域と学校の連
携・協働の現状**

令和4年5月現在、
コミュニティ・スクー
ル（学校運営協議会制
度）を導入している学
校数は、1万5221校
（全体の42.9％）。ま
た、地域学校協働本部
がカバーする学校数は
2万568校であり、
本部数で見ると、1万
2333本部。地域学校
協働活動の一環とし
て、地域住民等の協力
を得て子供たちに学
習・体験活動等を提供
する「放課後子ども教
室」は1万7129教室
が実施されている。

を踏まえて、学校運営を進めていかなければならない。そのためには学校の教育目標や実際の運営の状況等を保護者や地域住民等に伝えていかなければならない。日頃から学校の考え方や活動等を様々なコミュニケーション・ツールを使って周知を図る必要がある。それには学級・学年通信、学校・PTA広報誌や映像等を使うことが考えられる。

また、学校見学、授業参観、各種学校行事や部活動の公開、学校開放等を行い、実際に児童生徒の動きや様子を直接見ていただく機会を多く設けることが必要である。さらに、**コミュニティ・スクール（学校運営協議会を設置した学校）**と地域学校協働活動を一体的に推進し、学校運営の基本方針や学校運営・教育活動（教育育課程や生徒指導等）についての学校側の説明に対して、委員会側も意見を述べるなどして、学校の様子や動きに深くかかわり、その結果を保護者等と共有するなど、開かれた学校経営に努めることである。

 開かれた学級と広聴・広報活動の校務分掌化

教育活動の基盤となる学級を児童生徒と保護者及び担任教師の三者が生き生きと生活できる場にしたいものである。そのためには学級の一人も取り残さない取組が求められる。また、学校の考え方や運営の在り方等について、広く周知・理解されるよう、教務部や生徒指導部等の**校務分掌の一つとして新たに広聴・広報部などを設置する**ことが求められる。

1 学校の様子については、身近な学級内の様子から教育課程や生徒指導、PTAや学校運営協議会など、学校全体の動きに係わるものなど、多様なものがある。

したがって、どのようなコミュニケーション・ツールを使えばよいのか、また、多様な情報を整理して確実に保護者に伝えるために新たに、例えば校務分掌の一つとして広聴・広報部などを設置して情報の収集・発信の責任分掌としてもよい。

児童生徒にとって最も身近な学級内のことについては、これまでの電話や連絡帳から、メールやアプリなどに移行するなどデジタル化を進める。その場合、保護者の協力や情報活用上の心得等を共有する必要がある。

☞ POINT

◎苦情の内容を早速上司に報告し、学級担任個人の問題とせずに組織上の問題とする

◎保護者等から児童生徒の様子をしっかり聴き取り、家庭と学校のそれぞれの問題点と課題等を明らかにして対応する

◎開かれた学校づくりと広聴・広報活動の必要性について理解する

×学校側の問題ではなく、保護者・家庭側の問題とすること

第**3**章 こんなときどうする？ ポイントはここだ！

「中1ギャップ」への対応！

➡ 小学校から中学校への円滑な接続が必要であり、
一人ひとりの子どもへのきめ細かな対応も必要

> **質問例**
> 「中1ギャップ」という言葉がよく話題になりますが、この課題に対してあなたはどう対応しますか？

「中1ギャップ」とは

　小学校から中学校に進学すると、生徒を取り巻く友人関係や教員との関係、学習の内容や方法、学校の組織や規則などの環境が大きく変化し、これまでの小学校時代には経験や体験などをしなかったことが次々と起こる。このように、小学校6年生から中学校1年生になるときの急激な環境の変化になじめなかったり、ついていけなかったりして不適応の状態などが生じることを「中1ギャップ」と呼ぶ。

　「中1ギャップ」に伴って様々なストレスが生じるため、いじめや不登校問題等の発生と関係が深い。現に暴力行為や不登校は中学1年生で急増している（いじめについては、最近小学校低学年が最も多く、中学校では中1が多い）。

　また、学習形態も、小学校では多くの教科を担任の教員が担当していたが、中学校では教科によって異なるため、ある教科や教員になじめなかったりすることも少なくない。その結果、学業不振といったことも起こる。

　友人関係も、これまでの仲よしグループの友人が別の中学校に行ってしまったり、同じ中学校に入学しても別のクラスになったりして、これまでのような友人関係を継続・維持することができなくなってしまうことに対する不安感や孤立感などが高まることもある。あるいは、小学校時代はリーダーシップを発揮するなどしてクラスの人気者であったが、中学校に行くとこれまでのようなリーダーシップを思うように発揮できず、自信を失ってしまう子どももいる。

　さらには、通学の方法や時間にも大きな変化があり、部

---

1 「中1ギャップ」を防ぐために、中学校とその学区域にある小学校の教員が、それぞれの児童生徒の実態や各学校での指導内容や方法などについて互いに話し合う（研修）場を定期的にもっていたり、中学校の教員が小学校へ出かけ、出前授業を行っている学校もある。小・中で合同で行事を開催したり、文化祭や体育祭などの学校行事に児童生徒を招くなどして、交流を普段から進めておくことも必要である。

2 より生徒理解を進めるために、1学級の定員を少なくすることや、複数担任の配置やティームティーチングを行ったりして生徒一人ひとりの実態をより丁寧に把握し指導することもある。

●**小中一貫教育**
　小中9年間を通じた教育課程を編成して系統的な教育を目指す。この学校は義務教育学校と呼ばれる。

活動などで朝早く起きなければならなかったり、ラッシュの電車に乗らなくてはいけないこともある。

いずれにしても、これまでの環境や生活リズムを大きく変えることが重なるので、生徒は大きな負担と感じている。このような様々な生活環境の変化への適応がうまくできないと、「中1ギャップ」という課題になってくるのである。

 ## 「中1ギャップ」への対応

このような急激な変化に生徒一人ひとりが戸惑わないようにするためには、小学校から中学校への接続を円滑にすることが求められる。

このことへの具体的な対応策を述べるに当たっては、中学1年生の担任になったつもりで考えるとよい。それには、まずは、**生徒一人ひとりの毎日の様子をきちんと把握することが必要である。**

特に入学当初は、中学校生活への希望や期待も大きいがその一方で不安も大きく心配事も多い。生徒の様子を個別的に把握し、できたら病院のカルテのようにその記録を一人ひとりファイリングしていく。この資料をもとにきめ細かく生徒とコミュニケーションを図り、生徒の実態を理解した上での信頼関係を構築していく。なお、高等学校では、中途退学や不登校などの問題の多くが高校1年生に集中しているところから、この時期を「高1クライシス」と呼ぶことがある。

生徒にとって、温かで居心地のいい学校、思いやりのある家庭的なクラスにしていくことが必要である。

「6・3」「4・3・2」「5・4」などの区切り方があるが、いずれも小学校と中学校の壁を取り除くため「中1ギャップ」の解消が期待される。学校基本調査（令和4年度）では全国の義務教育学校は178校である。

●**こんな質問が来る！**
「小1プロブレム」について問われることも予想される。「小1プロブレム」は、幼稚園から小学校1年生になると、子どもたちの生活環境が大きく変化することで起こる。幼稚園では「遊び」が学習の中心であるが、小学校1年生になると、着席しての学習が始まる。しかも多くのほかの児童と一緒に学習する形態になる。このようなことになじめず、教員の指示に従わず、勝手におしゃべりしたり、騒いだりしてしまう。教員の指示も徹底せず、まとまりのない学級、統率力のない教員と見られてしまうこともある。

👉 POINT

◎「中1ギャップ」の言葉の意味よりも、そのことに対してどのような指導が求められるかを述べる必要がある
◎中学1年では、「暴力行為」や「不登校問題」が急増し、「いじめ問題」が多いことなどを踏まえる
◎小学校から中学校への円滑な接続が必要

第3章 こんなときどうする？ ポイントはここだ！

LDやADHDの児童生徒の担任になった!

➡ その児童の教育的ニーズをきちんと把握した
きめ細かな指導が必要

質問
例

今度あなたが担当する学級には、LDやADHDの児童生徒がいます。あなたはどう対応しますか?

障害のある子どもの教育の現状

令和4年度『文部科学白書』では「障害のある子供については、その能力や可能性を最大限に伸ばし、自立し社会参加するために必要な力を培うため、一人一人の教育的ニーズに応じ、多様な学びの場において適切な指導を行うとともに、必要な支援を行う必要があります。現在、特別支援学校や小・中学校の特別支援学級、「通級による指導」においては、特別の教育課程や少人数の学級編制の下、特別な配慮により作成された教科書、専門的な知識・経験のある教職員、障害に配慮した施設・設備等を活用して指導が行われています。特別支援教育は、発達障害も含めて、特別な支援を必要とする子供が在籍する全ての学校において実施されるものであり、通常の学級に在籍する障害のある児童生徒に対しても、合理的配慮を含め、必要な支援を行う必要があります」と特別支援教育の現状が述べられている。

なお、特別支援学校の在籍者数は約15.1万人(令和5年8月)、特別支援学級の在籍者数は約35.3万人(令和4年5月)で、通級による指導を受けている児童生徒数は約18.4万人(令和3年5月)である。

LDやADHDへの正しい理解

次にLD(Learning Disabilities:学習障害)やADHD(Attention-Deficit/Hyperactivity Disorder:注意欠陥/多動性障害)の正しい理解に努めることだ。

LDは、基本的には全般的な知的発達に遅れはないが、

▶1 特別支援学級とは、障害の比較的軽い子どものために小中学校に障害の種別ごとに置かれている少人数の学級のことである。視覚障害、聴覚障害、知的障害、肢体不自由、病弱・身体虚弱、言語障害、自閉症・情緒障害などの学級がある。なお、学校教育法施行規則が一部改正され(平成30年施行)、高等学校における通級による指導が制度化された。

▶2 新中学校学習指導要領「総則」第4生徒の発達の支援には、特別な配慮を要する生徒への指導として、①障害のある生徒など、②海外から帰国した生徒など、③不登校生徒への配慮、④学齢を経過した者への指導や配慮事項が盛り込まれている。

障害のある生徒などについては、特別支援学校等の助言又は援助を活用しつつ、個々の生徒の障害の状態等に応じた指導内容や指導方法の工夫を組織的かつ計画的に行うものと

聞く、話す、読む、書く、計算する、推理する能力のうち特定のものの習得と使用に著しい困難を示す様々な状態を指す。ADHDは、年齢あるいは発達に不釣合いな注意力、衝動性、多動性を特徴とする行動の障害で、社会的な活動や学業の機能に支障をきたすものである。

 ## LDやADHDは通級による指導の対象に

学校教育法等の一部改正に伴い、平成18年4月から通級による指導の対象に、LD・ADHDなどの発達障害が新たに追加された。❸

通級による指導とは、小・中学校及び高等学校の通常の学級に在籍する障害のある児童生徒に対して、ほとんどの授業（主として各教科などの指導）を通常の学級で行いながら、一部の授業について障害に基づく種々の困難の改善・克服に必要な特別の指導を特別な場で行う指導形態である。対象とする傷害の種類は、言語障害、自閉症、情緒障害、弱視、難聴、LD、ADHD、肢体不自由及び病弱・身体虚弱などである。

LDやADHDに対する、共通的な一般化された指導法があるわけではないが、次のようなことに留意した指導が必要である。

- 子どもの実態を把握した上での指導
- 自信をもたせ自尊心を高める指導
- 子どもの実態に合った教材の作成とそれに基づいた指導
- 学習目標に対して低い階段をいくつも設けた指導
- 達成感や成就感を味わわせることを重視した指導
- ほめる、認めるといったことを重視した指導

される（小学校及び高等学校についても、④を除いて基本的には同様である）。

❸ 発達障害として、高機能自閉症も取り扱われている。高機能自閉症とは、自閉症のうち、知的発達の遅れを伴わないものをいう。幼児期には見過ごされてしまうことが多く、集団行動をする時期になると顕在化してくる。高機能自閉症の子どもには、実態の把握を様々な観点から行うことが必要である。優れた面に着目し、それを活用した指導を行うことや、多様な表現方法をとることへの理解と対応が必要である。また、問題を全体的に理解することが不得意であったり、過去の不快な体験を思い出し、パニック状態になることもあり、そのことに対しても適切な対応が求められる。

👉 POINT

◎特別支援教育に関する知識や指導の実際などについて熟知しておく

◎通級では保護者はもちろん特別支援学校や特別支援学級との連携も必要

◎LDやADHDなど、その子どもに対する対応の在り方などに関しての正しい認識が必要

◎その児童生徒の教育的ニーズをきちんと把握したきめ細かな指導が必要

第3章 こんなときどうする？ ポイントはここだ！

子どもの個人情報への対応！

➡ 公開か？　保護か？
　児童生徒のプライバシー保護が優先

質問例　学校には児童生徒のプライバシーにかかわるさまざまな情報があります。あなたは担任として児童生徒の個人情報をどのように取り扱いますか？

児童・生徒理解のための個人情報

　どこの学校でも児童・生徒理解を深めるために児童生徒に関する多様な情報を所持している。主なものとしては、指導要録、家庭調査票、通知表、テスト結果、出席簿、健康診断票、卒業生名簿、緊急連絡網等が挙げられる。そのほかに日常的に児童生徒の活動等を記録する生徒指導記録簿等を作成する担任もいる。児童生徒の懲戒等特別指導の状況を記録した記録簿を作成している学校も多い。

　いずれも児童生徒のプライバシーにかかわる個人情報である。学校はこうした個人情報を児童生徒から収集し、生徒指導に役立てている。「生徒指導は生徒理解に始まり生徒理解に終わる」といわれるように、生徒指導にとって、児童・生徒理解は最も重要な事柄である。

児童生徒や保護者のプライバシー保護が大切

　児童生徒や保護者の住所や電話番号、メールアドレス等が他人に漏れ、大量の勧誘や宣伝広告が送り付けられたり、児童生徒の成績や性格、身体的データ、家庭環境等が明らかになって、児童生徒が差別されたり、場合によってはいじめへと発展するようなことがあってはならない。

　学校はその特性から、各種の個人情報を収集保管している。したがって、個人情報の保護には最大の関心を払い、その取り扱いには十分配慮することが大切である。

　平成17年4月に施行された「個人情報保護法」では、学校における個人情報もその対象とされ、情報取得の目的や本人同意、個人情報の管理責任、本人からの保有個人デ

1 学校教育法施行規則第28条2項では、指導要録の「学籍に関する記録」は20年、「指導に関する記録」は5年間保存することが義務づけられている。

2 個人情報等の重要な情報を含んだ記録媒体、紙資料等を自宅にもち帰ったり、個人情報等の重要な情報を含んだデータを電子メールで送信したりしないことが大切である。「東京都学校情報セキュリティ対策基準」「個人情報の安全管理に関するモデル基準」では、個人情報の外部へのもち出しの禁止、個人情報の適正管理などを定めている。

3 地方公務員法や教育公務員特例法では、「法令等及び上司の職務上の命令に従う義務」「職務に専念する義務」などの職務上の義務を定めるとともに、「信用失墜行為の禁止」「秘密を守る義務」「政治的行為の制限」「争議行為の禁止」

ータの開示等が求められるようになった。なお、「改正個人情報保護法」では、個人情報の定義が明確化され、また、個人情報の保護が強化された。

 ## 個人情報の取り扱いと管理規定の作成

個人情報の流出等の現状や、個人情報保護法や地方自治体が作成した保護条例等を踏まえて、**各学校において児童生徒の個人情報の取り扱いや管理に関する諸規定を作成することが喫緊の課題**である。

学校が児童生徒から資料を収集する場合、児童生徒だけでなく保護者に対しても収集の目的と活用について明確に伝えるとともに、保護者から許可を得ることが大切である。

次に、収集した諸資料の扱い方である。担任が保管する学級の記録簿は鍵がかかる机に保管し、生徒指導部などほかの教員が使用する場合には、生徒指導主幹や学年主任の許可を受ける。指導要録や出席簿、健康診断表など、学校全体で取り扱う必要がある公簿については、教務部や保健部が管理し、使用に当たっては副校長等の許可を得る。

指導要録や入学選抜の資料など法律で保管年数が定められている場合を除き、例えば指導記録簿や学級日誌等については あらかじめ1～2年の保管期間を定めておくなど、個人情報をいつまでも保管しないようにする。

また、個人情報を学校から外部へもち出さないことや、教員が職務上知り得た情報の守秘義務を遵守することも重要である。個人情報を保護するために、学校における情報セキュリティへの対策を立てること、また、個人情報の保護に関する知識を深め、個人情報の保護に関するための技術を高める研修に取り組むことも必要である。

「営利企業等の従事制限」などの身分上の義務を定めている。

❹ 学校における情報セキュリティ対策としては、次のような取組みが考えられる。

- 個人情報を扱うコンピュータ、記録媒体等を限定し、適切に管理する。
- 個人ID／パスワードを設定し、第三者が不正に閲覧や改ざんができないようにする。
- 個人情報を保存するコンピュータ、記録媒体等のデータは、可能な限り暗号化する。
- 自宅の個人用コンピュータに、ファイル交換ソフト（Winnyなど）は絶対インストールしない。
- 記録媒体や資料等の廃棄には細心の注意を払う。

（東京都教職員研修センター「研修テキスト」）

第3章 こんなときどうする？ ポイントはここだ！

👉 POINT

◎児童生徒理解のために、児童生徒の個人情報が必要である
◎児童生徒や保護者のプライバシー保護が最重要課題
◎個人情報の取り扱い方や管理に関する規定を作成する
×無断で学校から情報をもち出して自宅で作業すること

ロールプレイング形式の場面指導の場面例

〈共通〉
○朝、教室に行くと女子児童2人が「学校に来る途中、知らない人にカメラを向けられて怖かった」と言ってきた。
○自分のクラスの生徒が校庭で禁止されているサッカーをしていた。事情や理由を聞くと「6年生だってやっていた」と抗議があった。
○スマホアプリで悪口を書かれた生徒が、放課後相談に来た。
○運動会に向けての大縄跳びの練習でいつも失敗している子どもがいる。「あいつのせいで続かない」という声が聞こえた。
○朝クラスに入ったら、不登校の生徒の席が教室の後ろに移動してあった。
○Aさんは集団に入るのがとても苦手で、体育の授業に出ない。
○席替えをした後に、Aさんが「この席は嫌だ、学校に来たくない」と言ってきた。
○保護者の方が「子どもが1年生の時ある生徒と仲が悪くなり、2年生では別のクラスになるようにしてもらったが、3年生ではまた同じクラスになった。これは教員同士で連携がとれていないのではないか。」ということで来校した。
○全国大会に出る生徒が、多忙で宿題ができないと言っている。
○つかみ合いの現場を見てお互い謝罪。連絡帳に書いたが片方の親から電話。自分は何もしていないのに無理やり謝らせられたと言っている。
○小学校の体育の先生が、見本で女の子の動画を撮っているが、明らかに可愛い女の子を撮っているので動画の履歴を見せてほしい。
○クラスで1人、授業中に外に出てしまう子がいる。他の児童の保護者から、その子のせいで授業が遅れているという苦情があった。

〈小学校〉
○朝の歌の時間に児童Aが座ったまま歌わずにいる。
○地域の清掃活動中、児童が高齢者に叱責されていた。
○毎日休み時間に、提出物をまとめて提出してくる児童がいる。
○朝のスピーチが毎回できず、クラスのみんなから非難されている児童がいる。

〈中学校・高校〉
○部活動中、「先生の練習は厳しすぎる。もっと楽しくしてほしい」と言われた。
○「友達から嫌がらせを受けている。先生に言うことで嫌がらせがエスカレートするのが怖い」と相談された。
○朝、教室点検で教室に入ると、Aさんが友達の悪口を黒板に書いている。
○生徒が「Aさんはいつも掃除をさぼる。注意しないのは不公平だ」と訴えている。
○授業中に生徒がスマホでイヤホンをつけて音楽を聴き始めた。一度注意したが、「周りに迷惑をかけていない」と言われた。
○ピアスの穴が空いてることについて指導したが、その後保護者が来校し「ピアスの穴をあけているだけでなぜ指導したのか」と言ってきた。

〈特別支援学校〉
○体の大きな子がパニックになり、椅子を投げている。
○朝の会で交流級に行きたくなくて泣いている子どもがいる。
○教室を掃除中、一人の生徒がほうきを振り回しガラスを割った。

〈養護教諭〉
○保健室に来室したAさんが「他の先生には内緒だよ」と言ったうえで「クラスの人にいじめられている」と相談しに来た。
○生徒が「帰宅後ご飯を作ったり、兄弟の面倒を見たりして大変」と相談に来た。

第**4**章

さらなる
レベルアップのために

1 実践的な指導力を磨くために

 プロフェッショナルとしての自覚をもつ

　教員の職務は、子どもたちの心身の発達と深くかかわり、その人格形成に大きな影響を与えるとともに、未来に向かって無限の可能性を有する子どもたちの資質や能力を開花させていくという、きわめて崇高で精神的・文化的かつ創造的な営みといえる。

　平成18年12月に、昭和22年に制定された教育基本法が約60年ぶりに改正された。この改正された教育基本法では、新たに「教員」に関する条項（第9条）が設けられ、ここには「法律に定める学校の教員は、自己の崇高な使命を深く自覚し、絶えず研究と修養に励み、その職責の遂行に努めなければならない」と述べられている。教育の憲法ともいわれる教育基本法に、自己の崇高な使命への自覚と責任や、職務遂行のためのたゆまぬ努力の必要性が示されている。そしてみなさんには、児童生徒や保護者はもちろんのこと、広く地域社会や国民から信頼と尊敬が得られるような存在になることが求められているのである。

　このような期待に応えることのできるプロとしての教員になるためには、クオリティーの高い多様な資質や能力や適性が、言い換えれば、**教育の専門家としての力量**が求められているのである。

　学校教育の直接の担い手となることを希望されているみなさんは、まずは、ここに述べられた、プロフェッショナルとしての、「専門職」としての教職に就くのだということを、改めてしっかりと自覚する必要がある。この意識や自覚なくしては、「場面指導」において、優れた指導力は発揮されないといえる。

　それでは、以下に、学習指導、生徒指導、進路指導において実践的な指導力を発揮するためのポイントと、指導の場面においてややもすると陥りやすい体罰の問題点について述べることにする。

学習指導における 実践的な指導力

「授業力」とその向上を図る

　子どもたちにとって、学校生活において最も長い時間を過ごすのは、授業の時間である。「教師は授業で勝負する」「教師にとって授業は命」などともいわれ、授業は、子どもにとっても教員にとっても重要な位置を占めている。

　子どもにすれば、学校生活で最も長い時間を過ごす授業が、「楽しい」「よくわかる」「できたという充実感や達成感が味わえる」「もっと調べたい」「もっと続けたい」といったことを感じられるものであることを期待しているのである。「学習」が「楽習」になることを誰もが願っているのである。

　「よくわかった、よくできた」といった体験は、学習への興味や関心を高め、学習意欲や学習への参加度などを高めて行くパワー（原動力）になる。そのためには、常に授業改善を行い、「授業力」を向上させていく努力が必要である。

　東京都公立学校の「授業力」向上に関する検討委員会報告書によると、「授業力」を下図のようにとらえている。これによると、「授業力」の基盤をなすのは、「児童生徒等の統率力」、「教育や教職に対する使命感や熱意・感性」、「きめ細かな児童・生徒理解」

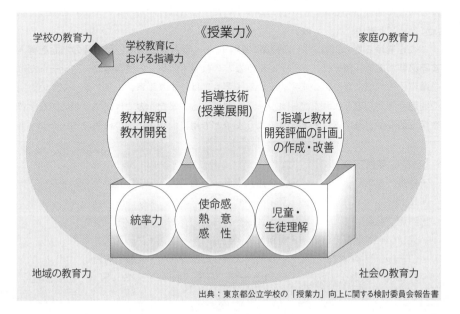

出典：東京都公立学校の「授業力」向上に関する検討委員会報告書

第**4**章　さらなるレベルアップのために

であるとしている。そして、これらを基盤として、教材開発、指導技術、指導と評価計画の作成・改善を、「授業力」を構成する主要な要素として挙げている。これらの３つの要素の向上を図ったり改善したりすることによって、「授業力」は向上していくことになる。

　実践的な指導力を磨くためには、「授業力」の基盤やその構成要素をしっかりと把握し、これらの要素を向上・改善する努力が必要である。特に、近年の教員採用選考試験では、多くの地域で「模擬授業」が取り入れられていることを踏まえると、「授業力」アップのための取組みは欠かせないといえる。

 ## 多様な指導方法の導入と授業の改善

　前述のように、実践的な指導力を磨くためにも、授業の工夫・改善を行い、「授業力」を向上させていく必要がある。

　授業の改善は、児童生徒が興味や関心を高めつつ、学習内容をよく理解し、子どもたちが相互に協力・協調しながら、成就感や達成感を味わいつつ、楽しく生き生きと学習活動を行い、一定の学習目標を達成し、学力を向上させていくことがより一層できるようにするために行われる。

　このことを実現していく上で、「わかる授業」の展開は絶対に欠かせない。児童生徒の興味・関心や能力・適性や進路希望などがきわめて多様化していることを踏まえると、「わかる授業」を展開していく上で欠かせないことは、指導の「個別化」である。「一斉授業」だけでは、学習につまずいている子どもなどがいるにもかかわらず、授業はどんどん進行してしまい、学習につまずいた子どもは「わからないまま」といった状況になってしまう。

　これを避けるためには、「一斉授業」の中にも、学習を個別化した指導の場面を導入する必要がある。例えば、ワークシートなどの教材も、同一の種類のワークシートだけを準備するのではなく、つまずいている子どもには、より丁寧、よりわかりやすい説明や問題や課題を取り入れたワークシートを準備する。また一方では、より発展的な学習や探求的な学習をすることもできるような子ども用に、さらに別の種類のワークシート

[多様な学習方法]

・観察、見学	・フィルムフォーラム	・プレゼンテーション
・KJ法	・ディベート	・ゲーム
・討論、発表	・シミュレーション	・ランキング
・アンケート調査と分析	・資料分析（読書）	・ケーススタディ
・ロールプレイング	・ブレーンストーミング	・実験、実習
・パネルディスカッション	・コンピュータ、VTR、OHP	・フィールドワーク（地域調査）

を準備し、学習内容の習熟度や理解度などに基づいた、学習の個別化が図られた授業を展開するのも一つの方法である。また、チョーク1本もって黒板に向かって板書しながら話し続けるといった講義式の授業に終始することなく、ICTの活用、授業内容にふさわしい授業方法を導入し、表のような多様な授業を展開する必要もある。

teaching中心の授業からcoaching中心の授業への転換

授業に対する認識として、定められた授業時間を確実に実施するといった授業の量的保証のみならず、児童生徒が「わかる」「できる」ことへの授業の質的保証が必要であるという考えをしっかりともつことが重要である。

このことは、児童生徒が「わかるまで指導する授業」「できるまで指導する授業」を保証することにほかならない。これは、**入学した児童生徒にしっかりとした学力を身に付けさせて卒業させるという、「出口」の「保障」**ともいえることである。

興味・関心、能力・適性、進路希望ばかりでなく、これまでの成育歴や学習歴、あるいは家庭環境などがきわめて多様化している子どもたちに対しては、これまでの多くの授業で見られてきた一斉授業など、教員が子どもたちに一方的に教え込むといった画一的で硬直的で閉鎖的な授業では、とても対応できないのである。

特に、これからの授業形態として、次図に示したような、これまでのteaching中心の授業からcoaching中心の授業へと転換を図ることが必要である。

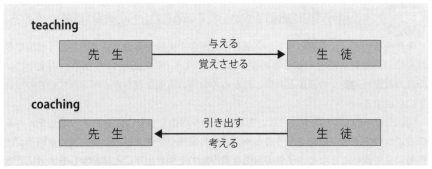

図にあるように、これまでのteaching中心の授業は、教員が児童生徒に教え込む、与える、指示する、覚えさせるといったことになりがちであった。この授業形態では、とにかく教え込むわけであるから、子どもたちはそれを一生懸命に覚えないといけないわけであり、効率的に一定の学習成果が上がるメリットはある。

しかし、子どもたちからしてみれば、自らの自主的・主体的な学習活動に欠けるため、学習への興味や関心あるいは意欲といったものが育ちにくく、「やったぁー」「できたぁー」といった達成感や成就感を味わえる機会も少ない。そのような形態の授業に終始していたのでは、授業や学習への不満も高まってくるし、「学習が楽しい」「もっと勉強をしたい」といった実感は得にくいのである。

第4章 さらなるレベルアップのために

一方、coaching中心の授業は、児童生徒の多様な見方や考え方を引き出すことに重点が置かれ、子どもたちは、様々な学習活動の中でまた様々な考え方を育むことになる。決して正解は教員があらかじめ準備してきた一つとは限らないのである。

　もちろん、そこではteaching中心の授業には見られなかった**子どもたちどうしの学び合いの活動**や、子どもたちの活発な自主的・主体的な学習活動が展開する。そこには、学習の達成感や成就感や創造や発見などがあるので、**学習は深まり、広まり、高まっていくなどして発展していくこと**が期待されるのである。

　その意味では、teaching中心の授業はできたかできなかったか、覚えたかどうかなどが問われる結果主義であり、coaching中心の授業は学習のプロセスを重視して学習の過程を大切にする学習といえる。coaching中心の授業では、teaching中心の授業とは逆に、学習の楽しさや学習の満足度の高まりが期待されるのである。

　新中学校学習指導要領の「総則」において、「生徒の主体的・対話的で深い学びの実現」「各教科等の特質に応じた体験活動の重視」「生徒の興味・関心を生かした自主的、自発的な学習の促進」等と記されている。

　このことは各教科の学習だけでなく、学校教育全体で共有する必要がある。総合的な学習の時間（総合的な探究の時間）では、「実社会や実生活の中から問いを見いだし、自分で課題を立て、情報を集め、整理・分析して、まとめ・表現する」など問題解決や探究活動に主体的・創造的に取り組む態度を育てる必要がある。

 ## 学習指導要領の改訂で求められているこれからの教育（授業）の在り方

　学習指導要領の改訂をめざし、文部科学大臣が中央教育審議会に諮問した「初等中等教育における教育課程の基準等の在り方について」（平成26年11月20日）の文中に、今日の教育（授業）の課題と共にこれからの教育の重要な視点が述べられているので以下に引用する。

　「我が国の子供たちについては、判断の根拠や理由を示しながら自分の考えを述べることについて課題が指摘されることや、自己肯定感や学習意欲、社会参画の意識等が国際的に見て低いことなど、**子供の自信を育み能力を引き出すことは必ずしも十分にできておらず、教育基本法の理念が十分に実現しているとは言い難い状況です**。また、成熟社会において新たな価値を創造していくためには、一人一人が互いの異なる背景を尊重し、それぞれが多様な経験を重ねながら、様々な得意分野の能力を伸ばしていくことが、これまで以上に強く求められています。」

　「ある事柄に関する知識の伝達だけに偏らず、学ぶことと社会とのつながりをより意識した教育を行い、子供たちがそうした教育のプロセスを通じて、基礎的な知識・技能を習得するとともに、実社会や実生活の中でそれらを活用しながら、自ら課題を発見し、その解決に向けて主体的・協働的に探究し、学びの成果等を表現し、更に実践に生かしていけるようにすることが重要であるという視点です。」

「そのために必要な力を子供たちに育むためには、『何を教えるか』という知識の質や量の改善はもちろんのこと、『どのように学ぶか』という、学びの質や深まりを重視することが必要であり、課題の発見と解決に向けて主体的・協働的に学ぶ学習（いわゆる「アクティブ・ラーニング」）やそのための指導の方法等を充実させていく必要があります。」

新しい学習指導要領は、小学校は令和２年度、中学校は令和３年度から実施され、高校は令和４年度から年次進行で実施された。

 ## カウンセリング・マインドを生かした授業

指示・命令型の授業ではなく、傾聴・受容・共感といったカウンセリングの基本を生かした授業を展開することもまた重要である。児童生徒ができないのではなく、どこでつまずいているのか、どこがどのようにわからないのか、どうしてもらいたいのかなど、子どもの気持ちを受け入れ、子どもの立場に立って、子どもの声に耳を傾けた授業を展開することが必要である。

これまでは、授業がわからない・勉強ができないことの要因を子どもに求めがちであった。例えば「授業中おしゃべりをしてちゃんと授業を聞いていない」「宿題も何度注意してもやってこない」「予習や復習等もやってこない」「これじゃあできないのも当然だ」などといって、授業についてこられない、勉強ができないのは子どもの責任としていたのである。

カウンセリング・マインドの視点では、決してこのようには考えず、そのようになっている理由や要因や背景などを、傾聴・受容・共感といったカウンセリングの基本を踏まえて、子どもと話し合って解決していくのである。

当然子どもの声に耳を傾けるわけであるから、それをもとに、授業の内容や方法など

［教育相談的な姿勢を大切にした教育活動の例］

① 指名の際に、「はい、次」などではなく、生徒の名前を呼ぶようにしている。

② 生徒がのびのび発言できる雰囲気づくりや言葉掛けに気を配っている。

③ 授業のルールを明確にし、授業を乱すような生徒に対しては毅然と注意している。

④ 不完全な解答であっても、その中にある生徒の良さを認めるようにしている。

⑤ 授業の中で生徒を褒めることや、励ますことを大切にしている。

⑥ 答えにつまずいた生徒に対しては、その気持ちに寄り添い適切に援助している。

⑦ 分かりやすい授業を心がけ、教室の後ろにまでとおる声を発して授業をしている。

⑧ 生徒が自分で考え、答えを見つけ出せる喜びを実感できる授業を展開している。

⑨ 生徒が受け身になっていないかどうか、点検しながら授業をしている。

⑩ 休憩中等の生徒との関わりを大事にしている。

出典：『教育相談の手引き』（東京都教育庁指導部）より抜粋

第4章 さらなるレベルアップのために

についても教員自らが見直していくこともあるのである。決して、子どもだけにその責任を求めないのである。

　まさに、子ども一人ひとりを大切にし、思いやりのある心・優しい心をもって「face to face」「heart to heart」の授業を展開していくのである。そこには、教員と児童生徒との温かな関係、アットホームな関係が基盤となった信頼関係が構築されているのである。

　東京都教育委員会の資料で、教育相談的な姿勢を大切にした教育活動の例として、前図のようなことが示されているので参考にして、授業の在り方、指導の在り方を工夫・改善し、実践的な指導力の質的向上を目指してもらいたい。

 ## ほめて育てる　—ほめ方・叱り方—

　「場面指導」でもたびたび登場してくるのが、児童生徒をほめる場面・叱る場面である。

　原則は、子どもを多くのほかの児童生徒の前では叱らないということである。叱られたり怒られたりして、いい気分になる子どもはおそらくいないだろう。そんな場面をほかの多くの児童生徒の前にさらされればなおさらのことであり、メンツをつぶされたり、皮肉を言われたり、さらにはとどめを刺すようなことを言われたりしたのでは、再起しがたい心の傷を負うことにもなりかねない。

　子どもを叱る場合は、その機を逸しないようになるべく早い機会に、本人を呼んで、時間をかけて諭すといったことが必要である。前述したように、そのときも、頭ごなしに一方的に指導するのではなく、子どもの心に寄り添って、子どもの声にも耳を傾け、カウンセリング・マインドの視点に立って、温かな教育的愛情をもって接することが何よりも必要である。叱られたり怒られたりすれば、大人だって決していい気分にはならない。ましてや子どもであることを踏まえると、この配慮は重要である。

　しかしながら、どうしてもその場で注意をしたり叱ったりしなければならないことだって皆無ではない。その場合も、本人の近くに行って、大声ではなく、そっと行うのである。多くの子どもはそのような教員の配慮に気づくはずである。

　一般には、「叱るより、ほめる」ほうがよい。「7ほめて、3叱れ」といわれることがあるが、これは、ほめる順番・叱る順番とそれぞれの量を示している。

　これに従うと、まずは「ほめる」、そのあとに「叱る」のである。最初に叱ってからあとからとって付けたようにほめてもダメなのである。叱られてからほめられても、子どもは最初の叱られた部分で頭が真っ白になってしまったり、おびえたり、反抗心を募らせたりするかもしれない。そんな状況でほめられても何らプラスの方向には働かない。

　だから、まずは「ほめる」ことが大事なのである。大人でもほめられればうれしいものであり、意欲だって出てくることもある。ましてや子どもであればなおさらのことで

ある。最初にほめて、そのあとに「もう少しこうしたらもっとよくなるよ」「このことには十分注意しないと危険だぞぉ！」などと注意をするのである。ほめられて意欲や向上心などが高まっていれば、そのあとに注意などをされたことも素直に受け入れられ、「そうだ！もっとこうしたらよくなれるんだ」などと、自ら反省して行動などを改めることも期待される。ほめることで、自己有用感や自信をもたせることもできる。

　次に、ほめる量と叱る量の関係であるが、7ほめて3叱るわけだから、**いつでも叱る量よりはほめる量を多くする必要がある**というわけだ。逆に叱る量のほうが多くなると、いくら「ほめてから叱った」としても、子どもには叱られた部分だけが重くのしかかり、ほめられたことなどはどこかへふっ飛んでしまうわけである。

　「7ほめて、3叱れ」という言葉を思い出し、ほめたり叱ったりする順序とその量なども間違わないように、「場面指導」でもぜひ生かしていってもらいたい。

けなされて育つと、子どもは人をけなすようになる
不安な気持ちで育てると、子どもも不安になる
子どもを馬鹿にすると、引っ込み思案な子になる
叱りつけてばかりいると、子どもは「自分は悪い子なんだ」と思ってしまう
励ましてあげれば、子どもは自信を持つようになる
広い心で接すれば、キレる子にはならない
誉めてあげれば、子どもは明るい子に育つ
愛してあげれば、子どもは人を愛することを学ぶ
認めてあげれば、子どもは自分が好きになる
見つめてあげれば、子どもは頑張り屋になる
分かち合うことを教えれば、子どもは思いやりを学ぶ
子どもに公平であれば、子どもは正義感のある子に育つ
やさしく思いやりを持って育てれば、子どもはやさしい子に育つ
守ってあげれば、子どもは強い子に育つ

出典：『子どもが育つ魔法の言葉』（ドロシー・ローノルト著　PHP研究所）より抜粋

　このように、ほめて子どもを育てることは重要なことであるが、**児童生徒をほめるためには、児童生徒に日頃から関心をもち、児童・生徒理解に努める必要がある**ことも忘れてはならないことである。日頃から感度のいいアンテナを張っておくことが必要であり、子どもたちのよい点を見つけ出す努力が「ほめること」の重要な前提になる。

第
4
章

さらなるレベルアップのために

生徒指導の目的とその指導の在り方

　教員採用選考試験での「場面指導」では、生徒指導に関するテーマが多く取り上げられている。本書の第3章でも、この傾向を踏まえ、生徒指導に関するテーマにウエートを置いて解説を施している。

　生徒指導に関しては、その場面に応じた適切な対応や指導が求められるが、いずれの場合においても、いつも「生徒指導の目的」をきちんと踏まえつつ対応することが必要である。

　生徒指導は、「児童生徒一人一人の個性の発見とよさや可能性の伸長と社会的資質・能力の発達を支えると同時に自己の幸福追求と社会に受け入れられる自己実現を支えること」を目的とする。

　この生徒指導の目的を達成するためには、児童生徒一人一人が「自己指導能力」を身に付けることが重要である。自己指導能力とは、児童生徒が、深い自己理解に基づき、「何をしたいのか」、「何をするべきか」、主体的に問題や課題を発見し、自己の目標を選択・設定して、この目標の達成のため、自発的、自律的、かつ、他者の主体性を尊重しながら、自らの行動を決断し、実行する力のことである。

　生徒指導は、決して問題行動への指導やそれに伴う処分などといった消極的な対応や指導だけではない。むしろそれは、生徒指導の一部であるということを肝に銘じておきたい。もちろん、非行問題や問題行動等への指導や対応をする場合でも生徒指導の目的や「自己指導能力」の育成を心がけなければならない。

　また、こうしたことを目指した生徒指導を行っていく上では、下記のような**生徒指導実践上の視点**を持つことも大切である。

　　　①自己存在感の感受　　　②共感的な人間関係の育成
　　　③自己決定の場の提供　　　④安全・安心な風土の醸成

（以上文科省「生徒指導提要」（改訂版）2020年12月参考）

　また、このような生徒指導は、特定の領域や時間だけで行われるものではなく、学校の教育活動全体を通じて行われるべきものである。特に、学級活動やホームルーム活動は、集団や社会の一員としてよりよい生活を築くための自主的、実践的な学習の場でもあり、人間としての生き方（在り方生き方）などについて自覚を深め、自己を生かす能力を育む場でもあることを踏まえると、生徒指導の中核の場であるとはいえる。

　なお、生徒指導を進める際には、すべての教職員の共通理解を図り、学校としての協

力体制や指導体制をつくり上げる必要がある。また、家庭や地域社会及び関係諸機関などとの連携・協力体制を日頃から築いておくことも必要である。

　そのためには、日頃から、家庭や地域社会などに、現在学校が取り組んでいる教育活動の様子や将来の目指している学校教育などについて、学級だより、学校だより、PTAなどの広報紙などのほかにも、学校のホームページなどで積極的に情報を発信していく必要がある。また、地域や関係諸機関とも定期的に懇談の機会をもつなどして、緊密な関係を構築しておくことも必要である。

 ## 問題行動への対応の原則

　生徒指導は、決して問題行動への指導やそれに伴う処分などといった消極的な指導や対応だけではないことは前述したが、実際の教育現場では、問題行動への指導や対応に多くの時間が費やされているという実態がある。

　特に最近の暴力行為、窃盗、脅迫、器物破壊、対教師暴力、飲酒、喫煙、薬物乱用、不良交友、粗暴行為、暴走行為、深夜徘徊などの青少年の非行や不良行為は、低年齢化・凶悪化・粗暴化・突然化（キレるといった現象）・重大化・一般化・普遍化・自己中心化・無罪悪感化・責任転嫁化などの特徴が見られ、その対応や指導も従来のようにはいかないことも多くなっている。

　青少年の非行問題に対しては、問題行動への責任を明確化し、ダメなことはダメと厳しく指導することが必要である。ダメなことを見逃したり、指導を曖昧にすると、非行などもエスカレートしていくことになる。

　ただ、その指導に当たっては、これまでも述べてきたように、頭ごなしに怒鳴ったり叱りつけたりしただけでは根本的な解決は望めない。そのような行動を起こした要因や背景を子どもの考えや意見などをよく聴いて、子どもと共に解決していこうという、カウンセリング・マインドの視点に立った優しい温かな対応や指導が必要になってくる。その意味では、「指導は厳しく、対応は優しく」が必要である。

 ## 初期対応の重要性

　また、問題行動への対応としては、初期対応の在り方が非常に重要である。
　初期対応では、特に次のことについて十分配慮することが必要である。

［問題行動への初期対応］
◎正確な事実確認
　問題が発生した場所・時刻、問題行動の内容、加害や被害の状況、かかわった児童生徒やその数、現場の状況など
◎校長などの上司や生徒指導部や学年や担任などへの連絡

第**4**章

さらなるレベルアップのために

◎事実関係の聴き取り

聴き取りにふさわしい落ち着いた場所の確保、客観的事実の聴き取り、予断や先入観や偏見の排除、プライバシーの保護、子どもの人権への配慮、体罰の厳禁、聴き取り時間が長時間に及ばない配慮、複数の教員での対応

◎保護者への連絡

校長をはじめとした上司の了解と指示に基づく迅速で正確な事実の連絡、事実の過大・過小評価あるいは不安をあおるようなことは避ける、来校の依頼

◎保護者との面談

管理職と担当教員と担任の同席、正確な事実関係の報告、児童生徒の現在の様子や実態、保護者の意見や要望の尊重

◎関係機関等との連携

必要ならPTAの担当者・地元警察・健全育成委員などへの連絡、プライバシーの保護、子どもの人権への配慮、報道機関への窓口の一本化

出典：東京都教職員研修センター「研修テキスト」などによる

 ## 特別指導の注意点

　問題行動の事実関係が明らかになると、学校としてのそのことに対する特別指導の内容や方法の検討が行われる。当該児童生徒への指導については、すべての教員がこの問題への対応や指導の在り方について検討し、最終的には校長が決定することになる。その決定に基づいた、**計画的・継続的な特別指導が家庭との連携のもとに行われる**ことになる。この特別指導の内容や方法の決定に当たっては、次のようなことが必要である。

- 学年会や生徒指導部会などでの検討・協議を行う。
- 当該児童生徒の特性などに基づいた指導内容や方法の検討（画一的・形式的あるいは前例などに基づいた指導は行わず、あくまで当該児童生徒にとって最も適切な内容や方法の検討）を行う。
- 罰を与えるとか制裁をするといった観点ではなく、あくまで本人が納得するとともに心からの反省を行い、再発などさせない指導を実施する。
- 児童生徒の指導内容や方法などが決定したら、そのことが適切に行われるような指導体制をつくり、教員の協力のもとで指導を開始する。
- 学校が決定した指導内容や方法は、保護者にも連絡をして了解と協力を求める。
- 指導の経過とその成果について確認する。

　このような特別指導の成果が上がったと判定されると、その特別生徒指導は完了することになる。

4 進路指導における 実践的な指導力

初等中等教育におけるキャリア教育の推進

　令和4年度『文部科学白書』は日本社会の構造的変化や若者の状況等を踏まえて、次のようにキャリア教育の必要性について述べている。

　今日、日本社会の様々な領域において構造的な変化が進行しており、特に、産業や経済の分野においてその変容の度合いが著しく大きく、雇用形態の多様化・流動化に直結しています。このような中で現在の若者と呼ばれる世代は、無業者や早期離職者の存在などに見られるように「学校から社会・職業への移行」が円滑に行われていないという点において大きな困難に直面していると言われています。

　こうした状況に鑑み、子供たちが「働くことの喜び」や「世の中の実態や厳しさ」などを知った上で、将来の生き方や進路に夢や希望を持ち、その実現を目指して、学校での生活や学びに意欲的に取り組めるようになることが必要です。そのためには、「学校から社会・職業への移行」を円滑にし、**社会的・職業的自立に必要な能力や態度を身に付けることができるようにするキャリア教育を推進して**いくことが重要です。

進路指導とそのねらい

　新中学校の学習指導要領「総則」第4の1（3）では、「**生徒が自らの生き方を考え主体的に進路を選択できるよう、学校の教育活動全体を通じ、計画的、組織的な進路指導を行うこと**」としている。また、新高等学校学習指導要領「総則」第5款1（3）では、「生徒が、学ぶことと自己の将来とのつながりを見通しながら、社会的・職業的自立に向けて必要な基盤となる資質・能力を身に付けていくことができるよう、特別活動を要としつつ各教科・科目等の特質に応じて、キャリア教育の充実を図ること。その中で、**生徒が自己の在り方生き方を考え主体的に進路を選択することができるよう学校の教育活動全体を通じ、組織的かつ計画的な進路指導を行うこと**」とされた。自己の生き方に関心が高まる中学生には、自分自身を見つめ、自分と社会との関わりを考え、自らの生き方や進路を考えさせるのに対して、高校生にはさらに、人間としての在り方を踏まえつつ自らの生き方としての進路を考えさせるのである。

進路指導の時間は、職場体験や就業体験が行われる特別活動の時間や総合的な学習の時間（総合的な探究の時間）を中心に、教育活動全体を通じて組織的・計画的に行われなければならない。また、進路指導に関する「場面指導」の際には、前述の進路指導のねらいについても十分理解して対応すること、さらに、次の事柄も踏まえて対応することが重要である。

 ## キャリア教育の背景

前回の高等学校学習指導要領からキャリア教育の重要性や必要性が指摘されるようになったが、その背景には、特に若者のフリーター志向やニートなどの無業者の増加、高水準で推移する就職後の早期離転職などの問題がある。

厚生労働省によると**フリーター**とは、学生や主婦を除く15歳から34歳までの若年層のうちパートやアルバイトとして就労している人などを指している。内閣府では派遣労働者や嘱託などを含めその対象を広くとらえ、働く意思があっても正社員としての職を得ていない人々を「フリーター」としている。**ニート**（Not in Education Employment or Training）は、通学もしておらず職業にも就いておらず職業訓練も受けていない若年無業者を指している。さらに、最近の若者の勤労観や職業観の未熟さや職業人としての基礎的な資質や能力の低下も指摘されている。

「キャリア教育」とは、一人ひとりの社会的・職業的自立に向け、必要な基盤となる能力や態度を育てることを通して、キャリア発達を促す教育である。

このような「キャリア教育」は、小学校段階から発達段階に応じて実施する必要がある。「進路指導」は本来、生徒が自らの生き方を考え、将来に対する目的意識をもち、自らの意志と責任で自己の進路を選択決定する能力や態度を身に付けることができるよう、指導・援助することである。この意味では、進路指導はキャリア教育の中核をなすべきである。

キャリア教育を推進し、これまでの「キャリア発達に係わる諸能力」（4領域8能力）から次ページに示されている「基礎的・汎用的応力」の育成が求められている。

 ## 単なる「入口指導」や「出口指導」に終わらせない

進路指導は、上級学校への入学や卒業後の就職先を決定するという、単なる「入口指導」や「出口指導」ではない。進路指導は、生徒一人ひとりの興味・関心や適性・能力などを発見し、それらの開発（能力開花）をめざし、生徒が一人ひとりが自主的に進路を選択し、進路上の自己実現を図っていく上で、必要な生徒の資質や能力や態度などを育成する教育活動である。

「自分の生き方」や「人間としての在り方生き方」を見つめる進路指導を推進していく上でも、生徒の主体的な進路選択能力を育むことは重要であり、**家庭・地域・関係諸機関等との連携を密にした職場体験や就業体験（インターンシップ）などの体験的な学**

習を通して、望ましい勤労観や職業観を育成することが求められる。

　これまでの進路指導に対しては、子どもたちの変容や能力・態度の育成に十分結び付いていなかったり、単に進路決定のための「出口指導」になりがちであったとの課題が指摘されている。これからの進路指導は、「入口」から「出口」まで、「入学」から「卒業」まで、学校の教育活動全体を通じ、系統的、発展的に行っていく必要がある。

「4領域8能力」から「基礎的・汎用的能力」への転換

　中教審では、平成14年に国立教育政策研究所が発表した「キャリア発達にかかわる諸能力（例）」（4領域8能力）をめぐる課題を克服するため、内閣府の人間力、経産省の社会人基礎力、厚労省の就職基礎力と共に改めて分析を加えて「4領域8能力」を基に、「仕事に就くこと」に焦点を当てつつ、「分野や職種にかかわらず、社会的・職業的自立に向けて必要な基盤となる能力」として再構成した。それが平成23年1月にまとめられた「今後の学校におけるキャリア教育・職業教育の在り方について（答申）」に示された「基礎的・汎用的能力」である。今後、各学校において「4領域8能力」から「基礎的・汎用的能力」への転換を徐々に図っていく必要がある。

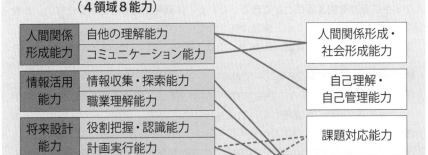

「キャリア発達にかかわる諸能力（例）」（4領域8能力）

人間関係形成能力	自他の理解能力
	コミュニケーション能力
情報活用能力	情報収集・探索能力
	職業理解能力
将来設計能力	役割把握・認識能力
	計画実行能力
意思決定能力	選択能力
	課題解決能力

「基礎的・汎用的能力」

・人間関係形成・社会形成能力
・自己理解・自己管理能力
・課題対応能力
・キャリアプランニング能力

※図中の破線は両者の関係性が相対的に見て弱いことを示している。「計画実行能力」「課題解決能力」という「ラベル」からは「課題対応能力」と密接なつながりが連想されるが、能力の説明等までを視野におさめた場合、「4領域8能力」では、「基礎的・汎用的能力」における「課題対応能力」に相当する能力について、必ずしも前面に出されてはいなかったことが分かる。

出典：文科省「高等学校キャリア教育の手引」平成23年11月から作成

5 指導における「体罰」の問題

懲戒と体罰

　最近の子どもの中には、反社会的な問題行動を起こしても「悪いことをした」「大変なことをしてしまった」「相手に申し訳ないことをしてしまった」などといった罪の意識や認識に欠けている子どもが多く、問題行動等を起こしたあと、丁寧に説諭されて初めて事の重大さに気づく子どもも多いとの指摘がある。

　問題行動を起こした子どもには、**毅然とした態度で厳しく指導をすることが必要**である。不当なあるいは不正な態度や行為などに対しては、**それらを正すための戒めも欠かせない**。日常の教育活動で、教員が児童生徒に対して戒めたり、叱ったり、なんらかのペナルティを課すといった指導は普段から行われている。このような行為は、法的な効果を伴わない教育的な「**叱責**」であり、事実行為としての「**懲戒**」である。

　このような法的な効果を伴わない懲戒に対して、学校教育法第11条や学校教育法施行規則第26条に基づいて行われる懲戒がある。学校教育法第11条では、「**校長及び教員は、教育上必要があると認めるとき、文部科学大臣の定めるところにより、児童、生徒及び学生に懲戒を加えることができる。ただし、体罰を加えることはできない**」と規定している。懲戒は許されるが、体罰は許されないのである。

　また、学校教育法施行規則（第26条）では、懲戒について次のように規定している。

学校教育法施行規則第26条（一部省略）

① 校長及び教員が児童等に懲戒を加えるに当つては、児童等の心身の発達に応ずる等教育上必要な配慮をしなければならない。

② 懲戒のうち、退学・停学及び訓告の処分は、校長が行う。

③ 退学は、市町村立の小学校、中学校、義務教育学校又は特別支援学校に在学する学齢児童又は学齢生徒を除き、次の各号のいずれかに該当する児童等に対して行うことができる。
　一　性行不良で改善の見込みがないと認められる者
　二　学力劣等で成業の見込みがないと認められる者
　三　正当の理由がなくて出席常でない者
　四　学校の秩序を乱し、その他学生または生徒としての本分に反した者

④ 停学は、学齢児童又は学齢生徒に対しては、行うことができない。

つい手が出てしまった

　ニュースや新聞などでも時折、「体罰教師」に関する記事などが報道される。体罰が行われた事例で多く見られるのは、児童生徒が教員の注意や指示などに従わなかったり、反抗的であったり、教員をからかったり、注意などを無視する態度が見られたり、自分の非を認めずうそをつき通したり、部活動の練習でのしごきやカツを入れるためだったりした場合などである。

　体罰を行った教員は、感情的になってしまった、熱心さの余りつい手が出てしまった、厳しく指導することが必要だと感じたなどと弁解することが多い。一時的な感情に流されて冷静さを失わないためにも、どのようなときに体罰が起きるのかを押さえておく必要がある。

 ## 体罰は絶対に許されないという認識が必要

　前述のように、学校教育法第11条で「校長及び教員は、教育上必要があると認めるときは、文部科学大臣の定めるところにより、児童、生徒及び学生に懲戒を加えることができる。ただし、体罰を加えることはできない」と規定されている。

　殴る・蹴るといったことにより身体に対する侵害や肉体的な苦痛を与える懲戒は、当然ながら体罰になる。用便に行かせなかったり、食事時間が過ぎても教室にとどめ置くなどして食事を与えなかったり、長時間にわたって直立不動の姿勢を保たせたり正座を長くさせたりすることも、肉体的な苦痛を伴うことになるため体罰に当たる。

　面接などの際には、このような体罰は、絶対に許されない行為であることを強く認識しておく必要がある。

 ## 体罰が許されないのは、法律に反するからだけではない

　「先生！たたいてでも厳しく指導してください！」という保護者がときおりいるように、我が国には教員の体罰を容認する風潮がある。しかし、体罰は絶対に許されない行為であることをしっかりと肝に銘じておくことが必要である。

　体罰が許されないのは、なにも学校教育法などの法律で規定されているからというだけではない。

　体罰は、教育の根幹である児童生徒と教員との信頼関係を損ない、教育上の効果がまったく期待されない。また、体罰を受けた児童生徒の心には、大きな傷となって残り、人格形成上に悪影響も及ぼしかねない。

　教員が指導という名目で体罰を行ったということは、指導という名のもとに暴力行為を働いたことになり、これは自らの指導力のなさを暴露したことにほかならない。弱者に対して暴力で事を解決しようとする行為は、人権感覚や人権意識が欠如していることにもなる。これは専門職としての教職を放棄したことにもなる。

第**4**章

さらなるレベルアップのために

このように、体罰が許されない根拠についても理解しておくことが必要である。

 ## 体罰と法的責任

　体罰行為には、行政上・刑事上・民事上などの法的責任が問われるとともに、公教育に就いている教員としての道義上の責任も問われることになる。その対象となる関連する法律には下記のものがある。

行政上（公務員法上）の責任
- 地方公務員法（職務上の義務違反）

刑事上の責任
- 刑法（暴行罪、傷害罪、監禁罪）

民事上の責任
- 民法（損害賠償責任）　・国家賠償法（国又は公共団体の賠償責任）

「懲戒権と改正民法」及び「体罰禁止と改正虐待防止法・改正児童福祉法」

　旧民法822条は、「親権を行う者は、監護及び教育に必要な範囲内でその子を懲戒することができる」と定めていた。この規定が体罰を含む厳しい戒めを許容しているとの印象を与え、児童虐待を正当化する口実になっていると指摘された。2022年12月の改正民法は同条を削除し、新たな条文を新設。親権者について、子の利益のために監護・教育ができることを前提に、「子の人格を尊重するとともに、年齢及び発達の程度に配慮しなければならない」とし、「体罰その他の子の心身の健全な発達に有害な影響を及ぼす言動」の禁止を明記した。新条文は以下の通り。

　820条「親権を行う者は、子の利益のために子の監護及び教育をする権利を有し、義務を負う」

　821条「親権を行う者は、前条の規定による監護及び教育をするに当たっては、子の人格を尊重するとともに、その年齢及び発達の程度に配慮しなければならず、かつ、体罰その他の子の心身の健全な発達に有害な影響を及ぼす言動をしてはならない。

　改正「児童福祉法」と改正「児童虐待の防止等に関する法律」（虐待等防止法）などについても、「児童の人格の尊重」「年齢及び発達の程度に配慮」「体罰その他の児童の心身の健全な発達に有害な影響を及ぼす言動の禁止」などを定めており、「学校教育法」第11条より、具体的で厳しい法律となっている。

　他方で今日、学校や児童生徒と地域社会等との関わりが深くなっているが、「学校教育法」では、教師の体罰は禁止されているが、地域や社会で行われているスポーツには当てはまらないこと、「児童虐待防止法」では保護者の虐待は禁止されているが、地域のスポーツクラブや部活動には及ばないなどの課題もある。

6 「この人ならだいじょうぶ」と思ってもらうために

 ## 教員としての心構えをもって！

　教員採用選考試験に合格し、採用されるとすぐに教壇に立つことになる。本書で学習した内容を単に面接試験のための勉強と受け止めず、ぜひ身に付けたクオリティーの高い「実践的な指導力」を実際の学校現場で生かせるようにしていただきたい。

　教員には、教育に対する熱意と意欲、使命感や責任感、豊かな人間性と温かな教育的な愛情、教科や科目の実践的な指導力などが求められる。崇高で精神的・文化的かつ創造的な営みを行う職業であるという自覚が基本的に必要なのだ。

　子どもにきわめて大きな影響を及ぼす教職のその職務の遂行責任を果たしていく上で、教員には絶えず研究と修養に励むことが求められている。教職を続ける限り、自己の資質や能力を常に向上させていく努力が必要なのだ。

　学校に赴任すると、予想もしなかった様々な教育課題が山積していることに驚くことだろう。これらの教育課題から逃げたり、避けたりしてはならない。

　まずは、このような課題が生じない学習指導や生活指導、進路指導を行う。児童・生徒理解を深め、一人ひとりの児童生徒を大切にしたきめ細やかな日頃からの指導の積み重ねをする。また、具体的な教育課題への対応では、ほかの教員や保護者などと連携・協力して解決していく取組みが大切だ。これらを十分把握し、実践しよう。

　教壇に立っている自分、子どもと接している自分、保護者の相談に乗っている自分、地域の方々などと話し合っている自分、同僚にアドバイスを受けつつ校務を推進している自分など、教員になった自分の姿をぜひイメージしてみてほしい。これまで学習してきた内容を、相手を意識してとらえ直してみるということだ。

　本書に示された内容を自分のものとして消化し、そのイメージの中で再度とらえてみるのだ。そうすると、教員への夢が一段と強く身近に感じられ、これまで観念的にとらえてきた内容が、実践的に生き生きとした内容としてとらえることができるはずである。あなたの「指導力」は、自信に満ちた一段と質の高いものとなるはずである。

　そうすると、教員をめざす熱意や意欲なども含めたあなたの教員としての資質や能力が、実践力に裏づけられたものとして面接官に伝わり、あなたに対するイメージは「この人なら子どもたちの教育を任せることができる」「この人ならだいじょうぶ」「この人に教員になってもてもらいたい」といったものになっていく。

　あなたが夢見た教員への道が、確かに開かれてくることを信じて、頑張ってほしい。

第4章　さらなるレベルアップのために

資格試験研究会

現職教員・教員OB・研究者などが主体となって結成された教員採用試験・公務員採用試験をはじめとした資格試験を研究するグループ。教員採用試験分野では現在までに『教職教養らくらくマスター』『一般教養らくらくマスター』『教職教養 よくでる過去問224』『教員採用試験 速攻の教育時事』『差がつく論文の書き方』『面接試験の攻略ポイント』などを執筆している。本書の執筆陣は、元高等学校校長、元教育委員会指導主事などの経歴をもつ。メンバーそれぞれが教員採用試験において試験官を務めた経験があり、また現在も大学などで教職関連の講義・指導を行っている。優れた教員候補者を見極める試験官の観点と、現在の学生の弱点を的確に改善する指導者の観点の両方を、本書に展開している。

カバーデザイン：サイクルデザイン　　本文デザイン：森の印刷屋　　イラスト：高木みなこ

●**本書の内容に関するお問合せについて**

本書の内容に誤りと思われるところがありましたら，お手数ですがまずは小社のブックスサイト（jitsumu.hondana.jp）中の本書ページ内にある正誤表・訂正表をご確認ください。正誤表・訂正表がない場合や，正誤表・訂正表に該当箇所が掲載されていない場合は，書名，発行年月日，お客様のお名前・連絡先，該当箇所のページ番号と具体的な誤りの内容・理由等をご記入のうえ郵便，FAX，メールにてお問合せください。

〒163-8671　東京都新宿区新宿 1-1-12　実務教育出版　第二編集部問合せ窓口
FAX：03-5369-2237　　E-mail：jitsumu_2hen@jitsumu.co.jp
【ご注意】※電話でのお問合せは，一切受け付けておりません。
※内容の正誤以外のお問合せ（詳しい解説・受験指導のご要望等）には対応できません。

2025年度版　教員採用試験　**面接試験・場面指導の必修テーマ100**

2024 年 2 月 25 日　初版第 1 刷発行　　　　　　　　　　〈検印省略〉

編　者——資格試験研究会
発行者——淺井　亨
発行所——株式会社 実務教育出版
　　　　〒163-8671　東京都新宿区新宿 1-1-12
　　　　☎編集 03-3355-1812　販売 03-3355-1951
　　　　振替　00160-0-78270
組　版——株式会社 森の印刷屋
印　刷——壮光舎印刷
製　本——東京美術紙工